民法典

文化解读

II

刘云生 ◎ 著

中国出版集团
中国民主法制出版社

全国百佳图书
出版单位

图书在版编目（CIP）数据

民法典文化解读 Ⅱ / 刘云生著 . —北京：中国
民主法制出版社，2021.6
ISBN 978-7-5162-2617-9

Ⅰ . ①民⋯　Ⅱ . ①刘⋯　Ⅲ . ①民法—法典—文化研究
—中国　Ⅳ . ① D923.04

中国版本图书馆 CIP 数据核字（2021）第 107719 号

图书出品人：刘海涛
出 版 统 筹：石　松
责 任 编 辑：张佳彬　刘险涛

书　　　名 / 民法典文化解读 Ⅱ
作　　　者 / 刘云生　著

出版·发行 / 中国民主法制出版社
地址 / 北京市丰台区右安门外玉林里 7 号（100069）
电话 /（010）63055259（总编室）　63058068　63057714（营销中心）
传真 /（010）63055259
http: //www.npcpub.com
E-mail: mzfz@npcpub.com
经销 / 新华书店
开本 / 16 开　710 毫米 ×1000 毫米
印张 / 15　**字数** / 238 千字
版本 / 2021 年 10 月第 1 版　2021 年 10 月第 1 次印刷
印刷 / 北京天宇万达印刷有限公司

书号 / ISBN 978-7-5162-2617-9
定价 / 49.80 元
出版声明 / 版权所有，侵权必究。

《民法典》是市场经济的基本法（代序）

为什么《中华人民共和国民法典》(以下简称《民法典》) 是市场经济的基本法？《民法典》如何助推市场在资源配置中发挥决定性作用？这涉及三个最核心、最重要的维度：主体的平等程度、行为的自由程度、产权的可交易程度。这三个维度决定了统一市场、公开市场、开放市场能否确立并能否推动中国经济和社会的全面进步。

一、主体平等与市场准入

主体平等不单纯是《民法典》的抽象价值，更是一种策略性的资源配置模型与利益分配规则。在党的十九大期间，为激发各类市场主体活力，国家已经着手废止一系列妨碍统一市场和公平竞争的"旧法陈规"，力求构建统一的市场准入制度。对内，突破所有制、身份、行业、区域等领域存在的不平等竞争限制，为统一市场构筑快车道、直行道；对外，通过国民待遇原则矫正以前三资企业法的历史积弊，打破身份优位，统一政策优惠，赋予国内外市场主体平等的法律地位和自由的竞争机遇。

根据民法理念与《民法典》制度设计，所谓平等，集中体现在以下三方面：

其一，平等地位。计划经济时代，通过户籍管理、土地双轨制、票证供应等制度，对城乡进行分类管理，最终出现社会区隔，导致城乡居民的身份地位、谈判力、竞争力、行动力出现巨大差别。比如，2004 年 5 月 1 日实施的《最高人民法院关于审理人身损害赔偿案件适用法律若干问题的解释》第

25 条和第 29 条规定：对于人身损害所产生的残疾赔偿金和死亡赔偿金按照受诉法院所在地上一年度城镇居民人均可支配收入或者农村居民人均纯收入标准进行计算。

如此一来，由于户籍差异，同一侵权事件导致的人身损害赔偿金额就会相差很大。"因人而异"的人身损害赔偿严重违背了民法的平等原则，引发了持续性的社会差评。有鉴于此，2019 年 4 月 15 日，中共中央、国务院发布《关于建立健全城乡融合发展体制机制和政策体系的意见》，明确提出"改革人身损害赔偿制度，统一城乡居民赔偿标准"。9 月 2 日，最高人民法院下发《关于授权开展人身损害赔偿标准城乡统一试点的通知》，授权并要求各高级人民法院在辖区内开展人身损害赔偿纠纷案件统一城乡居民赔偿标准试点工作。

最终，《民法典》第 1180 条整合了侵权责任法第 17 条，在《民法典》框架下实现了真正的"同命同价"，进而巩固了人格权、户籍、土地、公共服务供给方面的系列改革、创新成果，落实了所有国民平等的民事主体地位。

其二，平等机会。身份差异必然带来机会的叠加或丧失，最终导致市场主体因身份、禀赋差异产生畸轻畸重的结果，或占据优位，或垄断市场，或享受特权，最终出现行业、城乡、区域差别。

比如，改革开放前期，我国分别于 1979 年、1986 年、1988 年先后通过了中外合资经营企业法、外资企业法和中外合作经营企业法，成为最早的"外资三法"。外商作为"客人"，赢得并享有比内资企业优厚的待遇，建立了以税收、土地、汇兑等为标志的三资企业优惠体系。很多条文都属于"量体裁衣"或"量身定做"，出现了大量身份性条文，不仅挤压了民族资本的市场资源，还造成了对不同"客人"区别对待的歧视性制度。行政审批、注册资本强制、投资额度限额等市场准入规则，引发了不同主体不同待遇的问题。

《民法典》结合 2019 年 3 月 15 日第十三届全国人民代表大会第二次会

议通过的《中华人民共和国外商投资法》，彻底扭转了这种立法偏向，实现了从"企业法"向"投资法"、从商主体立法到从商行为立法的世纪转型。

其三，平等权利。比如，虽然宪法、物权法都确认了农村集体土地所有权，但相当长时期内，集体土地受限于原土地管理法，不仅难以自主处分，也难以有效地、公平地分享土地增值利益；不仅导致集体土地所有权虚置，还影响到农民对土地市场化资源的权利分配。

《民法典》结合党的十八大以来的农村土地改革措施，在保护永久性基本农田前提下，适度放开了集体、农民对土地的权利，对经营性建设用地赋予了平等的权利，逐步实现与城市土地的同地同权。

二、契约自由与公开市场

在英国学者鲍曼的视域下，19世纪代表了叛逆与重生。在《共同体》一书中，他宣称19世纪不仅是一个"伟大的错位、解脱、脱域和根除的世纪，同时也是一个不顾一切地试图重新承负、重新嵌入、重新植根的伟大世纪"。

19世纪之所以"伟大"，在于其最重要的贡献，即个体挣脱了传统的"牢笼"，获得了自我与自由。鲍曼在《后现代性及其缺憾》中将这一"伟大世纪"的道德褒赞置换成一个理性的哲学表达："现代性"。鲍曼认为，现代性中的一个典型特征就是将个体从传统的"中介力量"中"脱域"或"摆脱"出来，获得"绝对开始"，在新的秩序下获得希望的生活，实现从身份性"天赋"到行为"自致"的世纪性转变。在根除传统的简单、绝对的身份依附时，个体通过契约与家族之外的其他社会主体组建了新的共同体，这就是公司和行会。

中国也遵循了同样的发展逻辑。《民法典》有两个条款，第一，第79条规定：设立营利法人应当依法制定法人章程；第二，第511条规定：合同中对标的物质量要求不明确的，可以按照推荐性国家标准履行，如果没有推荐性国家标准，就按照行业标准履行。

　　表面上看，这两个条文没什么联系。实际上，这是对公司内部自治权和行业自治权的立法认同。如果说法人章程是企业内部治理的"宪法"，行业规范就是整个行业必须遵循的"宪法"。

　　行规说起来是一种行为规范，实际上是一种行业联盟达成的一体遵循的社会性、组织性契约，这既是行业自治的基石，也是行业自治的灵魂。行规可以能动、高效地解决三个最重要的市场问题：产品有无、价格高低、质量好坏。小则关系到老百姓的生活日用，大则关系到社会的稳定乃至国运的兴衰。再进一步说，行规不仅规范行为，还作为一种社会力量矫正人性、培育道德、创设秩序。

　　行规作为本行业的合约，不仅要解决物价、劳动用工、工资标准等问题，还要维护市场秩序和行业声誉。这就是历代官府承认行业自治的真正原因：既促进了经济秩序正常化，又节缩了社会管理成本，有益无害，两得其便。

　　日本学者橘朴在比较了家族、村落、行会三大自治体之后，认为行会强调内在平等，遵守共同规则，是一种"民造社会力量"，所以，行规作为一种业缘结合的制度设计，比血缘性伦理法则和地缘性乡规民俗具有更强大的制度张力。

　　行规是一种契约性合意，也是一种社会性共谋。正是因为行规的存在，行业自治不仅有了自己的内在法权依据和制度基础，还有了中国百行百业的千帆竞渡、百舸争流，最终推动了公开市场的自由竞争。统一市场与主体的身份、地位、权利、机会是否平等相关联，公开市场则与主体的行为自由程度相关联。

　　民法典为什么会产生于19世纪？因为在这个世纪，每一个人不再单纯是上帝的子民、国王的臣民、父母的子女，在经济、社会生活中，他们还进化成了个体化存在的独立权利单元。

　　马克斯·韦伯有个判断，现代资本主义的基本过程就是两个分离：商业从家庭分离、生产者与生计来源分离。鲍曼对此深表认同，并认为第一个分离使盈利行为摆脱了道德和感情的约束，第二个分离使个体行为摆脱了家庭的束缚。而罗斯则从社会控制角度赋予了两个"分离"更高的制度意义，认为以"稳定的不受人情感影响的关系逐渐取代无常的私人关系"是社会进步的标志。

上述理论命题应当是人类社会经济发展的共性，不仅可以有效地解释资本主义国家的发展逻辑，也同样解释了19世纪欧洲大陆民法典化的时代逻辑。

三、产权流动与开放市场

产权流动，就是财产或产权的可交易程度。我国《民法典》诞生于5G时代，除上述主体平等、行为自由等基本价值内核外，还要充分反映、识别信息化、智能化时代的新观念、新技术、新权利。所以，生物识别信息、虚拟财产、电子商务、人工智能，无一例外地都进入了《民法典》视野。

在充分保障人格权的同时，《民法典》还持有了可贵的开放性立场，为特定资源的财产化、产权化、市场化开辟了新通道。按照《民法典》的立法理念和逻辑，对于虚拟财产，只要法律、法规没有明确禁止的，均可认定为财产。比如，游戏账号就属于典型的虚拟财产。一方面，需要玩家投入相应的资本、精力、时间，同时还对玩家的智力、策略、社交互动有着极为严格的要求，理应视为一种投资行为和经营行为；另一方面，游戏账号所涉及的账号、装备、皮肤、个性化设置都具有可交易性，也有相对完善的网络市场，可以进行公开买卖、拍卖。有的玩家还将此类虚拟财产列入遗产范围，指定特定的继承人。

同时，相关的人格权利或权益可以产生特定的经济价值，也可以作为交易物，获取特定的利益。比如，自然人可以凭借自己的肖像进行广告代言并收取费用；而对特定主体的声纹识别与合成现在已广泛流行，GPS导航系统中很多名人的声音可以自由切换。但如果网络供应商未征得声音主人的同意并支付约定报酬，就涉嫌侵害其声音权益，理应承担侵权责任。

开放市场不仅带来了主体要素、资本要素的急速流动，也催生了特定的产权交易规则和新型权利类型，推动资本市场寻求无限的可能性，创造更大的财富空间。

　　回顾历史，市场经济互通有无，本无界域可分，亦无主体之别，《民法典》秉承和彰显的正是中华民族的开阔胸襟和从容大气。仅以宋代为例，发达的合同、明确的规则、开放的市场、自由的贸易让两宋在列强环伺、内忧外患中创造了经济神话。蕃胡齐聚，百业齐兴，不仅带来了丰富的财富，也带来了完善的市场机制和高效、细密的产业链条，单纯官方备案并实施行业化管理的第三产业不是三十六行、七十二行，而是四百多行。每个人都可以有不同的打开生活的方式，《梦粱录》中的杭州，夜市甚至可以和早市无时差交接。

　　国际化、市场化带来了科技发达、文化鼎盛、民生富庶，成就了两宋奇迹。所以，李约瑟将宋代推崇为"最伟大的时代"，陈寅恪也将宋代推奉为中华学术文化的高峰。①

　　本文原为《深圳特区报》理论版所撰特稿，姑移借于此，稍事修改，聊充序言。

刘云生

2020-08-28

小谷围岛　排云轩

---

　　① 陈寅恪：《邓广铭〈宋史职官志考正〉序》："吾中华文化，历数千载之演进，造极于赵宋之世。"《金明馆丛书》第 2 编，上海古籍出版社 1980 年版，第 245 页。

世纪大典　高光中国

2020 年 5 月 28 日，十三届全国人大三次会议顺利通过了《中华人民共和国民法典》(以下简称《民法典》)，正式拉开了民法典的时代大幕。民法典的高光、暖光不仅呵护着每一个华夏儿女的幸福和尊严，还护卫着中国改革的巨轮驶向世界、驶向未来。

回顾历史，中华人民共和国成立以来，分别在 1954 年、1962 年、1979 年和 1998 年四次启动《民法典》编纂工作。很可惜，虽然我们先后有了民法通则、合同法、物权法、侵权责任法，但一直没有成功跨入民法典时代。

1954 年，西南政法学院年仅 32 岁的金平奉命入京，参与新中国《民法典》编纂工作，站上了民法典的时代起点。金平连续三次参与立法，还保留了一张 1981 年立法人员的珍贵合影。坐在第一排的元老们一个都不在了，站在第二排的那时候的中青年人如今大多垂垂老矣，且有些都已经抱憾离世。2020 年 5 月 28 日下午，《民法典》通过，金平教授见证了《民法典》编纂的立法历程，欣喜无比，表示此生再无遗憾。第二天，就是这位老人 98 岁生日。

单从技术上讲，《民法典》篇幅不大，条文不多，费时不长，但为什么历经大半个世纪都难以出台？因为《民法典》有三大诉求，缺一不可：时代性、国际性、民族性。

我们从法文化角度分别解读《民法典》的"三性"，追寻《民法典》编纂的艰难足迹，探讨《民法典》的热点、亮点所在。

第一，时代性。《民法典》是盛世大典，所谓时代性，一是指《民法典》

的时代需求；二是指《民法典》的时代精神。

时代需求是《民法典》产生的推力，世界上不存在超前的民法典。到什么山唱什么歌，就是这意思。计划经济时代，身份固化，票证、指标统率一切。买肉要肉票，穿衣要布票，喝碗糖水还得看有没有糖票，结婚也得单位盖章同意才行。

那个时代，不需要民法典。

时代精神是民法典引领未来的拉力。改革开放以后，票证一夜消失，成为文物。邻家小芳走出大山，南下广州打工挣钱；村里狗剩远赴非洲，种地求富。市场开始调节、配置各种资源，只要有钱，没有买不来的东西；小两口吵架也成了隐私，不再欢迎居委会大妈高坐家中，絮絮叨叨、训话调解；小孩也有了 QQ、微博、微信，爹妈翻看下聊天记录，"小神兽"就会奋起维权，说侵害了自己隐私权。

这个时代，民法典就成了必需。

也就是说，《民法典》的时代性就体现在如下两方面：满足时代需求，推动时代发展。

《法国民法典》代表了 19 世纪的辉煌与荣光。1815 年，拿破仑被流放圣赫勒拿岛。海岛远离陆地，孤悬海外，遥远而荒凉。这位小个子皇帝在那里评价了自己的一生：打了四十多次胜仗，但滑铁卢惨败抹掉了一切。不过，有一样成就让他名垂千古，这就是《法国民法典》。

想当年，还是最高执政官的拿破仑对民法典倾注了巨大的热忱。在《法国民法典》109 次审议中，亲自主持 57 次。[①] 他坚信，只有人民一手拿《圣经》，一手拿《法国民法典》，法兰西才能够步入一个新时代，也才能引领世界。

后来，法国人感恩、钦佩拿破仑，把《法国民法典》称为《拿破仑法典》。不是因为他的高贵身份和强权地位，而是因为他的坚守、热忱和付出。

---

① 另一种说法是，召开了 102 次讨论会，由拿破仑亲自主持参与 97 次。https://baike.so.com/doc/3862886-4055501.html，具体次数其他版本亦多不一，故学术研究一般采约数。

但小个子皇帝能够推动历史，却不能创造历史。拿破仑仅仅是回应了时代需求，将法兰西推向了民法典时代。那么，《法国民法典》的直接推力是什么？

　　说起来难以置信，是收税立法风波。1789年6月，法兰西国民议会通过决议，宣布所有的赋税、贡献都必须按议会批准的种类和额度收取，除此之外，无论是谁，都不能向老百姓多收一分一毫。这挑战了国王的权威，路易十六很生气，后果很严重：立马解除了附和议会的财政总监内克的职务。

　　国王和议会的矛盾瞬间激化，法国大革命就此全面爆发。

　　税收立法只是导火线，还有更深层次的两个原因推动了《法国民法典》的问世。第一个是推力，寻求民法的统一。当时法国南部奉行罗马成文法《民法大全》，北方流行的是大量习惯法。十里不同风，百里不同俗。民法法源不同不仅导致市场规则混乱，还增大了交易成本和风险。法国启蒙思想家伏尔泰就讽刺说："在法国旅行，从北法到南法，你得随时做好准备，一会儿换马车，一会儿换法律，反正一路磕磕碰碰不消停。"

　　第二个是拉力，急需民法典拉动新时代的车轮。大革命推翻了封建国王，建立了资产阶级共和国，急需统一的民事立法固化革命成果，推动社会进步。

　　最急迫的问题有两个：一个是人的平等和自由问题；一个是财产安全问题。

　　《法国民法典》对人的自由、尊严和权利进行了全方位的确认和维护。其第8条废除了阶级分层所带来的一切不平等。不管是身居巴黎豪宅的富豪，还是偏居戛纳的农民，都享有平等的民事权利。

　　对于财产安全，拿破仑态度很明确：财产所有权神圣不可侵犯。他说："我拥有许多的军队，但我不能侵占一块土地。因为侵犯一个人的所有权，就是侵害所有人的权利。"如果你买下一片农场，那么地面的土地、庄稼、地下的野兔、矿产，天上的蓝天白云就都属于你。

　　《法国民法典》取得了世纪性成功。对内实现了法权的统一。不再有身份歧视，不再有苛捐杂税，人性自主，市场活跃，法国进入飞速发展轨道。对外，作为文化软实力的象征，19 世纪的荷兰、意大利、土耳其乃至 20 世纪的埃及、叙利亚、伊拉克、利比亚、索马里都宗奉《法国民法典》，实现了法兰西文化的广泛传输和高端站位。

《法国民法典》产生于水磨风车时代，解决了平等人格、所有权神圣和契约自由等核心问题。我国《民法典》诞生于 5G 时代，除上述基本价值内核外，还得充分反映、识别信息化、智能化时代的新观念、新技术、新权利。所以，生物识别信息、虚拟财产、电子商务，无一例外地都进入《民法典》视野。比如，游戏账号就成为一种财产，不仅可以转让、拍卖，游戏中的城堡、美女、武士、金库等数字财产还可以赠与他人或指定网友继承。

但法典的时代性绝不是脱离理性地跟风追星赶时髦。有些新技术可能助推人类文明的进步，但也挑战着时代认知，是否必然带来新权利？对此，《民法典》的态度特别审慎。比如，爆红的机器人伴侣，按照《民法典》人法和物法的二元设计，明确将其界定为"物"，是玩偶、人工智能、基因技术叠加的高科技产品，不认可其人格并赋予权利。

为什么要将机器人伴侣排除出"人"的范畴？因为这些无毒硅胶树脂产品，虽然有着人的体型、面孔、肤色、语言，在不远的将来，还会植入情感链接，甚至具备生育功能。但我们必须意识到，这些高仿产品不仅冲击着市场，还冲击着基本的道德规范和人伦法则，甚至还会危及人本身的法律地位和生命意义。这种高度拟人化、类人化、智能化的设备、程序可能危及人的主体性、唯一性地位。有了这种玩偶，狗剩和小芳的恋爱、婚姻可能终结，虚拟的人机共情会取代现实的人际互动，最终损害人类的情感共鸣能力，取代婚姻家庭，占取狗剩作为丈夫、小芳作为妻子应有的法律地位和人伦角色，人被机器玩偶彻底异化。

有鉴于此，《民法典》承认这些高科技产品的财产属性和技术权利，但并没有像欧洲议会《机器人民法规则》那样，赋予自主机器人电子人人格和法律地位，以免引起误会、误读、误用。

第二，国际性。《民法典》不仅是一个国家内部的法权单元，还是与外部世界互通共享的开放场域。

《民法典》的国际性主要体现在国际化视野和开放性两个方面。

就国际化视野来看，《民法典》充分关注了世界法治文明的优良成分，比如，人格权独立成编，全力保护国民各项基本权利。这既是体系的创新，也是制度的创新，契合了世界民法的主流价值。

以隐私权为例。信息化、大数据时代，当世界各国不断强化隐私权保护的时候，我国有位互联网大佬突然抛出一种奇谈怪论，说中国老百姓对隐私问题很淡薄、很开放，甚至愿意牺牲隐私换取方便、效率。

这是傲慢加无知，彰显了资本的狂妄自大，是资本操控市场后对人的操控。这位大佬的逻辑是什么？如果王小二隐私敏感度很低，什么都要拍一拍放网上，拿隐私求点赞、换流量，法律就没有必要保护他。按这种逻辑，网民王小二必然沦为金钱的奴隶，成为资本市场、数据大鳄的草民、贱民，最终沦为供资本驱策的工具。

《民法典》有力地回击了这种谬论，彰显了现代民法典的价值立场。

首先，隐私面前人人平等。只要是人，不管是默默无闻的王小二，还是名满天下的张三丰；不管是美若天仙的女艳星，还是长相"委婉"的男丑角，人人都享有不受他人侵害的隐私权，不因贵贱而异，不因美丑而别。

其次，保护隐私是文明的尺度。无论是乞丐，抑或是精神病人都有不愿为公众所知晓的个人隐私，都受法律保护，这是文明的标尺。如果非要强行检点乞丐每天的总收入，还要打探精神病人受了何种刺激而精神崩溃，这些都属于刺探隐私。实际上，大家稍加留意，就会发现，因为涉嫌歧视，《民法典》中已经没有了"精神病人"这个词，换成了"不能辨认自己行为的人"，这本身就是一种文明的高度。

最后，隐私是自由人格的前提，是法律的底线和基座。即便王小二想当网红主播，自曝隐私，法律也是他最后的安全屋、避风港。不能因为王小二上传头像自称帅哥，李小三就将"二师兄"的鼻子P（电脑修图）上去四处转发，骂王小二没照镜子。这不仅缺德，还侵害肖像权、名誉权。

就开放性而言，《民法典》秉承主体平等、行为自由、规则明确的普遍规则，加持 2021 年生效的《中华人民共和国外商投资法》，不断完善市场化、契约化机制，助推中国融入国际市场。

纵观历史，市场经济互通有无，本无界域可分，无论是遣唐使、市舶司，都彰显着唐宋的开阔胸襟和从容大气。

今天，不少人想穿越回宋代，为什么？因为幸福指数高。如果你是中年大叔，不管油腻不油腻，不管是来自陆路的胡商，还是来自海路的蕃商，在当时世界一线城市杭州租个小别墅、拥有一份技术工作、娶一个如花似玉的老婆，这都是标配，没问题。每一个人都有打开生活的自由方式，《梦粱录》中的杭州，夜市和早市可以无时差交接。相当于今天重庆的节奏：涮完火锅再 K（唱）歌，闹腾到凌晨，重庆小面早早开张，坐等吃货上门。

第三，民族性。《民法典》不单纯是一种立法表达，还是民族精神的科学提炼和精准回应。

我们强调国际视野和开放度，但国际视野不是国际标准，开放度也不是什么都是别人的好，《民法典》必须坚守自己的民族立场，对外来先进文化要择善而从，对自己的优良传统更要从善如流。否则，就可能是邯郸学步，霹雳舞跳出僵尸味儿，学不来别人的长处，还丢掉自己的优势；既不能实现价值的正向引领，也不能有效解决中国问题。吃下带血的生牛排，不仅吸收不了营养，还会拉肚子拉到虚脱。

晚清民法典编纂的失败就是明证。清末修律，重金延聘日本志田钾太郎、松冈义正起草《大清民律草案》，抛弃传统，什么都照搬德国和日本。草案一出，举国哗然，老百姓不知所云，专业法官无所适从。最后只好将它送进博物馆，成了文物。

民族性表现有很多，最重要的就是对本土民法资源的提炼和继承。纵观本次民法典的编纂，民族性特色足、亮点多。我们简单谈如下两个方面。

第一个方面，弘扬传统文化。《民法典》第 1043 条出现了"家风"条款，要求"树立优良家风，弘扬家庭美德，重视家庭文明建设"。

有些网友认为这个条款中看不中用。为什么？因为家风条款本质上属于倡导性条款，不是规范性条款。既没有具体的行为规范指针，也缺乏法律责任约束。就像当年把"常回家看看"写进老年人权益保障法，既不具备可诉性，还不能强制执行，有什么用？笔者认为，家风条款实际上是一种立法价值导向，能有效传承几千年优良传统，发挥家的道德治理功能，矫正极端个人主义倾向。

该条款怎么发挥作用？家风条款实际上也是一种行为指引，法官判案时可以转接具体规范性条款，进行权利义务配置，产生实体规范力。比如，家暴可能导致监护权丧失，遗弃老人可能丧失继承权，等等。

家是最小的社会细胞，也是中国几千年来的文化根基。《民法典》充分尊重和保护个体权利，这是世界大潮，但也充分考量了家的治理功能，这是国情，是刚需。

第二个方面，确证习惯、习俗的法源地位。习惯是民族精神的直接反射，也是民间长期存在、广泛认可的行为规范。《民法典》通过第 8 条、第 10 条认可了公序良俗在物权法、合同法、侵权责任法、婚姻家庭法中的重要作用。在人格权领域，也通过专条规定了给孩子取名可以遵从习惯，但不得违背善良风俗。① 比如，广东不少人姓老，你叫老佐、老童没问题，但不能叫老祖、老爷、老爹、老妈，也不能叫老公、老婆，否则不是你占别人便宜，就是别人占你便宜，有违善良风俗。

另外，《民法典》第 490 条和第 493 条规定，在合同上按指印和签字、盖章具有同等法律效力。这是一个亮点，是对民间习惯的显性立法认同。

从考古史料来看，手印古代称"指模"，最晚从汉代就开始流行，叫"下手书"。按手印有什么用？一是身份确证，防止假冒。激光扫描时代，签字、印章造假太容易，但指模造假难度就大多了。二是人身信用，防止无权

---

① 分见《中华人民共和国民法典》第 140 条、第 142 条、第 480 条、第 484 条、第 289 条、第 1015 条。

处分。古人订立重要合同，卖房卖地，成年家属都得打指模，省得房地产暴涨，老婆状告老公无权处分，说自己不知情、不同意，主张合同无效。三是诉讼证据，防止欺诈。唐宋时期，江浙一带出现了一些防不胜防的合同诈骗，用乌贼的墨汁书写合同，白纸黑字，油光闪亮。但过上几年，纸还在，字没了。①手印的存在至少可以作为合理分配举证责任的依据，最大限度地减轻合同风险——没有合同关系，你能在空白纸上按手印？

60多年前，我们一直梦想开启民法典时代，但要么是时代条件不具备，要么是国际环境不理想，要么是民族性无从安放，所以，梦想一直都是梦想。今天，时代性、国际性、民族性三大诉求同时满足，梦想终成现实，《民法典》不仅成为国民权利的坚固堡垒，还必将成为中国引领世界的强大引擎。

---

① 宋末周密《癸辛杂识续集》亦称："盖其腹中之墨可写伪契券，宛然若新，过半年则淡如无字。故佼者专以此为骗诈之谋，故谥之贼也。"上海古籍出版社编：《宋元笔记小说大观》第6册，第5834页。

CONTENTS **目 录**

第一集　不动产为什么要登记

在中国城市，买下一套房子，算是人生的一件大事、喜事。但这件大事要完美，要真成为喜事，还得履行一个程序，到不动产登记机关去登记，拿回一个红皮的权利证书，才算是真正落地心安。为什么？按照《中华人民共和国民法典》（以下称《民法典》）第 209 条的规定，不动产物权的设立、变更、转让和消灭，必须经过依法登记，否则不发生效力。

也就是说，签完合同付完款，还拿了钥匙占了房搬了家，这些都不能说明房子就是你的，只有手握红皮的不动产权属证书，你才成为真正的主人或者产权人。

在中国，房子对一个人有多重要？为什么中国人都想拥有独立产权的房屋？不动产为什么要登记？我们结合《民法典》不动产登记制度依次进行解读。

第一个问题，房子在中国有什么样的文化情结？

对每一个中国人来说，房子绝对不是单纯意义上的物理居住空间，还负载了丰富的精神追求和文化内涵。儒家思想加上农耕文化形成一股合力，让中国人对房子有着不同寻常的心理认知和社会认知。

具体有如下三个表现。第一个表现，安土重迁。对房子的重视和依赖与中国的孝道文化息息相关，是祖灵崇拜的产物。祖先墓地所在、家族祠堂所在、父母所在是界定家的三大最重要特征。各家各户都是围绕祖墓、祠堂添置产业，世代相守。苏辙 73 岁生日时，在颖州已经置下房产，但还是感慨"三千里外未归人"——有房未必就有家，只有祖先、父母遗骨所在地，才算是真正的家。

即便迫不得已要迁徙移民，背井离乡，首要的任务不是收拾金银珠宝，而是背上祖宗的遗骨和牌位；到了新地方，首先是掩埋祖先，再就地建房，燃起香火，供上牌位，这才算是有了真正意义上的家。

第二个表现，安身立命。中国人从来都信奉有房才有家，看看"家""宅""室"三个字就明白了。

"家"的本义是养猪的舍饲，通俗地说就是猪圈，后来引申为人的居住地，喻义很明确，人安财富——宝盖头象征房屋，遮风避雨；猪代表人丁兴旺，财富满满。

"宅"的本义是寄托的托，是双手托梁架屋，许慎后来将这种意义无限引申，解释为人类安身立命之所，也就是寄养身心之地。这种解释深刻反映了中国人特有的一种价值观念：自己有才是真的有，历来重视房屋所有权，轻视租赁权。很多人活到五十知天命的年龄，有了一套房子，哪怕在三四线城市，也会由衷地舒口气，再叹口气。舒气是心情放松，这辈子对自己、对儿女、对祖宗都有交代了；叹口气是自我满足，虽然比不上北上广深，但比起身在农村的同学，租房子的同事，自己好歹也还算是人生的赢家。

也就是说，在中国人的心中、眼中，农村的房子不值钱，租来的房子是别人的，只有真金白银在城里买下房，大红的不动产权属证上落下自己的或儿女的名字，才是自己的财产，也才有了自己的家，否则永远都是寄人篱下。

想当年，白居易京漂 20 年，租房子租得垂头丧气，写诗感慨：

"长羡蜗牛犹有舍，不如硕鼠解藏身。"（《卜居》）——京漂没房的日子，特别羡慕两种动物，一是蜗牛，它自带"房屋"，从来不担心房价上涨、房租高低；二是大老鼠，走到哪儿都能打洞安窝，繁衍子孙。大诗人到了知天命的年龄，有了自己的房子，才舒口气、叹口气。苏东坡一辈子大气洒脱，但飘荡江湖几十年，连房子都没有。后来定居许州，好朋友李端叔修房子，苏东坡点赞之余，免不了顾影自怜，哀叹"我年七十无住宅"。

作为精英阶层的白居易、苏东坡对房子的焦虑实际上是一种文化焦虑：不是没房子住，而是住的房子不是自己的。

　　这一点和西方文化差异特别大。在大多数西方发达国家，人在心在家就在，所以，只要是一家人在一起，无论是自己动手建房、还是图方便省事租房，都没什么问题。高高兴兴地活一辈子，这才最重要。至于死后，子孙是自己建房，还是买房，那都是子孙自己的事，跟爹妈无关。但在中国人看来，生下孩子就得给他一个家，除了有爹有妈，还得有房。活着一家人其乐融融，死后儿女也不会寄人篱下。

　　换句话说，中国的不动产文化语境中，房子不单纯是居住的物理空间，还是精神空间；不仅是私密性的自我存在，还是一种伦理性的人际依存！所以，苏辙没有房子的时候，儿子们倒不是故意啃老，但随时善意地提醒老人家，您老还没安置房，总得想想办法才。后来房子修好了，苏辙高高兴兴还不乏骄傲地吩咐子孙：房子给你们修好了，老子的任务也就完成了。现在就两件事，吃饭、睡觉，别打扰我！①

　　补充一句，老子是宋代老人的自称，不是今天的老子。

　　再看"室"。"室"的本义是休养生息的地方，位居家中最隐秘、最安全的空域。为什么称之为"室"？许慎的解释是"实也"，也就是填充、充实的意思。后来代指男性娶妻为"室"，女性嫁夫为"家"，这就是"家室"的来源。古代男孩到了成年，爹妈都得"授室"。什么意思？置下房产，娶回儿媳。

　　儒家文化圈中，成家立业的"家"和"业"都指向一个共同目标：房子。所以，才有了中国式的婚房，没有新房，旧房也得加上媳妇儿的名字，不买房、不加名不仅意味着恋爱无成，还意味着婚姻告吹。

────────────

　　① 苏辙《闲居五咏·买宅》："我老未有宅，诸子以为言。东家欲迁去，余积尚可捐。一费岂不病，百口觊获安。田家伐榆枣，赋役输缗钱。长大可双栋，琐细堪尺椽。生理付儿曹，老幸食且眠。"蒋宗许等笺注：《苏辙诗编年笺注》第四册，中华书局 2019 年版，第 1692 页。

不仅悲摧，而且丢脸。有人专门统计过，纽约的住房自有率是 41%，北京是多少？ 86%。直到今天，北方生下儿子，真的就成了"建设银行"。

第三个表现，安居乐业。特别注意"安、乐"两个字。为什么"安、乐"？按照建筑美学的命题：房子是人性在空间的投影。一个年轻人在北上广有房子、有老婆、有孩子、有工作，那就是典型的"四有"人才，幸福指数有多高，不用测量，看看别人走路霸气侧漏的气场就知道。

这种文化心理还催生了一系列制度，影响着人的自我认同和社会形象。为什么将买房与落户、读书、社保挂钩？这些不仅仅是资源配置问题，还涉及对城市的认同度、归属感等心理认知问题。房子代表的符号意义远远超过实体意义，成为人在城市的第二张身份证、第二张名片。

所以，我的结论是，房子对内是自我身心的归属；对外是自我形象的塑造。房子就是对生活方式的一种诠释，是物化的自我。

第二个问题，产权证为什么是红色的？

房产证，又叫房地产权证，现在统一叫作不动产权属证书。按照《民法典》第 217 条规定，这是权利人享有该不动产物权的证明。如果你是自己合法建造的，按照《民法典》第 231 条，修好了，你的物权就产生了。

但你还得去登记机关进行产权登记，拿回那红色的本，才算万事大吉，成为完全的、自主的、真正的所有权人；如果你是买别人的，或者继承父母的，或者结婚要在老公产权证上加名，都得到不动产登记机关进行变更登记。

当然，如果你拿回来的不是红皮本，而是绿皮本，那就不是真正意义上的所有权，可能是经适房之类的，国家还有产权在里面，你除了居住，不能出租、出售。除非哪一天你从国家手里买回所有产权，你的绿皮本才能换成红皮本。

产权证为什么用红色？很多人认为置业是家庭大事，是彩头。按照皮尔士的指号学理论，红色在中国代表的就是吉祥如意，所以有红包，有大红灯笼，有大红对联，结个婚还得穿大红衣服。

这个解释符合中国颜色崇拜的一般规律，可惜这仅仅是后来的一种解释，而不是本源性解释。

推本溯源，产权证之所以是红色的，和宋代的不动产登记有关系。我国最早的不动产登记制度成形于北宋。宋太宗时期，历经晚唐五代战乱，很多不动产权利人手里的合同要么掉了，要么毁损了，官府的授田证明更找不到了。后来，外出逃难人的后代回老家一看，房子、土地还在，但都被别人占了。你要取回来，可以，拿证据来。你造假合同来忽悠我，我就拿假合同来对抗你。于是，民间假合同满天飞，纠纷不断。

这时候，有个叫赵孚的大臣上书献计，要平息争端，就必须明晰产权。宋太宗一看，有道理，立马颁旨：以后，凡是不动产买卖、抵押、设典统统要写四份一样的合同，一份给出卖人，一份给买受人，一份提交商税院，一份交本地县衙门。[1] 同时，官府对每一项不动产交易都进行详细登记，形成了最早的不动产登记簿，后来就有了著名的砧基簿——上面全面记载户主、田产面积、四至、来源等土地房产信息，还配有地形图；再后来就演化为明代的鱼鳞图册，成为解决不动产确权最权威的依据。

也就是说，从北宋初期开始，就从唐代的授田制改为市场化配置，土地房产可以自由交易。老百姓的不动产产权证据有两个：一个是自己保存的合同；另一个是官方统一的不动产登记簿。两者必须一致，如果不一致，和今天《民法典》规定的一样，原则上只能以官方登记簿记载为准。

这样看起来，官方确实是为老百姓干了件好事、实事。但赵孚也好，宋

---

[1]《宋会要辑稿》第十二册："乾兴元年正月，开封府言：'人户典卖庄宅，立契二，（一本）付钱主，一本纳商税院。年深整会，亲邻争占，多为钱主隐没契书。及问商税院，又检寻不见。今请晓示人户，应典卖倚当庄宅田土，并立合同契四本：一付钱主，一付业主，一纳商税院，一留本县。'从之。"上海古籍出版社2014年版，第7464页。

太宗也好，推行统一的不动产登记制度，除了便利百姓、解决纠纷之外，还有一个更重要的目的：收税！

为什么宋初要求将四份合同全部提交官府？因为那不仅是产权证明，还是纳税的依据。只有你缴完税，官府才会在你的合同尾部粘上一张税单，盖上红彤彤的大印并录入统一的登记簿。从此，你这合同不仅是交易的证明，也是产权证明，相当于今天的产权证！这一类合同统称"红契"或"赤契"。

按照宋代法定税率，田宅交易税大约是 4%。如果你不想出这笔钱，要逃税，你那合同上就没有官印，叫"白契""草契"，不仅不能成为产权证明，反倒是违法犯罪的证据。

由此看来，红色的官印代表了合法、正统、安全，既保障了不动产交易的安全，又促进了交易效率，后来慢慢地深入人心，将合同上的红色印章直接运用到专门的不动产登记证，成为喜庆的象征。而白契、草契最多也就是个小产权，居住没问题，但随时都可能被籍没、被罚款，还没法上市交易。

后来，王安石改革，为了防止不动产税收"跑冒滴漏"，他的助手吕惠卿就搞了个"手实法"——家家都得按照官府颁发的统一格式如实填写不动产登记表，还得按照市场价估值估价，然后作为国家征税的依据。

这应该是世界上最早的财产申报和税务申报制度。

有朋友可能会怀疑，这样有用吗？谁不愿意少缴税，瞒报漏报不报又能怎样！因为手实法还有一个撒手锏—— 你填写的表格要进行公示，官府鼓励人民群众积极监督，踊跃举报，一经查实，可以得到罚款三分之一的奖赏！

这诱惑太大了，但损失更大。按照谏官范百禄的说法，"家家有告讦，人人有仇怨"，礼义廉耻，斯文扫地——东家告西家，左邻告右舍，亲家告亲家母，分家后叔侄之间也相互举报，不仅财产没了，亲情友情全没了，留下的就是无穷无尽的冤仇。苏东坡写信给宰相韩绛，认为这是典型的要钱不要脸面，扰乱百姓，败坏风俗。①

手实法很快停止了，但国家通过不动产登记进行收税的步伐一直没停。

第三个问题，为什么要进行不动产登记？

我们讲了传统不动产登记最重要的两项功能：确权、征税，但这两项功能仅仅是不动产登记的最直接功能。除了这两项，不动产登记还有更高位、更深层的作用。

第一大功能，权利象征。从公权层面来说，土地从来都是主权国家的权利依托，不动产登记就是主权的象征。从传说中的大禹铸九鼎时代开始，就将九州的图案、物产绘制在九个鼎上，代表着国家的统一和主权的正统，算是最原始的公法意义上的不动产公示，后来又成为王权的象征。所以才有了楚王问鼎中原的成语典故；才有了秦武王强行要将雍州鼎从周王朝扛回秦国，硬生生地压出内出血，憋屈而死，成为最早的杠精；才有了刘邦入关，秦王子婴献上版籍，代表交出主权。

从私的角度而论，不动产登记代表了国家对私人不动产产权的认可和保障，不动产登记才真正成为国民权利的象征和依据，也才有了逐步完善的不动产市场和安全的不动产交易法则。

第二大功能，社会识别。在传统中国，不动产登记还是编户齐民的最重要依据，百姓据此获得特定的社会身份、地位并承担相应的社会义务。比如，宋代废除了唐代的良贱二分法，彻底废除了身份歧视，非编户不再是任凭编户良民、任意驱使买卖的贱民，实现了概念意义上的全民的社会化平等和人身自由；同时，王安石的免役法改革虽然成效不佳，但初衷绝对是好的。按照制度设计，免役法将天下百姓先分为乡村户、坊郭户两种，这是中国最早的城乡二元分类。然后按照财产高低分户分等，作为分配税额的依

---

① 苏轼：《苏东坡全集》卷七十三《上韩丞相论灾伤手实书》："今又行手实之法，虽其条目委曲不一，然大抵恃告讦耳。昔之为天下者，恶告讦之乱俗也，故有不干己之法，非盗及强奸不得捕告。其后稍稍失前人之意，渐开告讦之门。而今之法，揭赏以求人过者，十常八九。夫告讦之人，未有非凶奸无良者。异时州县所共疾恶，多方去之，然后良民乃得而安。今乃以厚赏招而用之，岂吾君敦化、相公行道之本意欤？"转引自中华古籍全录，http://guji.artx.cn/.

据，乡村五等户与城市六等户以下免收税款，有钱者多纳税，实现了可贵的社会公平。同时，更大的优势还在于，任何人都可以凭借自己的努力，成为上等阶层，只要能在开封、杭州置房产，就能瞬间实现身份大转变和自我形象的再塑造。

第三大功能，行为互动。宋代以来，民间不动产交易除了理性选择红契外，很多家族置办不动产之后，专门将用于公益的祀田、学田、义田登记造册，盖上家族产业印号，呈请官府独立备案，寻求保护。

从公权意义上讲，国家进行统一不动产登记并征收不动产税，属于主权行为。从私权意义上讲，为什么宋代以来百姓都愿意缴纳税收来换取红色的官印？是不是单向的压迫或屈从？不是。这实际上是国家和百姓之间达成的有效互动规则：国家收取税收行使的是权力，但同时为私人不动产提供强大的终极保障，形成统一权威的公信力，最终保障国民的不动产产权安全和交易安全。这是一种社会契约，也是一种伦理契约。否则，如果一味地像吕惠卿手实法改革思路，不仅会失去民心，还会失去政权！

这就是典型的水可载舟，亦可覆舟。

按照英国社会学家安东尼·吉登斯的理论，一定的生活方式就会形成一定的文化。受儒家文化和农耕社会的双重影响，中国的房子负载了过多的社会、心理、文化功能，也超越了纯经济、纯物理的空间意义。而不动产登记既是物质符号的记载，也是精神寄托的表达；既有效地满足了固有文化需求，也开启了国家和公民的良性互动。

第二集　先占有效力吗

今天很多女性喜欢装饰品，耳环、项链、手链、脚链，样样齐全。到了订婚和结婚的日子，还有一样东西必不可少，指环——后来叫戒指。最好是钻戒，广告词说得诱人："钻石恒久远，一颗永流传。"

这些装饰品怎么来的？根据目前的史料，极有可能来源于古老的抢婚制。但那个时候不是为了装饰、美化，更不是为了表达爱心。这些东西的功用有两个：一个是限制女性人身自由，防范逃跑。这是早期项链、手链、脚链的原始功能。另一个功能相当于今天的物权公示，代表名花有主，其他任何人不得侵染。这应当是耳环、指环的原始功能。也就是说，女性的大部分装饰品都来自抢婚制，链是束缚人身的工具，环是宣示权利的象征。后来，文明蝶变，才演化为装饰品、奢侈品，成为时尚和身份的象征。

抢婚制，又称掠夺婚，在世界各大文明都曾经长期存在，至今还作为一种仪式、娱乐项目保留在部分少数民族地区，这是人类早期最重要的一种习俗、习惯，后来成为一种法律认可的制度。之所以称其为制度，是因为它隐含了今天民法中特别重要的两项法权：一个是先占取得的物权；另一个是先占取得的身份权。

习惯法赋予第一位抢掠到女性的男性以独占性、排他性权利并通过婚姻稳定现实占有关系，避免了成熟男性之间的相互杀戮，甚至为了所谓公平杀死被劫掠的女性。同时，那时候妇女没有法律地位和独立人格，被视为一种资源和财产，为防止被劫掠异性逃逸及本部落成熟同性对其实施侵害甚或劫夺，第一位占有人就以耳环、指环等符号作为物权公示方式，取得所谓"公信效力"，从而获得习惯法上的合法性权源，成为被抢掠女性的天然丈夫和所有权人。

讲抢婚制，讲首饰装饰品，是想说明其背后隐含的先占取得效力。那么，什么是先占取得？先占取得为什么还会适用于身份法？到了21世纪，我国《民法典》是否承认先占取得？先占取得又有哪些功能？

我们结合《民法典》的制定背景，从法文化角度分别进行解读。

第一个问题，什么是先占取得？《民法典》是否承认先占取得？

所谓先占取得，最原始的意义就是谁先占有无主物，谁就取得所有权。比如，拾荒者以自主占有的意思从垃圾桶里捡出被丢弃的 iPhon11，就即刻享有了所有权，iPhone11 也就不再是垃圾，而是拾荒者的所有物。比如，今天在云南、贵州、广西很多少数民族地区都还存在的打草结、打茅标的物权习惯。在公有林或无主野山发现了地蜂窝，只需打个草结或茅标，你就成了这地蜂窝的所有人，按照习惯法，任何人不得侵害，更不能偷盗、抢夺，否则，按照习惯法或现在的村规民约，寨子里的人就会赶到侵权人家里，杀猪宰羊，吃个干净，侵权人还得背上"盗窃"的恶名，几辈人都抬不起头、直不起腰！再如，游牧民族都逐水草而居，到了一片草原，就会烧个大圈或立一些简单的围栏，对所占有草原区域宣示权利。

从历史层面考察，先占是人类取得所有权最古老、最重要的方式。无论是拾荒者捡拾他人丢弃的 iPhone11，还是到珠江非禁渔段钓上一条野生状态下的华南鲤、螺蛳青，乃至国家基于公益目的对无人区及其一切资源宣告所有权，都是很正常的资源占有与分配方式——《民法典》第 248 条就明确宣布：无居民海岛属于国家所有。即个人不能通过先占行为成为岛主。这既是主权意义上的宣告，也是产权意义上的宣告。直到今天，很多国家开发公海海域、探索月球和外太空，适用的规则都是先占。因为领海、领空之外的海洋、月球、外太空属于人类的共同财富和资源，这些国家获得的不是所有权，而是优先的研究探测和力所能及的开发权。

从立法层面考察，鉴于资源的有限性和分配的公正性，近代以来实施民法典的国家一般采取如下三种立法例：

第一种，附条件先占。无主物统归国家所有，不承认先占取得是私人所有权取得方式。比如《法国民法典》第 539 条："一切无主或无继承人的财产、或继承人放弃继承的财产，均归国家所有。"但如此立法并不是完全阻断先占取得，而是将占有和时效联结起来，只要以所有人的名义持续不间断地、无争议地、公开地、明确地占有动产满 3 年，你就可以取得所有权。这就是凭借时效获得所有权，也就是附时效条件的先占——因为时效的起算点就是从自主占有那一刻开始计算，并据此排除原权人和其他人的权利，这本质上仍然是一种先占。①

第二种，自然法先占。这种立法例继承罗马法以来的自然法传统，明确规定先占为所有权取得方式，只要非法律所禁止，占有人可依法取得先占无主物的所有权。如《德国民法典》第 958 条："自主占有无主的动产的人，取得此物的所有权。"你在路上捡到十马克以下的东西，装兜里，归你了；捡到别人丢弃的无人机，也即刻取得所有权；至于野外捕获野猪，只要控制住野猪，这野猪就是你的，要是野猪逃脱了，被别人捕获，依先占规则，这野猪就成了别人的了。②日本、意大利、瑞士和我国台湾地区都秉承了《德国民法典》传统，明确规定了先占作为所有权取得的特殊方式。③

---

①《法国民法典》第 2279 条："对于动产，自主占有具有与权利证书相等的效力。占有物如系遗失物或窃盗物时，其遗失人或被害人自遗失或被盗之日起三年内，得向占有人请求回复原物，但占有人得向其所由取得该物之人行使求偿的权利。"

②《德国民法典》于无主物之范围方面，界定为所有权人抛弃所有权以及对自然资源及其孳息进行先占两类。第 959 条："动产所有人出于抛弃所有权的意图，放弃对物的占有时，此动产即为无主物。"对于自然资源及其孳息，其第 960 条规定："野兽，以其处于野生状态为限，为无主物。""捕获的野兽又逃逸回到野外者，如所有人不立即追捕或放弃追捕，此野兽又成为无主物。""驯服的野兽，如失去回到规定其应回的地方的习惯，成为无主物。"

③《日本民法典》第 239 条："以所有的意思占有无主动产者，因占有取得其所有权。"《意大利民法典》第 923 条："可以通过先占取得不属于任何人所有的动产。"《瑞士民法典》第 656 条第 2 款："取得人在先占、继承、征收、强制执行或法院判决等情形下，先取得所有权。但是，非在不动产登记簿上登记，不得处分土地。"中国台湾地区"民法"第 802 条："以所有之意思，占有无主之动产者，取得其所有权。"

第三种，生存保障型先占。国家对非私有物进行名义上的所有权宣告，但优先承认公民以先占方式获取必要的生存资源。比如，白俄罗斯《森林法典》第 42 条规定，公民每天可以无偿采集，但野生浆果一人一天不超过 30 千克、蘑菇不超过 20 千克。2007 年 1 月 1 日起生效的《俄罗斯联邦森林法典》第 8 条第 1 款首先规定，林地范围内的有林地片归联邦所有。但随后的第 11 条又规定，公民有权利自由、无偿进入森林采摘野生鲜果、浆果、坚果、蘑菇类真菌等适宜食用的森林资源，以及其他非木材森林资源。同时，该条还特别申明，除非本法明确规定，不得禁止或限制公民进入森林获取必需的生存资源。

我国从民法通则到物权法，再到今天的《民法典》都没有明确规定先占作为所有权的取得方式，而且将非私有财产统归于国家和集体，貌似排除了先占。

但不规定并不意味着不承认。实际上，我国和俄罗斯一样，仍然承认生存保障型先占，这是基于生存权而产生的自然权利，也是宪法权利，不能也不可能被克减、被剥夺。

举如下三个例子。《中华人民共和国水法》第 3 条宣告水资源属于国家所有或集体所有，任何人要取水，都得向水行政主管部门或者流域管理机构申请领取取水许可证，并缴纳水资源费，才能取得取水权。但根据该法第 48 条和国务院第 676 号令，也就是《取水许可和水资源费征收管理条例》第 4 条第 1 款第 2 项，老百姓自己打井取水，赶着牛羊去湖边饮水，不需要申领取水许可证，更不需要先交钱后喝水。

再如，《中华人民共和国矿产资源法》第 3 条规定，矿产资源属于国家所有。但第 35 条随即承认了为生活所需可以采挖砂、石、粘土和少量矿产。

还有，2018 年修订的《中华人民共和国野生动物保护法》第 3 条，野生动物资源属于国家所有。但在第 6 条、第 21 条仅仅是禁止违法捕猎，禁止猎捕、杀害国家重点保护野生动物。所以，捕捉野生动物别动大熊猫等，赶海别动大白鲨等，什么野兔、螺蛳青、八爪鱼之类的，抓到手就归你。

也就是说，我国立法即便宣告各类资源归国家所有，但仍然承认了些许先占取得，并不禁止公民以先占方式获得必要的生存资源，以满足其生活日用。

第二个问题，哪些权利可以先占取得？

既然实施民法典几个主要国家都承认了先占取得，为什么我国《民法典》不规定？

稍加留意就知道，上述特别法承认的先占取得都是生活、生存必需的自然资源，从立法逻辑和权限层面而论，由特别法进行特别规定更为合理。

但更重要的原因可能是，有学者担心规定先占有两大风险：一是冲击公有制；二是引发道德风险。

实际上，这两种担心都立不住。

首先，从逻辑上讲，先占的对象只能是无主物，是没有明确权利人的物，而不是有主物。按照公有制逻辑，你走路踢出狗头金，挖地挖出乌木，或者天上掉下陨石，只要不能证明归自己所有，就归国家所有。这种"非私有即公有"的逻辑已经极端化、绝对化地保护了公有制，甚至阻断了无主物存在的逻辑前提。

其次，从价值上讲，规定先占不仅无损于公有制，还有利于完善公有制，实现总体资源国家管控和公民基本权利实现和满足两者之间的有效互动和协调，既能保障资源的可控，也能满足资源利用的共享。

最大的问题可能还在另外一面，《民法典》不承认先占，一味遵循"非私有即公有"的逻辑可能会产生以下几方面的问题。

第一，逻辑上难以自洽，甚至出现荒诞的推论。根据物权法定原则，《民法典》并未规定先占作为所有权的取得方式。那么垃圾归谁所有？民法上拾荒者的权利是否存在？从垃圾桶里捡出 iPhone11 卖掉是否对国家构成不当得利？

第二，与民争利与信任流失。比如，对风能、太阳能等自然资源的开发，地方政府为环境保护、资源利用收取相关的管理费、治理费用无可厚非，但如果以风能、太阳能归国家所有，要开发先得缴纳所谓"风钱""光钱"之类的，这就是与民争利。

最后，增加治理成本。有学者曾经谈道，我在马路边捡到一分钱，上交国家固然是一种道德情怀，但以如此之微利耗散、浪费紧缺的公共资源，不仅有与民争利之嫌，还无限增大了治理成本，得不偿失。

实际上，从历史的纵深角度考察，先占不仅是一种自然法则，法律承认还是不承认，它都永恒存在；先占还是一种调整资源分配的有效手段。比如，一分钱掉了，按照孔子的逻辑，"人失之，人得之"，不管是谁捡了用了，一分钱的效用得到最大实现，这就是最佳效果。

从这个意义上讲，《民法典》没有规定先占，确实是一种遗憾。

在法文化视野中，先占的权利种类很多，还涉及不动产和抽象的权利。

第一类，无主动产。比如，荒野中的野兔、土拨鼠，沙漠中的蝎子、蜥蜴。即便是俄罗斯对自然资源宣告为国有，但也并不妨碍其公民行使先占权。

第二类，无主不动产。比如，《瑞士民法典》第 656 条对无主不动产先占后可以通过登记获得所有权。

古代中国通过不动产先占躲过了无数次劫难，保障了人民的生存发展，还推动了经济和社会的飞跃发展。比如，北宋初期，人口锐减，土地荒芜，朝廷下令"垦田即为永业"——只要有能力先占、开发，一旦满五年时效，不管有没有主人，拓荒者就享有永久所有权。这一神招比降龙十八掌还管用，很快人口暴涨，经济恢复，宋代也跃升为李约瑟眼中人类最伟大的历史时代。

更典型的例子是明末清初的"湖广填四川"。当时，因为战乱、虎害和瘟疫，四川人口从万历六年的 600 万锐减到不足 50 万，老虎的数量远远超过人类。康熙二十二年，朝廷下令，只要你愿意，发财到四川。所有土地，不管以前是无主还是有主，你都可以用竹签和木片"插占"。到乾隆四十一年，不到一百年，四川人口突破 1000 万，再次成为天府之国。

第三类，抽象的权利一样可以先占。比如，抢婚制催生的身份权，知识产权的在先使用权，包括公交、地铁的抢位、占座等，其内在法权构造的原理都是基于先占的事实和权利推定，这就是老百姓常说的，凡事都得讲个先来后到。

第三个问题，为什么要承认先占取得？

先占取得作为一种自然法则和道德规范，后来为什么被绝大多数实施民法典的国家所确证？主要是因为它蕴含了可贵的民法价值理念，可以带来文明的秩序和合理的利益平衡。

具体而论，先占的民法价值体现在以下几个方面。

第一，公平。先占意味着每一个人都有平等的初始机会，只要足够早，你就可能成为权利的享有者、持有者。这就是几千年"先来后到"法则最强大的动力。

第二，效率。前面讲了北宋和清初的不动产先占法令及其成效，美国西部开发用的是同样招数。19世纪中叶，美国东西差距太大，1862年《宅地法》颁布，凡年满21岁的美国公民或符合入籍规定申请的外国人，为了居住和耕种，都可以到西部地区领回不超过160英亩的国有土地。耕种5年之后，或5年内在宅地上居住满半年并按每英亩1.25美元缴纳费用者，所领取的土地即归其私人所有。这就是所谓"西部淘金"，美国西部开发。很快，洛杉矶、旧金山、拉斯维加斯拔地而起，东西差距渐次拉平，最后并驾齐驱。立法者知道，土地荒芜，那就不产生任何价值，只有激活人的本能需求，通过人的劳动，土地才被赋予价值，才能成为真正的产权和财产。

这也是美国西部崛起的原动力和历史本相。

第三，秩序。前面讲到了抢婚制，这不可避免地带有强制甚至血腥的一面，但不可否认，正是抢婚制铸就了人类最初的合理秩序：一方面你抢的新娘必须且只能是已成年未婚女性；另一方面，你抢了新娘就得公示，以此排除其他成熟男性再追求其的权利。今天结婚，还有载着新娘一路兜风的习俗，没有劳斯莱斯，就用帕萨特，没有汽车，摩托车、自行车、马车、牛车都行，要连牛马都没有，新郎官就背着新娘子一路吆喝宣示，这实际上就是抢婚制的遗留。

简单总结一下，先占既是文明的魅力，也是制度的魔力。回到抢婚制的话题。抢婚制一方面实现了稳定的身份法权和财产制度，男性之间就从暴力对抗发展到共同承诺、相互信任和有效协作。正是从这个意义上，美国著名学者欧文说："一夫一妻制消除了雄性之间为争夺配偶而进行的无休止竞争，留下了更多合作空间和养育子女的时间和精力。"另一方面，抢婚制实现了从族内婚向族外婚的演化，人类在蒙昧时代晚期终于迎来了又一道文明的曙光。

第三集　占有推定有什么效力

占有是民法的"精灵"。既然是精灵，那就意味着无处不在，无时不在，但又来无影去无踪。比如，网络信息社会，手机已经成为人们必不可少的"标配"，甚至被称为人体新增器官。手机不仅是信息沟通工具，还是财务往来的支付手段。重庆美女刘三妹走在大街上，手机被王小二抢了、偷了，怎么办？立马追上去，责令返还，这就是物权法的追及权；要是王小二不还，最好的选择是什么？"抢"回来，恢复占有。要是王小二开跑，刘三妹还得撒开双腿去追，还得搞个人身紧急留置，拖住拽住，强迫王小二返还。否则，一旦王小二脱离控制，混入茫茫人海，刘三妹的手机也就杳如黄鹤，一去不复返。

这时候，刘三妹不能说，我是文明人，我告你，我报警。要这样，王小二回眸一笑，讥笑刘三妹你傻得可怜。茫茫人海，你哪知道他姓甚名谁？即便你发现他头上有块大胎记，特别好认，第二天抓到了，你又怎么证明他昨天抢了你的手机？

所以，以前地铁上、公交车上，小偷一般都是群体作案。他偷了钱包，你发现了，抓住他，他很快就会丢给下一位，等你扑过去，钱包又飞向第三人。这不是丢手帕的游戏，而是小偷群体保有非法占有的本能选择。

实际上，偷盗作为世界上最古老的行业之一，除了玩丢手帕游戏不断转移占有外，还有一些"行规"或技巧。比如，偷了钱包，火速将里面的现金取出来装自己兜里，然后丢开钱包。

为什么这样做？因为现金是流通物，一般奉行的是"占有即所有"逻辑推定——你钱包里和银行卡里的钱，除非有相反证据，法律都只能推定，你就是合法的权利人。王小二兜里今天有 3 万元钱，李小三非说来路不正。王小二怎么办？不理他，甚至骂李小三神经病。因为王小二是占有人，不需要承担举证责任；只有主张王小二占有非法的李小三自己举证。

这就可以解释小偷团体的两个行为：一个是为什么要不停转移占有阻止你取回？这实际上就是转移举证责任，只要别人持续占有，你就得承担举证责任，证明手机和钱包是你的。另一个是为什么小偷一定要拿出现金，丢掉钱包？因为钱包是权利的证明，你很难证明钱是你的，但很容易证明钱包是你的。小偷不会傻到让人抓住确凿的证据来证明自己是非法占有。要那样，就是民间骂人的两个字：笨贼！当小偷都没素质。

这也就是手机被抢被偷，刘三妹必须立即追回来、抢回来，恢复占有的真正原因——因为手机是一般动产，是以占有作为公示公信手段，丧失占有，刘三妹就得承担举证责任，否则就有失权的风险。

刘三妹为什么本能性地要去抢回手机，恢复占有？小偷没有学过民法，更不知道物权法，为什么非要保持占有？这就是今天要探讨的主题：占有推定有什么用？结合《民法典》的一些主要规定，我们重点解读以下三个问题。

第一个问题，占有为什么是权利外观？

《民法典》第 224 条规定，动产物权的设立和转让，自交付时发生效力。这里所谓效力，核心是指物权变动的效力，买受人获得了所有权，也才能享有排他性效力。按照《德国民法典》的理论构造和制度设计，你要买一头羊，即便已经签订合同选好羊，你也交付了购羊款，如果羊还没交付，双方也没其他约定，你还仅仅享有债权，可以请求对方交付你选定的羊。但只要你牵上羊成为实际控制人之后，你就成为这头羊的真正主人，才可以对抗其他任何人的不法侵害。

为此，德国著名法学家耶林将占有比喻为"所有权的堡垒"，主张占有是所有权获得稳定性、权威性的外在表现形式；如果缺乏外在的占有表征，所有权就会成为一个"恶魔的难题"——你非说别人羊圈里的一头羊是你的，为什么？凭什么？

正是因为占有是权利的外观，所以，在缺乏信任的交易场合就有了几千年的交易习惯：一手交钱，一手交货。这种交易规则在合同法上叫作同时履行抗辩权——只要没有约定谁先履行，谁也不能要求对方先履行。这生意要做成，那就只有一条路可走：你给一元钱，我给你一个茶叶蛋，同时交付过手。

为什么会有这种习惯？因为缺乏信任。任何一方如果先丧失占有，就会承担不利的法律风险。王小二拿一张百元大钞去买炒板栗，老板李小三随手将钱扔进钱箱里，回头很礼貌地问，帅哥买多少？王小二回答要一斤。李小三说，小店小本生意，这地方人流量很大，先付款后出货。王小二说，我不是给你了一百元吗？李小三说，活见鬼，谁见你的钱了？谁拿你的钱了？我这钱箱里没你的钱。

这下，王小二的风险就大了。因为他需要证明李小三钱箱里有一张一百元的钱是他用来买炒板栗的。这怎么证明？观众朋友可能会提出几种证明方法：第一种，王小二支付的那张百元大钞上有他的指纹；第二种，王小二能背出那张百元大钞的号码；第三种，王小二是个谨慎的人，用手机录下了交易细节。

前两种证明方式肯定不行。试想，人民币是一般流通物，要是钱上有指纹就推定是你的，那从小到大，不知道你经手了多少钱，你早就实现了一亿元的小目标了，还为一百元买板栗钱闹心？再看，如果能背下号码就能推定钱是你的，那就更荒唐，因为人民币的号码是有规律可循的，根本不用你死记硬背，你只需给出一个号码段，立马就成亿万富翁了。

唯一靠谱的证明方式是第三种。但问题是，王小二看见老人跌倒了，要扶他起来，又怕讹诈，录像录音没问题，要是买袋炒板栗都要摄个像录个音做证据，这交易得多累，别人会拿什么样的眼神看你！

当然，李小三也不能没收钱就把板栗给王小二。要是王小二心存不良吃白食，拿着板栗丢一颗进嘴里就走人，李小三说，帅哥请付款。王小二回答，不是付过了吗？要不你的板栗怎么会到我手里、嘴里？

这下李小三的风险更大。他需要证明他和王小二之间有一个债存在，他交付了板栗，但王小二没支付款。更重要的是，他还要证明他的钱箱里面没有王小二给的钱。

这世上，证明什么东西有还算容易。你要证明有钱，名车豪宅包明星当岛主，甚至只要活得够长，预约月球、火星旅游各种烧包土豪都可以证明你有钱。但怎么证明自己没钱？你不能说，老师，我二十大几了，才 65 斤，典型的饥儿板材，为什么？穷啊！穷和瘦之间并没有必然的因果关系。

所以，为了交易成功，各取所需，为了最大限度降低陌生人之间的交易风险，双方同时转移占有，一手交钱一手交货就成了最佳的行为策略。

这就是占有成为权利外观的最深层原因，也是人类理性选择交易的实践智慧。

第二个问题，占有推定有什么效力？

简单说来，占有推定的效力有两个，一个是实体法上的权利推定效力，如无相反证明，推定占有人就是实际权利人；另一个是程序法上的效力，占有人原则上不承担举证责任。

换句话说，王小二的财路正当不正当，合法不合法，如果李小三质疑，那就只能自己承担举证责任。如果不能举证，或者举证不力，或者证据不被采信，那就自动回归第一条，从实体法上推定王小二就是合法的权利人。

物权法制定过程中，有人对"私人的合法财产受法律保护"这一规定有异议，认为应当删去"合法"两个字。主要原因是什么呢？占有人可以直接通过占有的事实宣告权利的存在，物权法应当直接适用占有权利推定规则，如无相反证据，就推定公民占有财产的合法性。

实际上，"合法"两个字本身没问题，最重要的疑虑和风险就是谁来举证的问题。如果让占有人王小二自己证明占有的合法性，这就会成为耶林所谓的"魔鬼难题"，因为占有本身作为一种事实表象就已经属于权利宣告，不能也不应当由王小二自己再来举证证明占有的合法性。关于此，后面有具体分析。

实际上，从《民法典》的体系化解释角度来看，占有从实体法上可以推定一切的财产权利。主要的有如下几种：

第一种，所有权推定。比如《法国民法典》第 2279 条，对于动产，自主占有具有与权利证书相等的效力。

占有是所有权的核心权能之一，非出于自愿或合意，任何人不得侵占他人的所有物。这既是宪法保障的公法原则，也是《民法典》第 266 条、第 267 条保障的私法原则。民法上规定了自力救济，手机被抢被盗，刘三妹可以立马"抢"回来，回复所有权的完整和权利外观。通过占有进行所有权推定还有另外三种：

首先是先占取得。虽然《民法典》没有规定先占作为所有权的取得方式，但根据水法、矿产资源法等法律，天上降下的雨流进你家池塘，你就享有了自然法意义上的水权，没人向你收取"天水钱"；你修房子取土、挖沙，或者到国有林里采蘑菇，套野兔，只要实际占有了，你就成为所有权人，没人问你要土钱、沙钱、蘑菇钱、兔子钱。至于赶海、捕捉野生动物弄点非法律禁止的珍稀保护动物，也没人因为你占有了八爪鱼、螺蛳青、土拨鼠而主张不当得利。

其次是时效取得。《民法典》也没规定时效取得，但在传统民法文化和一般实施民法典的国家，比如《瑞士民法典》，你只要公开、持续占有他人房屋满 30 年，你就可以取得房屋的所有权。比如，宋代和清代为发展经济都规定，不管是有主无主，只要是抛荒田，你就可以占有、耕种，满 5 年，你就获得永久所有权。正是从这个意义上，德国法学家萨维尼才说，一切所有权都是因时效而成熟的他主占有。

最后，善意取得。根据《民法典》第 313 条规定，善意受让人取得动产后，该动产上的原有权利消灭。什么意思呢？王小二委托朋友李小三保管手提电脑，但李小三不地道，背着王小二以市场价卖给你，你不知情，给了钱，占有了电脑，那你成了这台电脑的新主人。至于王小二的损失，只能是冤有头债有主，王小二找李小三算账，但不能追及至你头上，要你返还电脑。

第二种，用益物权推定。如果你租赁别人的房屋，后来房东把房子抵押了，抵押权人能不能将你赶出去？或者房东把房子给卖掉了，新主人能不能解除合同，强行要求你搬家？不行。

对于前者，《民法典》第 405 条规定，抵押权设立前，抵押财产已经出租并转移占有的，原租赁关系不受该抵押权的影响。换言之，只要你租赁在前，房东抵押在后，你就可以对抗抵押权人。这种对抗力不是来源于租赁合同，而是因为占有事实而享有的用益物权。对于后者，《民法典》第 725 条规定，租赁物在承租人按照租赁合同占有期限内发生所有权变动的，不影响租赁合同的效力。也就是说，即便原来的房东把房子卖了，新房东也不能要求你搬出去。这就是著名的"买卖不破租赁"，新房东的所有权不能对抗你基于占有而产生的用益物权。

第三种，担保物权推定。比如，留置权是一种常见的担保物权，根据《民法典》第 447 条的规定，你将自己的华为手机交付给维修店修理，这是一个承揽合同。手机被修好了，你得付修理费，否则维修店可以留置手机不返还你。为什么？因为占有是推定维修店对抗你所有物返还请求权的最有效手段。如果你拿着手机走人，还说，师傅对不起，今天确实没带钱，明天给你。如果师傅答应了，交还给你了手机，那就意味着占有丧失，留置权没了。维修店的师傅对你就只存在债权，再也不能寻求物权的特别保护。

第四种，占有权。善意占有、合法占有可以通过占有事实推定占有权的合法性、正当性。那么非法占有能不能推定占有权的存在？或者说，偷来的、抢来的财产受不受占有制度保护？从法文化层面考察，同样受保护。但必须注意，这种保护仅仅是对占有表象的保护，并非是为了保护非法占有，而是基于另外两个特殊目的：一是维护占有稳定，有利于原权人追及；二是如果原权人放弃权利或者过了诉讼时效，按照罗马法最长时效的规定，非法占有人在历经 30 年时效后可以获得所有权，以最大限度发挥物的效用。

更进一步说，对非法占有进行占有权推定，是为了防范非法占有的恶性循环，以保护原权人的追及权。一旦法律不保护，非法占有就会陷入暴力循环，占有物的不停变换非法占有人，不仅增大了原权人维权的成本，也增大了维权的风险。张五抢来一部手机，转身遇上拿大刀的王六；手机没用上两天，王六又遇上拿手枪的刘七，刘七还可能遇见拿火箭筒的蒋八，蒋八后面还守着手握核弹的赵九。如此一来，必然陷入弱肉强食的丛林法则，原权人的维权也就难上加难。

正是基于上述原因，罗马法才确立了一个规则：即便是有瑕疵的占有，对于其他人来说，也是有效的占有，可以凭借占有外观产生排他性效力。

第三个问题，占有推定有哪些规则？

按照《法国民法典》的规定，占有推定应当做出有利于占有人的权利推定。主要有三大规则：

第一大规则，自主意思推定。根据民法典第 2230 条，除非有相反证据，占有人在任何时候都应当推定为以所有人名义为自己占有。

第二大规则，善意品质推定。根据民法典第 2268 条，在任何情形下，占有都应当推定为善意；主张恶意者，应负举证的责任。

第三大规则，合法权利推定。这一规则是前两个规则的逻辑推理结果，除非有相反证据证明占有权利非法，就只能推定占有权利为合法权利。

可以说，上述三大规则，正是《法国民法典》所有权神圣原则的基石，也为国民权利的实现通道注入了暖光、高光，成就了《法国民法典》两百多年的辉煌与荣光。

我国《民法典》没有规定权利推定条款，但在其实施过程中，必须留意的一个问题是：一定要区分公法和私法对占有权利界定的逻辑差异和价值诉求。

这是两类不同的推定，交汇点就是占有人是否承担举证责任。按照私法逻辑和价值，占有就是权利外观，如果他人不能证明占有非法，那就只能推定占有合法。其目的是最大限度保障合法占有、排除非法侵害；但按照公法逻辑和价值，占有仅仅是一种事实，如果占有人不能自证合法，那就可能遭遇推定非法的后果。其目的是排除非法占有，保障公共利益。

特别需要说明的是，民法上的权利推定是针对一般老百姓，是一种开放性、包容性、赋权性的逻辑推定；而公法上的推定是针对特定的主体，是一种限缩性、强制性、惩罚性的逻辑推定。比如，涉嫌犯罪的公务人员，特别是官员，必须就自己占有财产的正当性、合法性进行举证，否则就可能触犯"巨额财产来源不明罪"；比如，对涉嫌非法占有的盗窃、抢劫、抢夺等违法犯罪主体，必须要求其举证证明占有财产的正当性、合法性。

简言之，在民法领域，不得将公法逻辑适用于一般民事主体，要求张三、李四、王五对其占有的一分一毫证明占有的合法；即便一般民事主体涉嫌违法，也应当遵循私法逻辑，由公法机构自己举证证明其占有财产的非法性和非正当性。

唯其如此，民法才能成为真正的权利法，才能拥有孟德斯鸠所谓慈母般的宽容与温暖。

第四集　捡到的就是自己的

曾经有个笑话，铜丝是谁发明的？是荷兰人。据说两个荷兰人走在大路上，同时发现地上掉了个铜板。一番辩论、争抢后，两人达成共识：见者有份。为了公平，先掰块，后拉丝；你的多了，再拉；我的少了，再加。你一根，我一根，铜板就这样硬生生给拽成了铜丝。于是，两人皆大欢喜，各自回家买糖吃。

这是英国人编造的笑话，嘲讽荷兰人小气抠门，锱铢必较，分毫必争。但也涉及民法上一个很重要的内容——遗失物的归属问题。

关于遗失物归属，实施民法典的国家一般都坚持失物归主原则，有原权人认领的，东西归原权人所有。但在拾得人的报酬、费用方面，特别是公告期届满无人认领情况下遗失物的归属，有两种截然相反的立法例：一种以《德国民法典》为代表，归拾得人所有，通俗说法就是：捡到的就是自己的；另一种以我国《民法典》为代表，归国家所有，拾得人可以主张必要费用返还，但不能取得遗失物的所有权。

那么，传统法文化如何对待遗失物？《民法典》对遗失物秉持什么立场？遗失物归国家所有需要注意哪些前提和例外？

第一个问题，如何看待遗失物立法的价值差异？

按照《民法典》第 314 条和第 318 条的制度设计，拾得遗失物，应当返还权利人；如果找不到权利人，应当送交公安等有关部门。相关部门发布招领公告后一年内无人认领的，原权利人权利消灭。这遗失物归谁呢？归国家所有。

这是一种法权设计，也是一种拾金不昧的道德操守，有利于弘扬正向价值观，在保护原权人权利基础上，引导国民积极向善。

这也是一种古老的道德传统和文化延续，在传统儒家文化圈有着广泛的影响力，既可以矫正恶性，导人向善；还可以规范行为，强化道德自律。

实际上，遗失物的立法就是一种文化选择。我国《民法典》遵循的是传统优良道德价值观，非己之物，一毫不取，所以采用遗失物概念，以保护静态所有权为核心，追求良善的道德目标，力图求仁得仁；而西方民法典尊崇的是理性主义、个体主义、功利主义，所以采用拾得物概念，重在保护动态占有权，追求物的最大效用。

从治理绩效考察，我国的道德逻辑有着自己独到的优势。为什么常用路不拾遗来形容清明盛世？因为法律矫正及惩戒非法、非分的措施极为严苛。比如，李悝的《法经》就规定，跑别人家门口打望溜达，见到掉落地上的铜板像荷兰人那样疯抢，这是典型的违法行为，会被挖掉膝盖骨砍掉双脚，也就是古代的膑刑和刖刑（"窥宫者膑，拾遗者刖。曰：为盗心焉。"）。为什么？因为纵容这两种行为，就是纵容人的恶性。

民间俗谚"小时偷针，大时偷金"指向的逻辑：如果法律不防微杜渐，长此以往，小过必然酿成大恶。五代后汉开国皇帝刘知远深知人心唯危，所以下令：凡是偷盗，哪怕是一根稻草，斩！到了宋代，张咏是太宗、真宗两朝名臣，在担任崇阳县令的时候，有个管钱库的小吏将一文钱藏在头巾里带出来，张咏一声吆喝，直接棍棒伺候。这小吏不服气还特生气：不就一文钱嘛，用得着大惊小怪！你可以用棍棒敲我，有本事你杀了我！张咏还真有脾气，拿起笔写下书判："一日一钱，千日千钱，绳锯木断，水滴石穿！"然后拿着剑下堂，当场将小吏斩首。①

---

① 罗大经：《鹤林玉露》乙编卷四《一钱斩吏》："张乖崖为崇阳令，一吏自库中出，视其鬓旁巾下有一钱，张诘之，乃库中钱也。乖崖命杖之，吏勃然曰：'一钱何足道，乃杖我耶？尔能杖我，不能斩我也。'乖崖援笔判曰：'一日一钱，千日千钱，绳锯木断，水滴石穿！'自仗剑下阶斩其首。"上海古籍出版社编：《宋元笔记小说大观》第五册，上海古籍出版社 2007 年版，第 5284 页。

这就是历史上著名的"一钱斩"。到了16世纪的日本，织田信长和丰臣秀吉从儒家教义和张咏的事例中得到启发，颁布了比《法经》还严酷的"一钱斩"法令。从此，路无拾遗，夜不闭户，道德风气和社会治安陡然好转，谨守规矩、严于律己已渗入日本人的文化基因。直到今天，偷盗和拾遗的行为在日本人看来，不仅不道德，还有辱神明。2015年，根据日本警方的统计，全民捡到东西上交警署的数额高达190亿日元，还不包括主动送还失主的财产。

　　虽然有利于培育良好的道德风气，维护社会稳定，但动不动就挖膝盖、砍双脚、"一钱斩"，显得太严酷甚至残暴。后来的立法慢慢形成了以民事返还为主、国家所有为辅，民事责任为主、刑事责任为辅的传统。比如，《唐律疏议》《宋刑统》《大明律》都规定，路上捡到遗失物，都必须送官，否则要承担刑事责任；公告期满无人认领，则归官府所有。[①]

　　更重要的是，作为儒家文化发源地的中国，在民间道德领域，对于遗失物的调控起到了比法律还强大的作用。一丝不苟得，一毫不妄取，内在寻求自我灵魂的安宁妥适，外在推动返还遗失物的义行。其中，道德自律层面有两个观念特别值得留意：一是贪念横财必遭横祸。长年湖边走，身心安泰，要哪天洪水过后，突然踢出狗头金，或者捡到一笔巨款，不仅良心不安，还搞得心神不宁。所以，国人看到遗失物，要么不捡，视若无物；要么交还失主，身心两安。二是民间的一种禁忌，捡钱不还对自己或家人不利，要么生病，要么出意外，要么两口子莫名其妙就吵架、打仗，甚至离婚，这就是所谓意外之财必有意外之祸。

---

　　① 《唐律疏议》：阑遗物，"阑，遮也。路有遗物，官遮止之，伺主至而给予，不则举没于官。"《宋刑统》卷二十七《杂律》"凡得阑遗物，一律送官，官私马骡牛驴羊等有官印而无私记者，送官牧养；所得的物、畜，悬于门外或令赴牧放处，有主识认者，经检验得实，可还付其主；经一年后无人识认者，没官入账，杂畜即印入官并送随近官府牧管，但州镇等所得阑遗牲畜，须在当界内访主，经过二季无主识认者，可在当处出卖；没入之后，有主来识认，勘当得实，还归其物，若杂畜已卖，则还其价。"《大明律》卷九《户律·钱债》："凡得遗失之物，限五日内送官。官物还官，私物召人识认。于内一半给与得物人充赏，一半给还失物人。如三十日内，无人识认者，全给。限外不送官者，官物坐赃论，私物减二等，其物一半入官，一半给主。"

这是权衡利弊后对待遗失物的中国道德逻辑，未必科学。但按照行为经济学理论，这种观念对人的行为可以产生决定性作用。简言之，人的心理作用很多时候催生的就是具体行为选择和经济模型。与其求利，不如求安。与其私吞私藏他人的 iPhone8 带来心理成本，倒不如好人做到底，送还了事，这就是中国式"好人"形象的自我塑造和自我维护。

可以说，对待遗失物，从心理认知和行为选择，从法律规范到道德自律，都是传统儒家道德文化的产物。

但再怎么提倡道德，都还得注意法律和道德的边界，不能以泛道德主义替代法律权利义务的配置。

这就涉及第二个问题，原权人和拾得人如何进行利益博弈？ 西方民法典立法例中，国家就是一个裁判者，本身不介入利益分配，但特别关注原权人和拾得人之间的利益平衡，防止道德钳制法律。所以，在原权人和拾得人的权利义务分配上采取如下的做法：

原则上将原权人的权利追及和拾得人的权利等量齐观。如果原权人在公告期内主张权利，则依法回复所有权；但必须对拾得人履行法定义务。如原权人未能主张权利，则丧失权利，由拾得人对遗失物享有所有权，但一定时效期间内，比如，德国规定三年，可以向拾得人主张不当得利返还。

以《德国民法典》为例，拾得人捡到东西后，和我国《民法典》一样，首先必须履行四项法定，即通知原权人、保管拾得物、无法通知则将拾得物交付警署、返还拾得物。这既是传统的道德义务，也是法定义务，体现了对原权人权利的优先保护原则。但履行上述义务后，拾得人获得何种权利，两部民法典的差异就比较大。

第一项，必要费用请求权。比如，因拾得物保管、通知、维护等事项产生了必要费用，拾得人有权要求原权人偿还。比如，捡到一条二哈（狗的一种），主人要你返还，没问题，但得偿还你购买狗粮、购置狗窝、到宠物医院就诊等种种费用。这一点，我国《民法典》第 317 条第 1 款持同样立场。

但在实务中，有些费用是否必要，争议很大。比如，的士司机送还你丢掉的 iPhone8 主张返空费、你还二哈时要求狗粮费、湖南一位拾得人蹲在原地守候原权人要求支付误工费，这些都应当属于必要费用。为什么？因为无因管理——收留、喂养别人走失的二哈并不是你的法定或约定义务。这可能导致两方面费用：一个是新增费用，比如，买狗粮；另一个是减少收入，比如，送二哈到宠物医院，只能向单位请假，拿不到全勤奖。

第二项，报酬请求权。我国《民法典》原则上坚持无偿返还原则，除了请求必要费用外，不得主张什么辛苦钱、劳务费。唯一的例外是，根据《民法典》第 317 条第 2 款，如果原权人以悬赏的方式寻找遗失物的，拾得人可以请求其按照承诺履行义务。但前提是，悬赏招贴上写的内容、条件不仅要明确，还要具体。比如，二哈主人李小三悬赏，只要拾得人返还二哈，就支付 500 元赏金。王小二送还二哈时，就有权主张 500 元赏金；但李小三只写个"必有重酬"，那就麻烦了，因为这个并不构成民法意思表示上的"承诺"，弄不好就是一个要约邀请。有没有赏金，有多少，这还得王小二、李小三两人仔细商谈。谈不成怎么办？狗留下，王小二走人，只能算无偿。

比较之下，为了防范原权人李小三投机取巧甚至道德投机搞"钓鱼"，传统中国和西方民法典对此都有明确的法定标准，一方不能多要，另一方不能耍赖。比如，按照《大明律》，王小二捡到价值 3000 两银子的黄金首饰，只要报官，官府就会登记在案并发布招领公告。李小三到官府领取时，只能拿走一半，官府会主动留下 1500 两银子。这 1500 两银子留给谁？给王小二的报酬和奖励。

这就不是一般的见者有份、稍稍表示的问题，而是五五分成的法定标准。所以王小二捡到一个褡裢，翻开一看，黄金灿灿，白银闪闪，立马会屁颠屁颠地跑向衙门。

按照《德国民法典》的规定，拾得人享有报酬请求权，法定标准是：物的价值不超过 500 欧元时，报酬为 5%；超过 500 欧元，超过部分报酬为 3%。我国台湾地区秉承的是《大明律》，报酬标准是拾得物价值的 30%。

需要说明的有三点，一是《大明律》规定一半价值归属拾得人是遵从民间习惯。法理基础就是，如果王小二全部私吞私藏了，李小三什么都没有，能取回一半，算是万幸，应当知足。二是如果王小二动了贪念，为什么又不敢私吞私藏？因为法律规定，要是不报官，后果很严重："准赃论"。不仅一毫银子奖赏没有，还得挨板子服劳役。一得一失之间，稍有脑子的人，都会立马报官，妥妥地稳得 1500 两赏银。三是很多人拒绝领赏。穷酸书生王小二捡到大户小姐刘三妹的细软包裹，按习惯法是平分，一人一半。王小二坚决不要，刘三妹可能就会刮目相看，弄不好还青睐有加，来个托付终身什么的。这不是戏文中的桥段，历史上这样成就的姻缘还真不少。为什么？因为金钱是考察一个人人品、气量和前程的最好手段。

第三项，留置权。《德国民法典》规定，如果原权人不返还费用、支付报酬，拾得人有权留置拾得物，直到原权人履行后再返还。

这一制度设计得很精巧。通过赋予拾得人占有的物权特别保护，有利于防范原权人道德投机，先钓鱼，再主张所有物返还。别人是所有权，你是占有权，无力对抗，只能乖乖返还。但一经丧失占有，你对原权人就丧失了物权对抗力，只能享有债权。

我国《民法典》没有规定这一条，对拾得人权利保护很不利。刘三妹捡到王小二的包，王小二在大学食堂贴出悬赏广告，无论是谁，只要还包，就无条件支付 300 元。等着刘三妹还包的时候，王小二让先还包，再给钱。刘三妹这时候不得不还，因为按照《民法典》第 317 条第 3 款，不还包，就可能构成侵占，不仅保管费没了，300 元报酬也没了。要是东西特贵重，还可能触犯《中华人民共和国刑法》第 270 条的侵占罪，承担刑事责任。不仅钱没了，还会被大学开除，求仁不能得仁，还会招来祸患。

王小二一拿回包，检查一番，什么都不少。一分钱不给刘三妹，潇洒起身走人，还大言不惭地说，就算你当回好人，就当我欠你个人情。

刘三妹能怎么办？只能瞪眼跺脚骂渣男；或者围追堵截讨债，要么对簿公堂。即便后来讨回 300 元，付出的代价也远远超过 300 元，甚至搞得身心疲惫还丢人现眼。

这样实际上对双方都不利。因为这样的事例多了，以后刘三妹捡到包，认真权衡后，最佳选择是什么？好人没好报，干脆当回恶人，一昧到底！偶尔良心上有点过意不去，但毕竟得了实惠。

长此以往，捡包的刘三妹终生背负良心债，掉包的王小二也永远找不回自己的包。

这是一个互害的结局！相形之下，《德国民法典》赋予拾得人留置权，就有利于平衡当事人之间的权利。既能抑制人的恶性，防范王小二钓鱼投机，还能开发人的善性，鼓励刘三妹遵循最低的社会道德底线。

所谓精巧，就是体现在这一方面。《民法典》在实施过程中，可以通过援引习惯法充分有效地借鉴这种立法价值和制度设计。

第四项，附条件取得所有权。这是西方民法典的普遍立场。按照《德国民法典》第 973 条、《日本民法典》第 240 条、我国台湾地区"民法"第 807 条，只要拾得人将拾得物上交警署、经过法定公告期、没有隐瞒情节、没有权利人认领等条件，拾得人就可以依法取得拾得物的所有权。

我国《民法典》借鉴的是唐宋时期的立法。按照《唐律疏议》和《宋刑统》，拾得人送交官府的遗失物，如果公告期届满无人认领，则"没官"，但必须进行专项登记。比如，宋代就规定，如果一年内没人认领，就收归国家所有。但一年后，如果失主找到官府，官府勘查属实，一样返还原主；如果是牛羊之类的已经处理掉，就返还所卖价款。

这种立法优势有二：一是最大限度保护原权人的权利，要么物归其主，要么获得价金，体现了对原权人权利的充分尊重；二是有利于培育良好的道德风气，专项管理和登记还有利于强化政府责任，防范以公犯私搞腐败。

第三个问题，遗失物归国家所有是否应当有例外？

《民法典》继承唐宋立法精神，确立了遗失物返还失主为原则、归国家所有为例外的立法模式，优点我们已经讲到了。那么，例外之外是否还有例外？遗失物立法中还有哪些可完善的空间和路径？

笔者以为，最需要留意的是以下几个方面。

　　第一，对于价值低廉的可替代物，只要失主没有主张返还、拾得人不存在主观恶性，不存在拒绝返还的情节，可以将部分拾得物等同于抛弃物，可以依照民间习惯，归拾得人占有、使用。比如，马路上捡到一分钱，花台上捡到两个烧饼，菜市场捡到三根葱，不宜统统归属于国家所有。为什么？为了效益。一方面，一分钱、两个烧饼、三根葱，拾得人捡到后可以充分发挥其效用，不会浪费；国家也免去与民争微利的嫌疑。另一方面，最大限度减轻治理成本。试想，一分钱、两个烧饼、三根葱都交到公安部门，还得登记，还得发布公告，还得拍卖，纯粹的道德倒是维护了，但如此耗散有限的公共资源，公安机关情何以堪？

　　第二，认可民间习惯中的留置权，以防范道德投机，有效平衡原权人和拾得人的利益。

　　第三，公法激励。拾得物返还和收归国家所有都是为了维护优良的传统道德风尚，但如果"义"之外加上适度的"利"，更有利于激活国民的善性。

　　这一点，广州市的做法值得借鉴、推广。早在 1992 年，广州市人民政府就审议通过了《广州市拾遗物品管理规定》，按照该规定第 10 条第 1 款，上交遗失物后如果无人认领，归国家所有，但拾得人可以获得遗失物价值 10% 的奖励。①

　　如此规定，不管拾得人是否愿意领赏，至少体现了人性化的立法精神，有利于进一步提升市民的道德素质，可谓情法兼到，颇有古风！

---

　　①《广州市拾遗物品管理规定》（穗府〔1992〕34 号）第 10 条第 1 款：对拾金不昧或者处理拾遗财物有显著成绩的按下列规定予以奖励：（一）对拾金不昧的个人，可按拾获财物价值的百分之十的金额给予奖励；（二）对从事处理拾遗物品工作有显著成绩的单位和个人，给予通报表彰并可给予适当的物质奖励。

第五集　发现埋藏物归谁

我国民间有句俗话流传很广，"人无横财不富，马无夜草不肥"。这话传递的是一种世俗的财富观，被很多有识之士贬斥为不劳而获的不经之论。

那么，什么是横财？传统中国将人一生的财富分为三种：第一种叫"正财"，也就是取之有道，来源正当，比如，每月领的工资，年底发的奖金，炒股大赚一笔，都属于明明白白，堂堂正正的正财。第二种叫"偏财"，这又分为两类，一类是机缘凑巧，福至心灵，财星临门，一不小心中个彩票，就实现一个亿的小目标；一类是脑髓足够，智商特高，能投机，能取巧，还不忘仗义疏财，要么见风转舵，要么顺水划船，捞钱本事一流。第三种就叫"横财"。要么来路不正，要么来路不明。比如，空手套白狼，谎称家里有矿，募集投资后一夜消失，无数人倾家荡产，自己却赚得个盆满钵满，这是来路不正。什么是来路不明？走路踢出个太岁，一锄头挖出狗头金，撒网捕鱼，捞起的却是金灿灿的一尊唐代古佛塑像。

在主流价值观层面，这些横财都属于广义的不义之财、会招来意外之灾。但在民间有些人的观念中，只要一不偷二不抢，犁地犁出前人地窖，金锭银锭都归我，这是运气好，老天注定让我发财。

实际上，传统的横财一般都和埋藏物有关。而埋藏物又和运气有关，但更和法律有关。比如，捕鱼捞起的金佛，犁地犁出金锭，锄头挖出狗头金，到底是归原权人所有，还是归国家所有，还是归发现人所有？要是不明白法律的规定，很多时候可能就是空欢喜一场。藏起来，悄悄卖掉，换来一大笔钱财，还没来得及享受，就触犯法网，要么被收缴，要么进监狱。那一刻可能才知道，自由比金佛、金锭更可贵。

这就是我们探讨的主题：埋藏物归谁所有？

首先申明，埋藏物是有主物，不是无主物。宋代经济发达，财主不少，还特喜欢把钱埋窖里，为防盗掘私挖，还有民间口耳相传的窖藏之法。财物一般分数层埋放，各层之间，用石板、砖块层层叠压，土层之间用糯米熬汁加上石灰、碎石、瓦片，夯实密封，效果就相当于今天的高标水泥。盗掘的人一般不会想到财主会有这么曲折的心思，一般盗挖一层就匆匆收工，哪知道好东西还在下边存着。只要财主自己不发神经，随时给别人讲此地无银三百两，盗贼很难知道钱财埋于何处何地多少层。

所以，即便王小二在财主有生之年，发现了财主的宝藏，对不起，不能挖，更不能归自己所有。那笔钱财是财主的，成不了王小二的横财。但要是年份已久，根本就不知道是谁埋藏的财产，王小二一不小心发现了，归谁？各个时代、各个国家都有不同的立法。

我国《民法典》诞生之前，调整的埋藏物的是两个法条，分别是民法通则第 79 条，所有人不明的埋藏物、隐藏物，归国家所有。接收单位应对上缴单位或者个人，给予表扬或者物质奖励。后来，最高人民法院又出台了司法解释（简称"民通意见"），其中第 79 条规定：公民、法人对于挖掘、发现的埋藏物、隐藏物，如果能够证明属其所有，而且根据现行的法律、政策又可以归其所有的，应当予以保护。比如，你家老宅一直保留着，哪天改造在墙角旮旯或者夹层里发现了一批财产，只要不是古佛之类的国家重点保护文物，也能证明就是你家祖上遗传的，那就可以成为你的财产。要不是，对不起，那就是国家的。

《民法典》秉承了这种立法精神。第 319 条规定，发现埋藏物、隐藏物，参照适用拾得遗失物的有关规定。而根据《民法典》第 318 条的规定，这个原则就是，一旦王小二发现了埋藏物，如果有主人的，应当通知、归还原主人；如果找不到主人，那就得上报国家有关部门，有关部门会发布公告，一年内如果没有人来认领，此埋藏物就归国家所有。

王小二有没有收获？可能有，也可能没有。因为《民法典》没有统一规定发现人的报酬权，但一般能获得一些经济奖励，但也可能仅限于精神奖励，拿回一张大红的捐献证书。比如，改革开放初期，江苏盱眙有村民挖水渠挖出一尊汉代金兽，重达18斤，还有一些金饼、马蹄金。全村人都涌进家门，要求"分金分宝"，差点挤破屋。这村民干脆拿着宝物捐给了国家，南京博物院给出了5000元的现金奖励，这在当时算是一笔巨款了。

那么，我国《民法典》关于埋藏物的规定是否合理？与其他国家和古时相比有哪些优势或劣势？在《民法典》实施过程中还需要注意哪些方面？

第一个问题，关于埋藏物有哪些不同的立法规定？

从法文化层面考察，关于埋藏物的归属立法一般是如下几种模式的混搭、合并：

第一种模式，归发现人所有。这是一般的立法规则。唐宋时期埋藏物叫"宿藏物"，明清以来，才叫埋藏物。由唐而宋，都有一个基本规则：如果在官地、公地里发现了宿藏物，发现人就享有完整的所有权。明清延续了这种立法，甚至更为宽松，不管是在官地、还是在私地里发现，都可以自己"收用"，法律并不强制送官或与土地主人共享。

第二种模式，归发现人与不动产所有人或使用人共有。按照《唐律疏议》《唐令》和《宋刑统》，如果在他人私地发现宿藏物，依法与地主共享，一人一半，两不亏欠。依照宋代法令，如果王小二在张大员外地里挖出宝贝要独吞，私藏起来，张大员外举报追索，王小二就得承担刑事责任，挨板子不说，还可能被判处一年半徒刑。

但另一种情况就很复杂，比如，宋代很多官员借官宅居住，借官田耕种，后来房屋转借，土地出租给佃户，这时候，其他人发现了宿藏物，归谁所有？《宋刑统》对此明确规定：宅子、田地的主人是国家，但国家不愿意与民争利，如果判归借田借房者，他又没出什么力，不能白白地得上一半。那怎么办？很公平——房屋的现居住人和土地的现实占有人，也就是佃户视为主人，与发现人共享宿藏物收益。

　　还有一种情形，张大员外和张二员外是亲兄弟，张大把老房子借给弟弟居住，张二维修时发现了宿藏物，是归张大，还是归张二？还是两者均分？《折狱龟鉴》里引用了著名理学家程颢判的一个案例就属于此类。张二发现宿藏物后，他的亲侄儿就出面了，说那是自己老爹藏起来的，被叔叔发现的，应该归自己一家所有，叔叔无权享有。后来叔侄争起来，对簿公堂。程颢让手下取来古钱看了看，就问那侄儿，你爹埋钱多少年了？这侄儿就说，二十年了。程颢一下子就笑了

　　——你老叔发现的是古钱，你爹二十年前怎么会有古钱的？①

　　这侄儿面红耳赤，没法回答。但是，按照宋代法令，这古钱毕竟是在张大家发现的，叔侄俩一人一半，谁也别想独吞。

　　第三种模式，收归公有，但给予适当奖励。

　　从唐宋到明清，有些宿藏物、埋藏物私人不能取得所有权，只能由国家享有所有权，但官府会给付一定的金钱作为奖励。比如，唐律、唐令都规定，凡是"得古器、钟鼎之类，形制异于常者，依令送官酬值"，"古器形制异者，悉送官酬其值"。《大明律》规定："若有古器钟鼎符印异常之物，限三十日送官，违者杖八十，其物入官。"

　　为什么古器、钟鼎、符印这些"异常之物"必须送官并阻断发现人获得所有权？因为这些都是权力的象征，与传统的皇权息息相关，任何私人不能私藏、私有，否则会带来无穷无尽的隐患甚至社会动荡。要是泼皮牛二手握传国玉玺，不管真假，四处宣扬，天命所归，无论如何都会有一场大动荡。

　　但唐宋时期的法律很人性化，都规定了"酬值"，相当于今天的赎买——以等量的市场价格收购所谓的传国玉玺，国家保有权力的统一性、权威性和文物价值，牛二获得的是金钱。如果牛二不送官，宋代的惩罚是"坐

---

　　① 郑克：《折狱龟鉴·核奸》："程颢察院，初为京兆府鄠县主簿。民有借其兄宅以居者，发地中藏钱，兄之子诉曰：'父所藏也。'令言：'无证左，何以决之？'颢曰：'此易辨耳。'问兄之子曰：'尔父藏钱几年矣？'曰：'二十年。'遣吏取千钱，视之，谓曰：'今官所铸钱，不五六年则遍天下。此钱皆尔父未藏前数十年所铸，何也？'其人遂服。令大奇之。"可参见刘俊文：《折狱龟鉴译注》，上海古籍出版社 1984 年版。

赃论"减三等；明代的惩罚比较重，不仅没奖励，还得"杖八十"，弄不好敲掉小命。

近代以来，我国台湾地区"民法"第 808 条和第 809 条较为完整地继承了唐宋至明清的立法，如果王小二发现了一般埋藏物，自然取得所有权；如果是在刘三妹家发现的，就和刘三妹家均分。但如果埋藏物"足供学术、艺术、考古或历史之资料者，其所有权之归属，依特别法之规定"。所谓特别法，应当是指 1920 年 6 月 7 日颁布的《古物保存法》。按照该法第 7 条，如果发现的是"古物"，统归国有。王小二必须即刻报告并上交，获得奖金，否则以盗窃罪论处。①

相形之下，西方实施民法典国家的立场与我国古代极为近似。《法国民法典》第 716 条第 2 款、《德国民法典》第 984 条、《意大利民法典》第 932 条第 1 款、瑞士民法典第 723 条第 1 款都重点保护发现人的权利，规定了发现人独自享有所有权以及与土地所有权人共享所有权的模式，连分享比例都一样，各得一半。

第二个问题，为什么会有不同的立法？

通过上述梳理，可以发现，在埋藏物是否收归国有、对发现人是否给予奖励、如果不履行法定义务是否承担刑事责任等问题上，现行《民法典》和唐宋明清时代的立法和国外实施民法典国家的立法都有较大的区别。

为什么会出现立法差异？笔者以为，主要还是文化价值差异。具体而论，表现为以下三类。

第一类差异，财富观念差异。

西方民法典是近代启蒙运动的产物，是理性主义哲学体系精心构造的产物，是以个体主义、自由主义为核心构建的法权体系。所以，在对中世纪黑暗一千年的对抗中获得了新的财富认知，认为法律保护私人财产就是最大的

---

① 1930 年 6 月 7 日《古物保存法》第 7 条："埋藏地下或由地下暴露地面之古物，概归国有。前项古物发现时，发现人应立即报告当地主管行政官署，呈由上级机关咨明教育内政两部及中央古物保管委员会收存其古物，并酌给相当奖金。其有不报而隐匿者，以盗窃论。"

功利和公平。

中世纪的基督教义和神学理论认为，贫穷神圣，财产是魔鬼，金钱是罪恶。财富越多，离上帝越远。意大利神学家阿奎那甚至认为，对赤贫生活安之如饴是获得上帝恩宠的首要前提。

但凭借这种教义和财富理论，教会和神父最终成为世界上最富有的阶层。比如，西多派曾猛烈抨击克吕尼派接受赠产行为，坚持居住茅屋，不设教堂，不收什一税，拒绝一切礼赠，但不到二十年，该派就利用经济特权，摧毁村庄，驱赶农民，霸占农田佃户，购田置产，富甲一方。托钵僧运动致力于恢复修道传统，提倡一种贫穷谦卑而高尚的乞食生活，奔走四方，传播福音。但到了后期，一样堕入奢侈豪华的享乐泥潭。

这种言行不一之精神、财富的双重垄断遭遇了人文主义学者的坚决反击。最后出现了三种改变西方世界思想和秩序的价值判断：一是财产是中性的，并不代表道德上的善与恶。二是以人文主义学者洛斯基为代表，认为财富不仅无罪，还是一种"美德"；贫穷才是一种罪恶，导致人们失去必要的美德，丧失怜悯与同情心。三是财产是人格的保障，无财产即无人格，剥夺一个人的财产就是剥夺一个人的人格。

这三种财富观念构成了西方民法典的价值基座，所以在埋藏物制度设计上重点保护发现人的权利。只要符合长期隐埋、无法判定所有权人且属于现实占有的动产，都可以因发现行为获得所有权。唯一的道德约束就是必须是偶然发现，不能像"摸金校尉"那样，事先踩点，偷挖盗掘。

但我国立法受儒家文化影响巨大，从民法通则开始，我们秉持的实际上是儒家非己之财，一毫莫取的财富理念。这既是一种道德信仰，也是一种行为规范。

第二类差异，公私关系认知差异。中华人民共和国成立以来，我们推行的土地公有制，将非私人所有的埋藏物收归国有，不仅可以保有公有制的最大公平，还有利于培育良好的社会风气，防范民间的无序争端。如果承认传统埋藏物归私人所有的法权逻辑，无疑会误导民众，导致两个严重后果。

一个是国有财产巨量流失。比如，2013 年以来，四川张献忠藏宝的传说引发了文物流失和集体盗掘案。民间一些探宝人采购设备、合伙集资，在彭山江口潜水盗掘文物遗址，还"摸"出了据说是张献忠的"永昌大元帅"虎钮金印。当事人以 800 万元价格卖出，倒手上千万元，再倒手上亿元。如此行径，不仅意味着国有文物的流失，还引发了严重的群体性后果，老人小孩齐聚江边，探宝寻宝，文物遗址，一片狼藉；众多文物直到今天，都难以追回。

另一个是社会风气的急剧恶化。比如，前面讲到的江苏农民挖出宝藏，村民都主张见者有份，甚至挤破家门；比如，四川彭山，听说有宝，有些人就不事生产，连生意都不做了，成天去江边晃悠闲逛，一心一意求发财。

第三类差异，道德认知差异。比如，我国从古到今，都特别重视保护祭祀权，凡是与祭祀权相关的都被排除在埋藏物之外。这点和西方差异特大。实际上，除了其他法定条件外，发现埋藏物还有特别重要的两个前提：一个是偶然发现，不是私挖盗掘文物遗址；另外一个即便属于偶然发现，也不构成埋藏物，比如，墓葬中的尸体、遗骸、特殊纪念物不得成为埋藏物。

为什么？一方面，这些特殊的物品负载了死者的安宁权和墓主后代的身份权、人格权。所以，历代法律严禁盗墓，一经违反，都可能面临死刑。另一方面，墓葬保护的基本人伦和道德底线，一旦突破，将摧毁整个社会的核心秩序。如果法律不强加控制，估计家家祖坟都难保。历史上的很多人伦惨剧就会再现。比如，唐玄宗的脑骨被挖出、切下加工成著名的"玉骷髅"，被民间视为招财进宝的礼器，谁拥有谁发财，到宋代都还争执不休。比如，宋理宗的头颅被盗被截，被制作成人骨法器，后来还是朱元璋于心不忍，下令收回，于洪武二年归葬宋陵。

第三个问题，《民法典》适用过程中应当考虑哪些特殊因素？

对于埋藏物，我国《民法典》确立了原物归主为主、收归国有为辅的基本原则，不仅有利于保护文物和国有财产的安全，还有利于推进社会风气的良化。但在具体实施过程中，笔者以为，还应当适度考量如下因素。

首先，适当参酌民间习惯。国家所有是否意味着什么样的埋藏物都统归国家所有？逻辑上这是可能的，但现实中并不可能，更没必要。只要不是重点文物，也不是国家禁止私家拥有的贵重藏品，就是清代的一个银灯盏、铁虎子，也可以按照民间习惯，归属发现人收藏。否则一个溺便器都要收回去，不仅有与民争利之嫌，还增大了国家治理成本，得不偿失。

这样做有没有法律依据？有。根据 2017 年修正的《中华人民共和国文物保护法》第 5 条，国家对中华人民共和国境内地下、内水和领海中遗存的一切文物享有所有权。但要注意，这规定是"文物"，不是指一切埋藏物。同时，根据《中华人民共和国文物保护法实施细则》第 32 条，我国也承认公民对低等级文物的私人收藏权。

由此不难推定，只要不是国家特别保护的文物，私人就享有收藏权。既可以自己收藏，待价而沽；也可以卖给国家，获得对价。

其次，为更好地保护文物，建议建立明确、具体的激励机制，引入第三方评估，通过奖励、赎买等方式回收文物。比如，王小二发现了金佛，如果通过评估，对他奖励等量黄金的对价，王小二得到的是黄金的价值，国家获得的是文物的价值。唯其如此，才能更好地保护文物。既可以避免王小二用氧焊切割器破坏文物坐大牢的悲剧，也可阻断非法文物市场的倒买倒卖之风。于国于民，实属两便。

第六集　物权习惯有什么用

民法典是西方法文化的一种文本表达，从 19 世纪末期开始影响中国。直到今天，无论是价值命题，还是制度设计、司法适用、逻辑推理，我国民法都有鲜明的外来文化色彩。

为什么要借鉴、吸纳、融入西方民法典？因为民法典在一定意义上代表了历史文明的最高阶段和水平，弘扬的是平等地位、自由意志、独立人格，以及所有权神圣不可侵犯等近代先进价值观，有利于助推中国的现代化进程。

但中西文化毕竟属于两种不同的文化。对于外来文化，借鉴是必须，甄别更重要，不能盲目照搬，更不能全盘西化。否则，带血丝的牛排可以为德国人输入新鲜、丰富的营养，但吃惯熟食的中国人就可能消化不良甚至拉肚子拉到脱水脱形；西方男性见了女性就行吻手礼、贴面礼，这在传统中国就是男女授受不亲，就是有伤风化，挨骂挨打都不知道为什么。

这涉及民法典国际性与民族性的关系定位问题。对于其先进、合理的部分，要充分吸纳、借鉴、融入，但面临中国具体的问题，又必须坚守中国立场，保有中国元素。

举个例子，压岁钱归谁？这是一个纯中国问题，因为西方没有压岁钱习俗。在一般人看来，压岁钱给谁就归谁，因为这是一种无偿的赠与，王小二大姑给他 100 元压岁红包，这是大姑对侄儿的赠与，按照所有权归属理论和无偿赠与合同理论，自然就归王小二所有。

这是以西方所有权、合同法理论解读中国压岁钱。有没有问题？ 说没有也就没有，说有还真的有。为什么？没有问题有两个原因，一个是数额特小，如果是 20 元钱，王小二拿着买鞭炮烟花、棉花糖，自然可以用上述理论解读；另一个是，即便数额较大，达到 1000 元，但父母将钱存入王小二的户头，作为以后专项教育基金，或者等王小二满了 18 岁，父母将王小二从小到大的压岁钱统一交付给他，这钱可以推定，从一开始就归属于王小二。

说有问题，也涉及两个问题：一个是别人为什么给王小二压岁钱？十多年下来，就有不少钱。不是因为王小二长得乖长得帅，别人给他压岁钱不是看他的面子，而是看他父母的面子，是基于大姑或小姨等特定身份，或者基于和他父母的特定友谊，比如，铁杆朋友、同学、同事、下属、闺密、结拜姐妹等。

换句话说，如果超出了小孩可以即时消费的金额，哪怕王小二长得人见人爱，花见花开，这些钱根本就不是送给王小二个人的，而是以喜庆红包的名义送给王小二一家的。

另一个问题，压岁钱还不还？谁来还？过年时节，亲朋好友全家到王小二家团聚，大姑送王小二 1000 元，小姨送王小二 2000 元。父母收下红包后，马上就得换个红包，给大姑的女儿刘三妹 1118 元，给小姨的儿子李大胖 2228 元。

这就是压岁红包中最重要的交往法则：礼尚往来。

也就是说，压岁红包实际上是一种家庭之间的人情往来，是一种债，是良心债，是一种家庭共同之债。父母以王小二的名义接下红包，又得以自己的名义送出红包，还得略略多出，凑一个吉祥数！

所以，对于这类中国问题，只能按照中国逻辑和中国传统解读。如果纯粹按西方逻辑，孩子从小就会将压岁钱存入存钱罐、银行卡，独占独享，认为钱妥妥地归自己，还不还、怎么还都是父母的社交义务。如此一来，孩子不仅毫无责任感，还特别自私。长大后，有的还理直气壮地向父母追讨压岁钱，甚至不惜对簿公堂，损了亲情，坏了人伦，压岁红包背后的温馨最终遭遇利益碾压。

这就是我们探讨的主题：民法典语境下，物权习惯还有没有独立的空间？我们重点探讨如下三个问题：

第一个问题，民法典确立了物权法定原则，为什么还有物权习惯的存在？

《民法典》第116条确立了物权法定原则，物权的种类和内容，由法律统一规定。也就是说，王小二无论是通过事实行为在农村老家宅基地上修造别墅，还是通过法律行为在北京买个小房，不是说修好了、签完合同交完钱拿了钥匙搬了家就理所当然地享有所有权，还必须按照《民法典》第208条去不动产物权登记机关进行物权确权和登记，拿回红色的不动产权属证书，王小二才能成为房屋的法定主人。

虽然《民法典》规定了物权法定原则，但民间还是有大量的物权习惯存在。为什么？主要有如下三个原因：

第一，弥补漏洞。再精巧的民法典都具有不可穷尽性，不可能包容、涵摄、规范一切的法律关系。这就注定民法典必然会存在漏洞，只能通过民间习惯来填补。

为什么原来物权法规定相邻权纠纷可以适用习惯？因为基于相邻关系而产生的纠纷千差万别，还可能瞬间反转，不仅是鸡零狗碎、鸡毛蒜皮，还涉及不同的道德法则、风俗习惯，成文法再怎么高瞻远瞩，顶层设计，也不可能一网打尽、一概而论，否则即使民法典条文扩容增量到一万条，还是费力不讨好，对东家长李家短、公鸡早叫、狼狗夜嚎这类问题也无济于事甚至无所适从。

第二，打破僵局。成文法一经颁布实施，为了维护权威性和国民的行为预期，只能保障其稳定性，只能微调，不能大动干戈，大幅变动。由此，成文法的稳定性、权威性维护了，但另一个问题不期而至：滞后性。这就是古人所谓"法立弊生"的辩证法。

要稳定，就很难与时俱进，这就是成文法的僵局。体系化解释可以不断释放成文法典的优势，但最有效的方式只能通过吸纳民间习惯打破僵局，克服滞后性。比如，传统典权和永佃权，最早流行于民间，属于非法、违法行为，后来经过实践检验，成文法不仅认可了这两类权利，后来还将其直接上升为成文法。

第三，矫正偏失。成文法不仅是行为规范，更是主流价值的集中体现。但在法典制定过程中，对于非主流的价值观及其衍生的各项制度、习惯自然不可能认同，但又绝对不能明示否认。怎么办？从历史的角度考察，一般都是成文法不予规定，但授权习惯法予以调整。

比如，乡村墓葬群是否受物权法保护？这涉及很多人的祖坟，原来的物权法没有明确规定，也没有确权，更没有登记，这些墓主的后代子孙是否享有物权？有没有排他效力？结论很明确：《民法典》不能也不可能全盘否定其物权效力，只能依照民俗习惯承认其效力并加以保护。

为什么？因为这些物权习惯背后隐含的是传统文化之根：孝道和祭祀。这和我们当下的主流价值观相差过大。但中国以孝治天下三千多年，这些物化的载体已经不单纯是物权，已经和特定的身份权、人格权紧密结合，民间习惯法上已经为这些"物"配置了绝对排他的法权效力且深入人心，根深蒂固，稍一撼动，就会引发人伦危机，甚至酿成社会危机。

所以，《民法典》虽然在物权编中没有解决这种特定物的单列条款，但在侵权责任编第 1183 条第 2 款专项规定：因故意或者重大过失侵害自然人具有人身意义的特定物造成严重精神损害的，被侵权人有权请求精神损害赔偿。所以，王小二看了《盗墓笔记》《鬼吹灯》，拿着洛阳铲去撬别人家祖坟，那就是严重侵权。

第二个问题，物权习惯有哪些特殊功能？

所谓物权习惯，是经过长期社会实践在特定区域内行之有效且具有约束力的行为规范总和。一般来说，这种物权习惯既具有实体的经济功能，解决物的归属和利用；也有较强的社会功能，形成特定的社会交往规则；还有更高的文化功能，传承着古老的社会价值观念。

比如，本集开篇讲到的压岁钱，看起来无非是钱归属于家庭还是小孩的问题，实际上是家族内部和家庭之间的一种人际互动，反映的是中国式人情社会的喜庆、感恩、回馈的价值传输和仪式再现。这是一种物权习惯，更是一种民俗信仰和道德法则。

物权习惯除了宏观层面的经济、社会、文化功能外，从单纯法律层面而论，还具有特别具体的一些功能。

第一大功能，推动创新。德国法学家萨维尼曾经有个论断，法律是被"发现"的，而不是被"发明"的。习惯是法律的源头活水，法学家、立法者从来都不是法律的创建者，只有体恤民情，深入民间，才能发现法律的真谛所在。

从这个意义上说，法律既是民族精神的象征，也是民间社会的发明创造，而不是法学家独闭空斋的研究结果或逻辑推理。

四川自贡盐业契约中出现了中国最早的股权，也出现了厉以宁教授盛赞的全世界第一张股票，还出现了世界上目前最早的股权激励。

按照美国社会学家斯梅尔瑟的经济社会学理论，19 世纪中叶，西方企业所有权、经营权都归属于个人或小群体，自有自营。1930 年前后，股份公司、职业经理人先后出现，所有权、经营权开始两权分离。但随之面临的问题就是：股东以追寻利润为动机，经营人则以追寻高薪为动机，两者很难实现统一的目标定位和行为选择。到了 20 世纪 60 年代，股东控制或经营人控制仍在相互博弈。

相较之下，四川自贡盐业文化圈最迟在 19 世纪中叶就通过股权激励方式另辟蹊径：土地资本、货币资本结合后又以契约形式向实际经营人、职业经理人分派、让渡股权，权能相对分离但利益高度耦合，避开了西方两权分离所面临的两难迷局，创制了最早的股权激励模式。

这一模式，成为我国改革开放后两权分离的先声，也成为后来个别新兴企业的独门绝技：职工持有绝大部分股份，既是雇员，又是股东，形成了超强的身份归属感和市场竞争力。典型代表——深圳华为；践行者来自川滇盐业文化圈的创业者——任正非。

第二大功能，平衡利益。古代中国既没有明确的空间权体系，也没有像《法国民法典》那样的成文法文本表达，将上至天空、下至地底的权利归属于所有权人。但在民间习惯中，这类空间物权却备受重视并长期存在，避免了成文法缺漏可能带来的利益纠纷。

比如，根据现有出土文物显示，汉灵帝光和七年的一份买地券中就有明确的空间权宣示，买主获得土地之后，其空间权利"上至天，下至黄（泉）"。再如，晚清以来的民事习惯法调查发现，在所有的产煤区域，绝大多数不动产买卖合同中都有一个专项条款解决不动产及其空间权内的矿产归属问题。如果合同中没有约明"白黑相连"，以后在原主人不动产中发现了矿源，则仍归属于原主人，买受人不得主张权利；如果约定了该项条款，新发现矿源统统归属于买受人，原主人不得再行主张权利。

第三大功能，化解冲突。如前所论，成文法的价值立场不一定与民间价值立场完全吻合，所以在立法文本中，可能存在与民俗信仰及相应制度相互冲突的地方，特别是法律与道德相交叉的灰色地带，最容易出现价值对立和利益冲突。

比如，传统民间土地房宅买卖，双方缔约后，一经官府钤印并缴纳税收，双方交接完毕，即视为物权变动效力产生，所有权发生变更。但交付房屋后的第二天，原房主一般会手捧一块红布，带着花、酒，甚至赶来一头猪向新主人表示庆祝。新主人一看，心里就会发毛。

为什么？虽然原主人口口声声地祝福新主人添财进宝，多子多福还多寿，但真正的目的却不是来祝福的，而是不满意原来的交易价格，新主人还得拿出一笔钱，才能享有完整的权利。

这就是民间所谓的"花红钱"，是正约，也就是正式合同之外的一笔附加款，被官府视为要赖、绞缠的违约行为。但在民间，这是平衡出卖人、买受人之间利益的最重要民俗之一，官府也无可奈何。后来，民间又有了专门的"花红钱"合同，双方约好，正价之外，添加"花红钱"之后，原主人不得再来什么牵猪挂红的举动。

第三个问题，《民法典》和物权习惯之间的冲突如何调适？

考察民法演化史，成文法和习惯法不断冲突、不断调适是永恒的主旋律。调适的方式一般有如下三种：

第一种方式，直接将习惯法上升为成文法。比如，典权在晚唐五代和北宋初期实现了从物权习惯上位到成文法；永佃权历经明清两代，终成燎原之势，在晚清进入《大清民律草案》，最后在台湾地区"民法"中成为名副其实的法定物权，还在日本民法中占据了一席之地，称为"永小作权"。

第二种方式，成文法明确赋权确立习惯法的法源地位，赋予法官在司法实践中可以选择适用习惯法，尊重民间善良风俗。我国《民法典》第 8 条、第 10 条采纳的就是这种方式。

第三种方式，以调解、合同等方式缓和成文法刚性，间接承认习惯法的拘束力。

2001 年，广西壮族自治区北流一位已婚男子王小二为婚外同居者李小三出资购房并登记在其名下；后来两人发生争端，王小二和发妻刘三妹共同起诉要求李小三返还房屋。一审法院首先认定婚外同居非法，王小二、李小三之间的赠与合同是以合法形式掩盖非法目的，自始无效。最后的判决超乎想象：合同无效，房屋没收，归国家所有。①

王小二、刘三妹、李小三全傻眼了。法官的判决逻辑显然有误：既然赠与合同无效，依照合同法，就应当返还，而不是收归国有；同时，王小二出钱购房，但不动产登记在李小三名下。根据物权公示公信原则，李小三已经享有合法所有权。即便存在债因瑕疵，最多也就是返还不当得利，是债的关系，不能影响物权，更不能剥夺私人所有权归国家所有！

这就是主流意识形态的价值观与物权习惯法价值观的明显冲突。就成文法而言，婚外与他人同居并赠与财产，显然属于非法非道德。但就民间话语

---

① 详细案情可参见《民主与法制》2002 年第 4 期下半月刊。

场而言，李小三丢了脸面，毁了健康，拿一套房子补偿，只要原配刘三妹没意见，那就是一个愿打一个愿挨，两厢情愿的事。

实际上，民间并不是不关注道德，但一个人的道德瑕疵不能成为限制、剥夺其物权的理由，否则就会严重混淆法律和道德的界限，引发当事人利益的严重失衡。王小二以赠与不动产为名，玩弄感情多年，最后还以李小三目的和行为非法非道德为由夺回房产，李小三人财两空，名誉扫地。王小二这样的人算人才，也是高手，但是高举道德旗帜反道德，更不道德。

简言之，在民间的道德立场和物权习惯中，女性无论是道德上有什么瑕疵，但都可以通过一定的物质或金钱补偿其生理、心理、精神的多重损害，这才是相对公平的结果。

所以，民间一般把这笔钱称之为"青春损失费"；或者更形象，叫"遮羞钱"，是对女性的一种偏倚性物权保护。

当然，这种保护并不是放纵第三者，更不代表别人妻子就能原谅或接受。要是王小二发妻刘三妹奋起维权，李小三虽然得到一套房子，但可能承担更高的精神损害或赔偿费，这也是她理所应当承担的消极后果。这是另外一个法权关系，将在配偶权专题中具体讨论。

最后总结一下，古人说，法立弊生；古人还说，徒法不足以自行。物权习惯不仅构成成文法的源头活水，还缓和了物权法定的刚性，是实现利益衡平的重要手段，更承载了传统善良风俗中的合理诉求，有利于实现个案公平。这就是《民法典》为什么要将习惯作为民法渊源、将善良风俗确证为民法基本原则的原因所在。

第七集　压岁钱归谁所有

　　一到春节，中国人特别喜欢给"小神兽"们发压岁红包。父母发，爷爷奶奶、姥姥姥爷发，七大姑八大姨跟着发，同事朋友邻居一窝蜂地发，这叫"恭喜发财、红包拿来"，属于中国式的喜庆习俗。近年来，还有一个很好的现象越来越普遍，我称之为"反哺红包"，有工作、有收入的儿孙给年迈的爷爷奶奶、姥姥姥爷倒发红包，孝心可嘉，亲情圆满。

　　压岁红包就是一幅文化图谱。有的地方秉承古风古意，点到即止；有的地方与时俱进，烧包土豪。比如，广东省 GDP 高居全国第一，但在红包地图上却一路走低，按照由深而浅的颜色走势，广东省几乎成了白色，平均水平仅有 50 元。

　　就是这 50 元的平均数也招来广州小神兽的吐槽：除非是爸妈亲生的，加上亲姑亲舅亲姥爷，才给 50 元。一般情况下，都只有 10 元，甚至 5 元。一小男生寒假得了 19 个红包，台灯下辛辛苦苦地数了，算了，合计：165元，欲哭无泪！于是，广州神兽们把羡慕的眼光抛向潮汕，引来心中更多的不平：同样是广东，凭什么别人就能达到平均 3500 元，买个 switch 游戏机足够了！要是再旋转一下地图，到了江浙一带，比如宁波，小神兽一个春节下来的红包，大多在五位数甚至六位数。

　　地区差异本质上就是文化差异，但喜庆的主调还是一致的。仔细观察近年来的压岁红包，喜庆背后，总有一些不太和谐的东西冒出来。主要有如下三种现象值得留意：

　　第一种现象，攀比斗富。比如宁波，动不动就是上万元的红包，厚实、皮实、扎实，让很多小白领望而却步，甚至不敢回家过年。为什么？ 发不起红包。不发吧，好歹也算白领，怕别人嘲笑，小气、抠门、铁公鸡；发吧，囊中羞涩，几个红包拍出去，开年后至少三五个月都得喝风吃土。更可悲的是，这种攀比之风已经吹向学校，连小学生、中学生都开始攀比，谁的压岁红包最大、最多。

第二种现象，道德投机。过年如过关，所以叫年关。因为父母逼婚，王小二租个女友刘三妹回家过年，双方约好，除了每天一结的劳务费用外，压岁红包归刘三妹。这是刘三妹们乐于假冒女友的隐性动力。但要是男方爸妈、大姑、小姨一不小心给多了，刘三妹乐开花，王小二却内心滴血——这是赤裸裸的道德投机，可这张纸怎么也不能捅破。这笔钱是否应返还？根据目前已经审结的案例，江苏省多地法院对于压岁红包返还请求，都不予支持。除非数额较大，比如无锡，男方父母一高兴，手一抖就拍出 22800 元的压岁钱。后来法院判决认定，这不是压岁红包，这是彩礼，属于婚约财产；如果不是真的恋爱关系并且不能结婚，应当返还。①

第三种现象，人伦危机。近年来，儿女向父母追讨压岁钱的个案越来越多。各地法院民庭对压岁钱做出判决的案件也高达 2500 件左右。当然，子女与父母对簿公堂的较少，但明确讨要、离家出走、私自提取的个案越来越多。无论哪种行为，都碾轧人伦和亲情，考验着人性的底线和道德的边界。

上述三种现象交汇到一点，都指向两个民法问题：压岁钱到底是什么性质的财产？压岁钱到底应归谁所有？

我们从如下三个方面进行解读。

第一个问题，什么是压岁钱？

最早的压岁钱又叫"厌胜钱""压祟钱"，和今天的意思不大一样，是父母长辈赐给后代儿孙驱邪祛魅的特制的圆形或长方形钱币，用红色彩线串起

---

① 张凤晓、张玉全与张蓉珍婚约财产纠纷二审民事判决书，〔2014〕锡民终字第 1403 号，裁判文书网，http://wenshu.court.gov.cn/website/wenshu/181107ANFZ0BXSK4/index.html ？docId=f4eedd7404af40eb9389aa7900fa394a.2020 年 4 月 26 日。

来挂在脖子上，或者拴在腰上，河南等地现在都还叫"压腰钱"，或者用红纸、红布包裹起来压在孩子枕头下，相当于后来的护身符。

因为相信这类钱币有驱邪的功能，民间又把这类钱币垫在床脚下或建房时放在墙基下，作为镇宅之用。

因为功能特殊，这类钱币从汉代到宋代再到清代，从汉族地区到少数民族地区，都是特别制造，用于驱邪、安魂、定宅赌钱等特殊场合，没法在市场上流通。

不能流通，为什么又称之为"钱"？从早期史料考察，最早的压岁钱应当叫厌胜钱，来自古代巴蜀文化圈的巫术，意在以钱厌胜。

"厌"最早的意思是满足，是拿钱币祈祷、买通恶魔邪神的仪式。后来这种巫术仪式传到华夏中原一带，厌胜钱就变成了压祟钱。到了汉代，"厌"就有了"压"的意思，是指以特种仪式、器物压制克制邪能邪灵，与远古的巴蜀巫术功能一致，但解读刚好相反：一个是祈祷沟通，一个是压制抑制，差距很大。

所谓"岁"，也出现了两种解释，最古老的解释应当是"祟"，与巴蜀文化的厌胜有关系。所谓"祟"，按许慎《说文解字》的意思是"神祸"，就是鬼神降下灾祸，拿一种长方形的钱糊弄、买通、沟通、祈祷，这就是最早的"压祟钱"，也是今天"有钱能使鬼推磨"的最早表达。后来，中原一带阴阳五行学说兴起，就出现了另类解读，因为传统的"岁"特指木星，又称"岁君""太岁"，一旦冲犯，一年都不好过。而钱币用金、铜、铁等金属原料构成，刚好可以克制，这就是五行学说中的以金克木。所以，新年到来之际，长辈赐钱，是希望儿孙岁岁平安。

压岁钱为什么又用红色的彩线串联，或者用红布、红纸包裹？这是太阳崇拜或日神崇拜的结果。在传统天文学和五行学中，太阳是宇宙的核心，是盛阳之气，是火气之精，[①] 代表的是最旺盛的生命力。日神崇拜在西方一样盛

---

①《白虎通义·三正》说："赤者，盛阳之气也。故周为天正，色尚赤也。"《释名·释采帛》："赤，赫也，太阳之色也。"《淮南子·天文》："积阳热气者生火，火气之精者为日。"

行，乃至于俄国美学家康定斯基认为，红色是最有特点的暖色；英国人类学家甚至还在《自然》上发表文章，论证红色有利于确证灵长类雄性的统治地位，提升人类的竞技能力。

所以，在我国民间，小孩一生下来，很多地方都是用红布襁褓包裹，还要煮红色的彩蛋，三天后还要挂上红线串成的洗儿钱，希望他长命百岁。所以，按照美国逻辑学家皮尔士的指号学理论，红色在中国文化中有特定的逻辑序列和价值认知，从红色的颜色选择到喜庆吉祥的寓意添加，再到互赠红包送祝福的文化象征，都反映的是中国特有的符号语境和民俗中的有效人际互动。①

讲压岁钱的来源和演变是想说明：古代的压岁钱不是流通意义上的钱，而是民俗中的特别仪式。真正给孩子拿钱买糕点、糖果、纸鸢、冰糖葫芦，那是相当晚近的事。

即便压岁钱变成了真正的可用的钱，但也仅限于一种礼俗层面、亲朋之间的互惠性、身份性人际互动，而不是法权意义上权责分明、锱铢必较的契约行为。

这就涉及第二个问题，压岁钱归谁所有？

这本来不是个问题，因为属于道德性、身份性的礼俗往来，压岁钱说起来和民法不沾边，最多也就是由道德来调整。但随着西方民法文化的传入，加上红包数额越来越大，引发的纠纷也越来越多，法律不介入已经不可能。

而民法一旦介入，首先面临的问题就是，如何界定压岁钱的归属？

近年来的司法判决大多倾向于西方所有权归属理论和赠与合同理论，这种压岁钱应当归孩子。理由如下：

首先，按照《民法典》第 657 条，压岁红包属于一种无偿赠与，是大姑、小姨作为赠与人与受赠人王小二之间的一种合意，与小二父母王大山、张二妮并没有法律上的权利义务牵连。所以，有法院曾经判决，孩子的压岁

---

① 纳日碧力戈：《格尔茨文化解释的解释》（代译序），克利福德·格尔茨：《地方知识》，杨德睿译，商务印书馆 2016 年版。

钱属于独立财产，不属于家庭共同财产。即便夫妻离婚，也必须首先划出压岁钱归孩子个人所有，不得作为共同财产进行分割。

其次，按照民法原理，小孩即便未成年，但接受红包是纯受益行为，不需要履行任何义务，也不承担任何责任，所以父母不能代为拒绝；如果以孩子名义收下，存入家庭共有账户，但所有权仍然归属于孩子，父母只有代管权，没有处分权，否则构成无权处分。广州一父亲将孩子压岁钱取出，后来被告上法庭，某区法院直接判决他侵害孩子所有权，判令返还本金和利息。

最后，压岁钱是否还礼，这属于父母的社会交往义务，不应该由孩子来背锅、买单。

上述三个理由合法吗？绝对合法，但不怎么合情理。反对压岁钱归孩子所有的人也会提出如下三个疑问：

首先，赠与人为什么送压岁钱？王小二得压岁钱绝对不是因为他长得帅、成绩好，而是因为他是王大山、张二妮的儿子。亲朋好友发红包，不是看他面子，而是看他爸妈的面子。换言之，压岁钱带有身份性，并不是基于王小二自己的个体身份和自然禀赋，而是基于他爸妈王大山、张二妮的法律身份和社会交往。

其次，压岁钱是否偿还？礼尚往来是压岁红包最重要的道德法则。很多小神兽对压岁钱没多少感觉，为什么？因为大多数就是过过眼瘾、手瘾，还没捂热，甚至还没数，就被父母换个红包还回去了。也就是说，压岁钱是一种基于特定身份产生的赠与，是一种债，是人情债、良心债，也是家庭的共同之债。即便再穷，这债，都得还。

再次，孩子是否就天然享有所有权？压岁钱是一种身份性赠与，也就是一种身份性债务，是赠与人和受赠人两者以家为单位产生的团体性、互惠性赠与。所以，名义上是送给孩子，实际上是送给家庭。王大山、张二妮不仅不能置身事外，还得反馈、回赠，自然有权对压岁钱进行处分。

有道理没有？有。貌似不合法，但合情合理。

一个合法，但看起来不合情理；一个合情合理，但看起来又不合法，两者之间，孰是孰非？

实际上，两种解读并不存在对错问题，而是文化差异和文化冲突问题。西方不存在压岁钱礼俗，对于无偿赠与一般采取纯粹的个人主义立场。谁接受赠与，财产就归谁；但中国压岁钱存在几千年，是纯粹的家庭本位，名义受赠人是孩子，实际接受赠与的是家庭。

列举双方的争论，无非是想说明：不能拿西方民法的所有权归属理论和合同赠与理论来解读中国式的压岁钱，否则，就必然产生心安理得的不当得利！换言之，西方民法的逻辑话语和价值取舍在家庭责任和义务上并不适合解读中国文化，也无助于解决中国问题。因为人生永远没有心安理得的不当得利！也正是从这个意义上，美国社会学家斯梅尔瑟援引毛斯的观点，认为"礼品是一个家族单位或部落成员结合一体的象征"，是一种社会交换！①

说起来，压岁钱是中国式人情，是一种习俗。面对这种习俗，作为儿女，王小二一定要明确区分民法的西方法律语境和中国的具体道德传统。不能用西方理论解读自己的压岁钱，独占独享，得考察债的发生原因，考虑别人为什么、凭什么送你压岁钱；更得考虑礼尚往来，想明白压岁钱就是一种双向对待给付义务！

当然，在以下三种情形下，小神兽们可以享有所有权，不仅合法，还合情合理：

第一，数额小，仅用于日常消费。像广州红包，买点烟花爆竹、棉花糖，再添置点学习用品就没了。

第二，父母无私赠与。如果父母出于爱心和理财计划将压岁钱归属在子女名下，这是一种家庭自决权。

第三，家庭条件好且孩子能够理性理财，父母直接将压岁钱交付其个人打理。

除了这三类情形，笔者认为，还是认定为家庭共有更契合中国具体国情

---

① 尼尔·斯梅尔瑟：《经济社会学》，方明、折晓叶译，华夏出版社1989年版，第25页。

和民俗。不仅有利于构建家庭共同体，还能培育孩子的归属感、责任感、使命感。也只有在这种文化熏陶下，我们的孩子才能迎来伊壁鸠鲁式的社会交往情景：推己及人，和谐、友爱。如果一味地强化私有，我们的孩子就会陷入芝诺式的纯个人主义交往情景，养成蜘蛛型人格，以个人为中心，织网、守候、捕猎、独享。

第三个问题，怎么对压岁钱进行价值定位和现代提纯？

有人可能会问，将压岁钱归为家庭共有财产，可能合情合理，但《民法典》上是否有依据？依据就在《民法典》第 8 条、第 10 条中。如果涉及未成年利益的特别保护，比如父母离婚、家庭共同债务偿还，这些情形可能会危及孩子的未来教育、生活状况，可以将压岁钱独立划出，以最大程度保护儿童利益。如果不涉及这类问题，就可以按照善良风俗原则和习惯条款对压岁钱的归属进行中国化处理。

为什么主张用善良风俗原则和习惯条款解决压岁钱问题？因为这涉及压岁钱的价值定位。笔者以为，最重要的应该有如下两方面：

首先，压岁钱的法权定位不能违背自身文化根基。究其本质而论，《民法典》就是一种文化选择，而文化天然具有本土性。英国著名历史学家汤因比曾经比喻说，不同文化之间，就好比两个人，对一个人是美味佳肴，对另一个人可能就是致命毒药。带血丝的生牛排对德国人来说可能生态环保美味，可以增强体质，但对中国人来说，不仅没营养，生吃还会吃坏身体。

对待压岁钱也必须得有自己的文化立场和价值选择。压岁钱培育的是孩子的感恩之心，锻造的是人伦亲情，关系到基本人伦、社会交往，更影响到未成年人的三观。如果民法一味尊崇外来法理法权，不仅会淡化孩子的善性，还会诱发恶性邪能！以自我为中心，自私自利，自高自大，稍不如意就自怨自艾，自暴自弃。

其次，必须对压岁红包礼俗进行现代价值提纯，剔除压岁红包不良残渣，回归压岁红包文化的本质。比如，前面提到的攀比斗富、道德投机、自私自利完全背离了压岁红包的价值立场。

比较之下，笔者更赞同广州红包的风范，因为这是现代城市恪守红包古韵古风的典范，也能够与现代民法制度丝丝相扣，有效实现传统与现代的对接。既有效地传承了传统优秀文化，也可以毫无障碍地适用所有权、合同法理论，直接将压岁红包归属于孩子，并且不会面临人伦道德危机。

广州红包虽然又小又单薄，被潮汕人嘲谑为"咸涩"。但仔细考察，广州红包有如下几个特征，算是压岁红包文化的正宗传承。

首先，仪式感。广州人一般称红包为"利是"或"利市"，但必须以红色封皮套装，具有很强的仪式感。既代表了长辈对晚辈的诚挚祝福，也代表了晚辈对长辈的真切感恩。

其次，开放性。广府文化强调分享、同乐，广州红包也不限于家庭、家族内部，发红包叫"派利是"。一个"派"字，显示了广府文化的大气、开放。广州家庭主妇每到年底，一般准备的红包数量多达 200 个左右。这利是不但是自己亲族能享有，朋友、同学、同事、合作伙伴，甚至保洁阿姨、门厅保安、快递小哥、拾荒者、流浪者都人人有份。

最后，象征性。广州红包强调喜庆彩头，不在于数量大小多少，重在"心"，而非"金"。强调喜庆共享，但互不欠人情，不相互增加负担，不攀比，不烧包，不土豪，显示了可贵可感的人文气息和理性精神。年轻人不会因为发上 30 个 50 个红包，就捉襟见肘，节衣缩食；亲友之间也不会因为红包厚薄而心生不满，腹诽心谤，溃败亲情、友情。除此之外，如果儿孙、朋友要创业，只要靠谱，亲友间都会倾囊相助，瞬间可以集聚巨资的现金流。

讲彩头，重共享，但低调理性，有钱用在刀刃上，这就是广州红包的真相，也是千年压岁红包的精髓。

第八集　如何对待不法原因给付

一到春节，很多未婚的王小二回家都面临一个过不去的坎，解不开的结。什么坎什么结？逼婚。没未婚妻，女朋友总得有一个吧。这种逼婚催生了一种很流行的合同，"租"个女友，回家过年，父母高兴就好；哪怕是空欢喜一场，也可以堵七大姑八大姨、王大妈、李大婶的嘴。春节假期结束，好戏演完，一拍两散，各奔东西，互不相欠。

"租"女友合同大多很正规，有明确租期，有明码标价，还得先缴保证金、诚意金，支付方式也是按天保底结算、支付。怎么还保底了？因为租金之外还有奖励、分红和额外费用。比如嘴甜，七大姑八大姨喊得脆溜，比如手快，下厨房烧火炒菜，这都得奖励；至于接了长辈的红包，不好意思装自己兜里，但至少见者有份，事先约好分红比例。说到额外费用，那就更多，比如拉下小手，至少得 20 元吧，陪一帮同学、朋友 K 歌、喝酒，挣足脸面，但耽误休息时间，增加肠胃负担，至少也得补偿 50 元吧。至于陪老人打麻将，规则更明确，输了算你的，赢了就是我的。

这类合同你情我愿，白纸黑字，王小二、刘三妹作为当事人，双方一般都能讲诚信，守合同，很快进入角色，演得是尽心尽力，结局也是皆大欢喜。但 2020 年情况有点特殊，突如其来的疫情，让这类合同出现了问题，封城、封村、封道，"租"来的刘三妹只好困守滞留。合同是否继续履行？是否按原标准履行？不履行会不会承担违约责任？这些问题让王小二们濒临崩溃，不停上网求助。

实际上，焦虑的王小二们可能忽略了一个根本问题："租"女友合同有效吗？无论是按照以前的民法通则、合同法，还是依照《民法典》，这类合同都归于无效。

为什么？因为小伙子、大姑娘通谋、故意、虚构男女恋爱关系为目的签订的"合同"，是角色扮演，而不是真实的男女恋人关系。王小二知道是伪装，刘三妹也明白是假冒，更重要的是，这合同还涉嫌非法。首先，危及人格权。刘三妹是具有独立人格的民事主体，法律上严禁"出租"。其次，女朋友、未婚妻属于准身份权，是不能拿钱租的。最后，租女友骗父母亲戚，还好吃好喝接红包收礼物，不管怎么样，也违背善良风俗。所以，租女友合同按照《民法典》第 153 条第 1 款，违反了法律、行政法规的强制性规定，按照第 2 款，还违背了公序良俗，无论哪一条、哪一款，都无效！

既然是假合同，还涉嫌非法，那么问题就来了。按照《民法典》第 155 条、第 157 条的规定，这类合同自始就不产生法律效力，刘三妹因此取得的财产收益，包括所谓租金、小费、奖金、补偿金、红包等统统都算是不当得利，应当返还。

这样一来就有个难题：刘三妹陪护多天，喊叔叫婶，小心翼翼，笑脸相迎，劈柴、洗衣、烧饭、陪聊，全部算义务劳动？这又不合情理。

有人提出了一个解决方案：明面上是租女友合同，实际上就是劳务合同。这观点对不对？笔者认为，不对。为什么？因为这不是以刘三妹提供特定劳务为前提，而是以冒充女友身份并履行习惯法上特定身份义务、享有特定身份权利为前提，比如，喊大姑小姨，收取红包，而不是请刘三妹到家里劈柴、烧饭、洗衣服，然后发工资。

这问题很纠结。为什么纠结？因为我们民法典没有明确认可一项制度：不法原因给付。

在不法原因给付理论中，这类问题就可以迎刃而解。即便租女友危及人格权，还有违善良风俗，属于无效合同，但只要王小二给钱，刘三妹收钱，也构成不当得利，但原则上王小二不能要求刘三妹返还。即便对簿公堂，法院也会不予受理或驳回起诉。这就是民间所谓的一个愿打一个愿挨，心甘情愿的事，只要不牵扯、危害国家与集体利益，刘三妹这钱就算拿定了。

实际上，真真假假，假假真真，这类事例从古到今，从中到外，还真不少，关键看法律如何认定。为什么我国《民法典》不明确规定不法原因给付？不规定是否意味着就不调整？其他实施《民法典》的国家又是什么立场？不法原因给付制度到底有什么价值？

我们从法文化角度一一解读。

第一个问题，什么是不法原因给付？为什么会出现不法原因给付？

所谓不法原因给付，普通法上称之为不法约因，指的是原因不法的给付行为。所谓不法，主要是指两种：要么是违反法律强制性规范，要么是指违反公序良俗原则。前者涉及真正不法的问题，后者涉及违反道德的问题。

不法原因给付为什么会产生？因为公平正义。从罗马法到后来的大陆法系和普通法系，都是通过不法原因给付解决不法行为中双方当事人的利益平衡问题。

罗马法时期奉行一个原则：不道德原因不产生诉权。如果王小二、刘三妹两个人的行为都打脸丢人，王小二还为此送给刘三妹一对金耳环。后来王小二又主张刘三妹占有金耳环既无法定原因，也不道德，要求返还。那么，裁判官就会判断：你王小二当初为什么要送金耳环？自己不道德，就不要谴责别人该不该打脸。为此，罗马法并不认可王小二存在"不道德的返还之诉"的诉权。那怎么办？罗马法发明了一个规则："双方不道德时，占有人占优势。"金耳环在刘三妹手上，法庭只能依据占有事实推定刘三妹享有合法权利，你王小二败诉。

双方都不道德，给付的一方不能以对方非道德主张不当得利返还；双方都不道德，占有人的权利优先保护。罗马法确立的这两大诉讼原则实际上解释了不法原因给付产生的三大动力。

第一，填充法律和道德之间的灰色空间。比如赌博，这是人类的天性，只要有机会，谁都想搏一搏；但这也是人类的恶性，老想以小博大，一夜暴富。王小二、李小三站公路边闲得发慌，就赌下一辆来车的车牌号尾数是单数还是双数，赌金 10 元。王小二输了，给李小三 10 元，然后反悔说赌博既不合法，又不道德，要求李小三还钱。李小三还了倒无所谓，不还，王小二也只能恨意满满，干瞪眼了。

第二，尊重当事人自主选择，防范过度介入私权。比如，20 世纪 50 年代以来，为了革除民间买卖婚姻和借婚姻索取财物两大陋习，收缴高价彩礼，还将之称为借婚姻牟取"暴利"。1963 年，最高人民法院发现过头了，通过批复形式认定这是"非法所得"，但不是暴利。[①] 改革开放以后，随着民法精神的普及，人民法院对彩礼一般认定为赠与，不再强力介入、过度干预，更不会收缴。

第三，秉持风险自担原则，引领正向价值观。近年来，对于民间的算命、看风水行为，人民法院一般坚决否认，认为违反善良风俗，认定为不法劳务，合同无效，算命先生、风水大师都应当返还不当得利。但对于数额很小，确实又付出了一定劳务的案件，人民法院一般也会适用不法原因给付规则，不予受理或者驳回起诉。你要信，你愿意给钱，那好，风险自担，自己去追讨。讨回来算运气好，讨不回来，也别找人民法院。德国学者卡纳里斯认为，法律、法庭对这类行为进行消极评价，反倒可以培育、强化对法秩序的信赖和善良风俗的信念。

基于这种价值认知，从罗马法以来，对不法原因给付一般采取两种立场。第一种认定合同无效，归位于不当得利，但是属于特殊不当得利，给付一方不得强求返还。在租女友事例中，王小二、刘三妹都明知不合法，但你情我愿。只要王小二给了钱，虽然缺乏合法原因，也构成了不当得利，但就是不能主张返还。

---

① 1963 年 11 月 28 日最高人民法院办公厅《关于买卖婚姻非法所得不应称为"暴利"问题的函》：浙江省高级人民法院：你省文成县人民法院奚希奔同志来信，对该院判处一件买卖婚姻案件，将没收的用于买卖婚姻的款项称为"暴利"一事提出意见。我院认为，奚希奔同志的意见是对的，对于没收的用于买卖婚姻的款项和财物应称为"非法所得"较为恰当。请你院转知文成县人民法院对于买卖婚姻非法所得不能称为"暴利"。转引自北大法宝，http://pkulaw.cn/fulltext_form.aspx？Gid=175819.2020 年 5 月 1 日。

第二种立场，不承认是合同之债，归位于自然之债。王小二付钱，就发生法律效力，但不得再以不当得利诉请返还；王小二不付钱，刘三妹也无法诉请人民法院强制执行。

这就是为什么租女友协议一般要求交付保证金、诚意金，还每天结算的真正原因。即便刘三妹一点法律常识都没有，但她也知道这类合同不太靠谱，要求现实交付或提前交付是防范风险最有效的策略。

第二个问题，《民法典》为什么不规定不法原因给付？不规定是否就意味着不调整？

西方国家对不法原因给付一般都有规定，主要有四种立法例。第一种，法国式，不赋予诉权。比如赌博，《法国民法典》第 1965、1967 条规定，愿赌服输，输了别找法官，法官不可能给你诉权。除非你能证明是赢家设局诈骗，否则给出的钱就是"肉包子打狗，有去无回"。[1]

第二种，德国式，自然债务。《德国民法典》第 762 条规定，赌博产生的债务自始都不成立法定之债的效力，属于自然债务。输家一旦交付赌博款，不能以此抗辩，要求赢家返还不当得利。

第三种，英美式，不得诉请履行。按照普通法，赌博合同产生于非法约因，违反公共政策，是非法合同，无效合同，不能诉请法院要求对方强制执行。如果你要到衡平法院寻求支持，但面临的第一道门槛就是："入衡平法庭者，须自身清白。"你有老婆孩子，还和一美女纠缠不清，送她英镑、首饰甚至房产，如果没给，她不能请求强制执行；如果给了，你就不能要求恢复原状，因为你们两人之间订立的可能就是不道德的契约。

第四种，俄罗斯式，追缴。按照《俄罗斯联邦民法典》的规定，双方以故意违反法律秩序或道德为目的实施法律行为，双方的所得要全部予以追缴，归俄罗斯联邦所有。

---

①《法国民法典》第 1965—1967 条对赌博性游戏债务或赌注的支付，法律不赋予任何诉权。第 1967 条规定，任何情况下，赌博中的输家不得请求返还其自愿支付的款项，但如赢家有欺诈舞弊或诈骗情形，不在此限。

我国目前是否存在不法原因给付现象？肯定存在。简单分类就有如下三类：

第一类，目的非法。比如，雇凶杀人而交付酬金；因嫖资、赌资而交付金钱；因升官晋级而交付行贿款；为逃税签订虚假合同并实际交付。

第二类，标的非法。比如，明知毒品、枪支弹药等标的非法而为买受并支付价款。

第三类，行为不法。比如，提供不法劳务而收取劳务费；为小孩读书、找工作托人办理假居住证、税收证明而支付辛苦费；为承揽工程支付介绍费、活动费；为朋友两肋插刀，代偿赌博款；为保证婚姻稳定缴纳婚姻保证金；为维护婚外同居赠与第三人不动产；等等。

前两类违反强制性规范，一般是没收、追缴。第三类最复杂，既涉及强行法的禁止性规范，也涉及公序良俗原则，如果把王小二租女友交付的租金、李小三为朋友代付的赌博款来个一刀切，全部宣告无效甚至没收、追缴，显然有违公平。

这就涉及《民法典》对待不法原因给付的基本立场。为什么《民法典》没有明确承认不法原因给付？不承认是否就意味着不调整？

笔者认为，《民法典》不明确规定自有其内在价值考量，并不意味着不调整。具体来说，有如下两个原因：

第一，维护法律和道德的微妙平衡，通过司法个案间接调整不法原因给付所涉的各类法律关系。诸如，租女友付租金，交付彩礼缔结婚约，甚至支付代孕费、包养费，说起来都具有道德上的瑕疵，但一刀切肯定会损害弱者的利益。所以，司法实践中要么将上述费用视为补偿金，要么视为赠与，要么不予保护。

有的人民法院则直接认定了不法原因给付。上海市第一中级人民法院审理一起案件，当事人为了拿到工程，请客送礼，还签订了居间合同，钱花了几十万元，但工程没拿到。于是，当事人诉请中间人返还请客送礼的花费。上海市第一中级人民法院认为，为获取工程轻信他人，支付金钱委托其请客送礼的行为是不法原因给付，既违背了法律的强制性规定，也违背了公序良俗，法律不予保护并驳回当事人上诉请求。

也就是说，虽然法律上没有明确规定，但实务中人民法院仍然在运用不法原因给付理论分析、判决案件，以此维护法律和道德之间的平衡，这实际上是认可了不法原因给付并采取了不予保护的立场。

第二，尊重私权自主，防范公权力过度介入。《民法典》抛弃了民法通则、合同法"以合法形式掩盖非法目的"的立法用语，而是通过第 146 条第 2 款区分虚假行为、隐藏行为，判定虚假行为无效，但隐藏行为未必就无效，这实际上就隐含了对不法原因给付的价值判断和逻辑涵摄。

这是一个极大的立法进步。为什么？首先，非法目的很难界定，容易引发法官自由裁量权的膨胀，最终导致司法适用混乱。比如，以什么法作为判定合法性标准？民法、行政法、刑法各有不同的标准。比如，搭顺风车支付油钱，按照民法，这并无不妥，省时省事还环保。但严格按照《中华人民共和国道路运输条例》第 63 条，车主的行为涉嫌违法经营，你给的油钱不仅要不回来，还要被没收。

其次，尊重合同自由。很多行为游走于法律和道德的中间地带，公权力干预过多，不仅会导致利益失衡，还会因公法审判结果催生大量的无效民事合同。《民法典》第 146 条第 2 款有效防范了这一风险。比如，沈阳有个人，被算命先生忽悠了 2 万元劳务费，后来又认为算得不准，要求返还不当得利。当地人民法院民庭认为，算命是损害社会公共利益的封建迷信行为，但最后的判决既不支持返还，也不判决没收。什么意思？这就是第 146 条第 2 款的逻辑：双方之间名为劳务合同，实际上是算命骗财，虚假的劳务合同肯定无效，算命骗财更属非法。但因为该案中，不涉及侵害或损害国家、集体、第三人利益，虽然有违善良风俗，但自己事自己处理，处理不了也别找法院。这是间接承认了不法原因给付。

但如果这案子在行政庭，结果就很难说了，大概率是合同无效，2 万元怎么办？没收、追缴。

第三个问题，怎么对待现实生活中的不法原因给付?

根据上述分析，可以看出，虽然《民法典》没有明确规定，但其立法逻辑和价值仍然为司法实践提供了可靠的基本立场和解决路径。在《民法典》的实施过程中，具体怎么对待不法原因给付，还应该注意标准设定和路径选择等具体问题。

标准设定方面，要充分考量三个方面：一是主观动机的违法性程度。比如顺风车给点油钱和下属为升迁交付行贿款，肯定不能等量齐观。二是行为的违法性程度，租女友交所谓的租金和雇凶杀人交劳务费，两者之间亦有天壤之别。三是损害对象与损害程度，只要不涉及国家、集体、第三人利益，也不涉及当事人人格权，民法就应当保有包容性，公法也应当保有谦抑性，由当事人自己决断，内部消化。不仅可以平衡利益，还能节约有限的公共资源。否则，王小二今天主张不当得利，刘三妹明天主张正当劳务，如果没收，两人还能联手上诉，如此滥诉、缠诉，法官不累死，也得累残。

根据上述三个标准，以后在司法实务中不宜采取单一的方式解决不法原因给付问题。可选的路径有如下三种：

第一种，以不支持返还为原则。

第二种，以支持返还为例外。如果涉及欺诈、胁迫、乘人之危等情形，或者刘三妹在假扮女友过程中收受了王小二家以特定目的赠与的红包礼金 2 万元，外加金银首饰若干。按照目前的司法案例王小二有权主张返还。但如果两人假戏真做，成了恋人，并结婚了，王小二就不能主张返还。

第三种，以收缴为特殊原则，对于不法原因给付中涉嫌犯罪或严重侵权的，理应没收或追缴。

唯其如此，我们才能在《民法典》实施过程中保持法律与道德的有效互动，保持公法与私法的微妙平衡，也才能实现成文法和习惯法的共存互补，最终推进民法的公平正义。

第九集　什么是安宁权

王小二、刘三妹小两口经过多年打拼，在北京买下一套新房作为爱巢。欢欣鼓舞之余，有个闹心的问题出现了：同城居住的老妈要钥匙，给不给？给吧，怕老人深度介入两人私密空间，还会有生活习惯、价值观念的磕磕碰碰；不给吧，好像又有点不近人情甚至有不孝之嫌。怎么办？哪怕心里再怎么不情愿，儿女一般都会把钥匙乖乖地交给老妈，还得说些请母后大人多照顾、多帮忙的客套话。老妈拿到钥匙，主人翁的尊荣感、使命感油然而生，自然也会全心全意、尽心尽力地帮扶儿女。

本心不愿意给，后来为什么又给了？这是一个很有趣的现象，涉及钥匙的文化意义和法权内涵。

从文化意义层面讲，钥匙不仅是开门的工具，还代表了特定的身份权利和人格权利。古罗马时期，当丈夫通过特定仪式将钥匙交给新娘，那就意味着新娘正式成为夫家的一员，除了掌管家火，还经过丈夫授权，获得了一定的家事管理权。在中国，公婆将钥匙交给儿媳妇，那就证明功成身退，儿媳多年媳妇熬成婆，从此当家作主了。

从法权内涵上讲，钥匙代表了独立身份、独立空间，是联结社会和自我的法权象征。当王小二把钥匙郑重其事地交给刘三妹，这就意味着接纳、同意对方融入自己的生活空间；要是刘三妹主动将钥匙给王小二，那更是信任、依恋，有托付终身的意思。

也就是说，无论是在中国还是在西方，门锁和钥匙都是分离空间和联结空间的关键，一开一合之间，就是"内"与"外"、"人"与"我"的物理区分和身份识别。人们既可以通过交付钥匙体现人生信任，实现身份融入，也可以通过门锁获得人格尊严和自由。除非有钥匙，任何人不得非法侵入他人的独立生活空间。

法律文化为什么要通过门锁和钥匙确证独立生活空间？表面原因是为了确证、保护所有权，本质上却是为了保障生活安宁权。此前，我们一般看重的是门锁和钥匙的物权属性，《民法典》第 1032 条第 2 款规定了私人生活安宁，进一步认同了两者的人格权属性。开启了安宁权民法保护的大门，是《民法典》立法的显著亮点。关于安宁权，我们主要探讨以下几个问题。

第一个问题，什么是私人生活安宁权？为什么说这是《民法典》的立法亮点？

所谓私人生活安宁权，就是自然人享有的维持安稳、宁静的私生活状态并排除他人不法侵扰、侵害的权利。门锁和钥匙既是所有权的象征，也是安宁权的保障。每一个成年人都有自己的私密空间和私密活动，即便是父母，即便门上插着钥匙，也得敲门，征得孩子同意才能进入。这是礼貌，是尊重，更是一种权利的相互认同和保证。

叛逆期的小神兽为什么喜欢关门？因为这是自我人格形成期，也开始有了自己的小秘密，不愿再接受父母的全方位关注或干预；如果父母动不动就长驱直入，或探头探脑，小神兽们就会本能性地采取措施：反锁房门。还在门上贴张纸条，宣示领地主权，宣示自我权利。而孩子追求的这种权利，就是民法上的隐私权、安宁权。

为什么说安宁权是《民法典》的立法亮点？因为这一制度有如下三大贡献：

第一大贡献，确证了安宁权作为一项独立的民事权利，不仅为国民生活、精神安宁提供了有效的法律保障，也为法官寻法、适法提供了可靠依据。以前很多当事人以生活安宁权受到侵害为由，诉请人民法院保护，但法官在当时的法律体系中根本就找不到这种权利，所以要么不予受理，要么驳回起诉，最多也就是通过隐私权、名誉权、健康权等方式进行间接保护。

近几年来，有不少地方人民法院判决中出现安宁权，并直接作为权利保护依据。比如，山西阳泉市中级人民法院一个二审案例，某供热公司将供热泵安装在一户人家楼下，这户人家认为此举侵害了自己的安宁权、健康权，人民法院支持了当事人的诉讼请求并判令供热公司、物业管理公司共同赔偿损害赔偿责任。① 这判决合情合理，但最大的问题和风险就在于，我们是成文法国家，具体的权利类型只能由立法文本加以规范、确证，司法案例不能创造权利，所以，这种判决再怎么合乎情理，也会面临法官造法、于法无据的风险。

第二大贡献，确证了安宁权属于人格权。《民法典》在体系安排上将安宁权归位于人格权项下的隐私权，虽然有混淆安宁权和隐私权界限的缺陷，但将安宁权归属于绝对权，这无疑是历史性进步。

比如，住宅安宁权。此前，我国对住宅的保护主要以公法为主，法律依据有两个：一个是宪法第 39 条：公民的住宅不受侵犯；禁止非法搜查或非法侵入公民的住宅。这是防范公权力滥用而保护私人住宅安全。另一个是刑法第 245 条，专门规定了非法侵入住宅罪。

1989 年 11 月 30 日，最高人民检察院发布了《人民检察院直接受理的侵犯公民民主权利人身权利和渎职案件立案标准的规定》，其中，第 6 条第 3 款规定了非法强行闯入他人住宅，影响他人正常生活和居住安全应当予以立案处理的五类情形，可谓细致周备，有效地落实了宪法对合法住宅保护精神。② 但公法层面具体保护的是财产权利和生活便利，是对物权的保护，对于

---

① 山西省阳泉市中级人民法院盂县供热公司、盂县金龙佳苑物业管理有限公司与张年英噪声污染责任纠纷二审民事判决书，〔2017〕晋 03 民终 1018 号。

② 最高人民检察院《人民检察院直接受理的侵犯公民民主权利人身权利和渎职案件立案标准的规定》第 6 条第 3 款规定："非法强行闯入他人的住宅，影响他人正常生活和居住安全，具有下列行为之一的，应予立案。1. 非法强行侵入他人住宅，经要求或教育仍不退出，严重影响他人正常生活和居住安全的；2. 非法强行侵入他人住宅，毁损、污损或搬走他人生活用品，严重影响他人正常生活的；3. 非法强行侵入他人住宅，停尸闹事，严重影响他人正常生活的；4. 非法强行侵入并封闭他人住宅，致使他人无法居住的；5. 非法强行侵入他人住宅，引起其他严重后果的。"

作为人格权存在的安宁权却无从保护。2019 年，福建福清市人民法院有一个案例：被告因为亲人死亡赔偿金额纠纷，多次翻墙入户侵入原告家中，摆放遗像，穿丧服哭闹、谩骂。这种行为显然已经触犯刑法的非法侵入住宅罪，也完全吻合最高人民检察院规定的立案标准。但因双方是亲戚，原告选择了民事诉讼，状告被告侵害了自己的住宅安宁权和名誉权。因为法律没有规定安宁权，所以一审回避了安宁权，只认定被告的行为贬损了原告的人格，足以致使其社会评价降低，构成对原告名誉权的侵害。①

而在《民法典》的逻辑下，被告的行为首先侵害的就是住宅安宁权；其次才是名誉权。

第三大贡献，明确了侵害安宁权的法律责任和救济途径。按照《民法典》第 1032 条规定，安宁权作为绝对权，任何人都负有消极不作为义务，不得侵入、侵扰、侵害，否则，不仅要承担物质损害赔偿责任，还可能产生精神损害赔偿。

这一点在发达国家已基本达成共识。比如，日本法学界一般将"财产以外的损害"统统称为"精神损害"，除《日本民法典》第 710 条所规定的"身体、自由、名誉"等人格利益外，对于采取暴力或胁迫的手段强占他人土地、影响居住平安、滥用所有权等行为，和侵害贞操、与他人妻子通奸侵害夫权、破坏婚姻等人格权、身份权等绝对权一样，都得承担精神损害赔偿责任。

实际上，我国很早就有地方人民法院遵循上述法权逻辑进行判决。比如，广西壮族自治区河池市金城江区有个案例：一位未成年少女晚上在家中休息，一男性非法闯入后采取捂嘴、卡脖等方式意图控制被害人，后来仓皇逃离。当地人民法院民庭审理时认为，公民在其居住的住宅内享有居住安全和生活安宁不被侵犯的权利。被告的行为侵害了未成年的住宅安宁权且造成

---

① 福建省福清市人民法院翁万栋与林香娇名誉权纠纷一审民事判决书，〔2019〕闽 0181 民初 2318 号。

精神损害，判令被告赔礼道歉并赔偿精神抚慰金。①

第二个问题，安宁权有哪些具体权利类型？受到侵害后如何维权？

安宁权天然包含两个方面：一个是免受物理上的侵入；另一个是免受心理和精神上的侵扰。

私人生活安宁权说起来是一个概念，但按照不同标准又可区分为不同的类型。笔者认为，从发生依据和存在样态两个标准衡量，安宁权至少包含了以下三类：

第一类，物理空间意义上的安宁权，主要的是前面谈到的住宅安宁权。

住宅既是财产权，也是一种人格权。在传统侵权法理论中，住宅作为自我修养身心的物理空间，更多注重的是物权保护或财产权保护，以这种物的"外壳"包裹一切可能的其他权利。比如，在传统文化中，"家"首先关注的就是不动产的财产属性，"宝盖头"代表的是房子，"豕"指房子里面驯化、饲养大量的猪，那就意味着财富；"户"本义是半扇门，以示产权的独立性，后来在家户制中由物理的产权区隔空间演化为最重要的社会组织形式，对内代表亲情的身份连接，对外代表独立自治体。

但发展到后来，住宅又有了更深层次的内涵，代表家庭成员的身份识别。所以，我国古代又产生了两个字：一个是"室"；一个是"房"。室位于家中最中心、最隐秘区域，是家主及其配偶的居住地，所以成年男性，父母都要为其"授室"，也就是讨个媳妇成个家的意思。这媳妇就是"正室"；其他后进的女性就只能在室的旁边居住，这就是所谓"房"，所以古时候叫"偏房""二房"。

再后来，文明不断进步，住宅还具有了人格属性，是自然人安身立命、休养生息的物理空间。所以有了"宅"字。"宅"的本义是双手托梁架屋，后来演化为托付身心之地，自然就和人格权息息相关了。所以，从周秦以来，法律都规定，任何人晚上非法侵入他人住宅，非奸即盗，主人可以格杀

---

① 广西壮族自治区河池市金城江区人民法院莫某与覃仕界一般人格权纠纷一审民事判决书，〔2015〕金民初字第 1961 号。

勿论。这是为了保护财产权，但客观上也保护了以生命权、身体权、健康权等为核心的人格权。

第二类，虚拟空间意义上的安宁权。一般又称生活安宁权，主要是指自我空间的私密活动、私密信息不受他人窥伺、干预、侵扰的权利。有些油腻大叔、彪悍大妈动不动喜欢听墙根，甚至"凿壁借光"，偷窥邻家王小二、刘三妹小两口的私生活，搞得小两口心里发毛、背脊发凉，老是觉得有一只邪恶的"第三只眼"。说起来这不算物理空间的侵入，但这显然是物理空间的外延和虚拟空域，同样属于典型的不当或非法侵扰。

到了高科技网络时代，科技越来越发达，空间的虚拟程度越来越高，蹭蹭网没问题，但要是侵入邻家网络空间，收集、传输邻家信息，那就是非法侵入、侵扰。同时，邻家的无人机看起来不会渗入你家"领空"，但只要高度足够，仍然会拍下王小二掏耳朵、挖鼻孔等不雅形象，而垃圾短信、呼死你等信息污染更会让人坐卧不宁，六神无主。

第三类，心理空间意义上的安宁权，一般又称精神安宁权。当代侵权法已经充分意识到：合理隐私期待保护的不仅是不动产物权物理空间，还应保护个人心理和精神的安宁。

现实生活中，精神安宁权一般以住宅安宁权、生活安宁权为媒介，对这两者的侵害一般会危及自我心理或精神的愉悦与安宁。侵权模式一般也可以区分为如下三种：非法侵入、不当侵扰、异常侵袭或非道德影响。

第一种，非法侵入。既包括突破物理区隔，比如，通过门窗、栅栏等外在隐私屏障进入他人自主空间，也包括通过偷窥、窃听、监控等非法手段侵入他人私人空间，刺探、收集、了解别人不愿为公众所周知的私密活动和私密信息。无论哪种行为，都不能简单认定为单纯的"物理侵入"，要求停止侵害，最多赔礼道歉就大事化小，小事化了。一旦你的不雅形象被上传网络，以致人设崩塌，引起心绪不宁，寝食难安，都可以通过《民法典》寻求精神损害赔偿。

关于这类侵权，必须特别申明：生活、精神安宁权的空间界限绝不仅限于家中，还应该广泛推及临时住地、车库、车内、个人办公空间等。目前，很多情侣动不动就来一场说走就走的浪漫之旅，但却忽略了无数猎奇者、偷窥者安装在酒店灯架、电视机、空调格、线路板上的针孔摄像头，直到网上曝出了"活春宫"，才痛苦不堪，奋起维权。但很多人都是以隐私权、名誉权提起诉讼，有了《民法典》，安宁权就可以成为这类维权的可靠选择。

第二种，不当侵扰，现在学术界和司法界一般叫不可量物侵权。常见的有两种，一种是信息污染和骚扰；另一种是噪音、强光、烟气等污染。如果影响轻微、短暂，权利人可以通过相邻权、健康权维权，要求停止侵害、排除妨害。如果危及正常生活，造成情绪低落、长期失眠、心理焦灼，严重的还诱发精神疾病、恐怖情绪等，那么就可以拿起安宁权作为武器，诉请精神损害赔偿。

第三种，异常侵袭或非道德影响。这一类现实生活中较少但影响极为恶劣。比如，陕西、重庆、浙江都曾经出现过类似案例，极个别小夫妻追时髦，赶潮流，提倡裸居，不时还有亲昵行为，关键还不拉窗帘。有老人看得耳热心跳，心脏病发作猝死；有高三优等生看得热血澎湃，成绩一落千丈。这些家属、邻居纷纷维权，但根本就不知道权在何方。所以，出现了一些奇谈怪论，比如，有律师认为，这是小两口侵害了邻居的相邻权——但相邻权是物权，与别人小两口穿不穿衣服没关系；有法官认为，这事归道德调整，法律无从干预——问题是，老人都死了，优等生变成了差等生，道德怎么调整？有人还振振有词：不穿衣服不道德，你看别人裸体也不道德，既然都不道德，那就只能各自买单，各自承担。

这些奇谈怪论之所以发生，主要有两个原因：一个是法律上找不到具体权利；一个是我的地盘我做主，我在自己家里想怎么来就怎么来，谁也管不着。这观点很荒谬——家是身心的栖息地，是绝对的隐秘空间，这没问题。但在现代化人群聚居区，你拉上窗帘，不要说裸体，扒层皮都无所谓。否则，就不能超越一般人所能承受的道德底线，让人恶心、厌烦甚至产生严重的心理不适。即便法律没有规定安宁权，这也违反了相邻权人的法定注意义务，违反了善良风俗原则，侵害了邻居的精神性权利。

当然，有了《民法典》，再发生上述非道德侵袭事件，安宁权就可以为邻居们提供可靠而有效的保护。

第三个问题，安宁权是否有限制？

权利就意味着自由，但正如德国大哲学家康德所说，你的自由存在，是因为他人享有如你一样的自由；你要他人尊重你的自由，你也得尊重他人同等的自由。这就是自由的道德法则，也是法权规则。

也就是说，安宁权是有限度、有条件的存在。一般来说，安宁权的限制至少有如下三方面：

第一层限制，必须恪守合理的容忍义务。特别是邻里之间，应当遵循中国传统的美德善行，欧洲民法典也提出了小利不计原则，说到底就是要尽到合理的容忍义务。不能因为小孩哭夜、小两口偶尔争吵大动干戈，一会儿投诉，一会儿起诉，这样永远也换不来安宁。

第二层限制，不得侵害他人同等的权利。南京有一楼上住户晚上动静过大，楼下邻居几经交涉无果，便以牙还牙，买回高频振荡器反击，结果不仅伤了和气，还引来警方干预。将心比心，如果双方都尊重彼此的权利，哪会出现如此僵局？

第三层限制，不得排除合法、正当干预。比如，出现严重家庭暴力、火灾等意外事故、有关部门进行公共安全检测、父母正常行使管教权，义务人都理应配合、协助、容忍，不得以安宁权抗辩。

简单总结一下，安宁权不仅为国民提供了安放身心的物理空间，也为国民打造了舒适自由的生活空间，更是为国民的共同道德和人格尊严、心理健康铸就了精神防线。这既是《民法典》的立法亮点，也是护卫现代文明的强力引擎。

第十集　AA 制为什么会流行

《民法典》第 240 条明确了所有权人的各项财产权利。但所有权涉及面过多，难以一一解读，本集我们以民间一种流行的现象为视角，从法文化层面解读所有权人的处分权。

近年来，西方的一种消费方式——AA 制在"90 后""00 后"中特别受欢迎。无论是结伴来一场说走就走的旅行，跑喀纳斯看千年胡杨，还是临时起意聚会狂欢，烤全羊、宵夜、K 歌、看电影，抑或毕业三周年主题活动，一帮孩子聚一起，热热闹闹，风风火火。最后结账，按人分摊，有的还精确到元角分。这样的野游、聚会，人人有份，皆大欢喜。不管是班花班草，还是白领金领，都得按规矩缴纳自己的份子钱，没有例外，没有特殊。

AA 制不仅很公平地分摊了成本，还增进了友谊和凝聚力，成为新生代的重要交往法则。

但换个身份和场景，比如，王小二和刘三妹是一对恋人，要搞 AA 制，不仅带不来身心的愉悦和醉人的恋情，还可能搞得一地鸡毛，两败俱伤。根据网络调查，有些女生对 AA 制嗤之以鼻，直接认定凡是搞 AA 制的男友统统不可靠。

为什么？理由有三：第一，过于小气，斤斤计较。只要人爱，不要爱人，这样的人，哪怕高冷帅气，也尽量远离。第二，不懂得付出，不知道维护女生的人格尊严和心灵感受。芳心一片随流水，不该停留早动身。第三，自私自利，缺乏责任感。一顿烤串还要女生出一半，漫漫人生路，要有个三长两短能指望得上吗？

　　三个理由之后，结论很笃定：AA 制带不来爱情，反而会摧毁爱情。王小二舍不得为刘三妹花一顿烤串钱，就证明根本不爱刘三妹。如此一来，金钱就成了检测爱情的试金石，AA 制检测出来的可能就是"胆结石"。

　　上述两类交往情景为什么对 AA 制会存在截然相反的价值判断？

　　AA 制是怎么产生的？反映了什么样的财产观念和社会交往观念？合理性又有哪些？我国有没有原生的 AA 制？AA 制流行背后还应当注意哪些文化差异？

　　我们结合《民法典》所有权制度，从法文化角度解读、回答上述问题。

　　第一个问题，为什么会出现 AA 制？

　　AA 制产生于古老的商事习惯法，据说跟荷兰人的海上贸易有关。17 世纪前后，荷兰是海上霸主，是著名的"海上马车夫"，是世界海上贸易的中心。因为进行交易的人互不相识，一无人情往来；二没经济牵连，生意是否能成功也还是未知数。于是，在进行生意谈判的时候，总得喝杯咖啡，来块牛排，还得倒上一杯葡萄酒。谁请客？没人请客。荷兰人很精明，遇上这类聚会、聚餐，谁也不愿意充好汉当冤大头。怎么办？只好将成本分摊到每一个参与宴会、茶饮的商人头上，或者干脆就是谁点单谁买单。这样一来，互不相欠，谁也不吃亏，谁也别想占便宜。后来，崛起的英国人把这种行为称之为"Go Dutch"，指的是平均分摊成本，或者叫"Dutch Treat"，指的是谁点单谁买单。

　　英国人的表达带有明显的嘲弄、调侃意味。讽刺荷兰人小气抠门，斤斤计较，只看到小铜板，瞧不见黄金屋，还没有绅士风度，短视土气，掉价还丢脸。

　　究其实，西方的 AA 制起源于"陌生人社会"，是因为信任缺乏而产生的成本分摊、风险分担的行为规则，很公平，不能以"熟人社会"的人情往来、情谊互动标准加以衡量，更不能拿英国的贵族情怀、道德规则去评价商业习惯。

　　简单来说，AA 制的产生有以下几个原因：

第一，财产理念。AA制是西方绝对所有权理念的产物，凡是涉及财产交往，哪怕是父子之间、夫妻之间，都必须明确所有权归属。哪些是老爸、老公的，哪些是儿子、老婆的，清清楚楚，明明白白，不能含混，不能绞缠。

这是产权明晰原则。这个原则又直接催生了第二个法则：你的就是你的，我的就是我的。你的要变成我的，或者我的要变成你的，要么是老爸、老公心甘情愿赠与，要么就得支付对价，或者付出代价。绝对不说什么"普天之下，莫非王土"，天上飞的鸟，地上跑的狗，海里游的八爪鱼都是国王的私有品；更不能遵循洪武大帝朱元璋的逻辑：我的就是我的，你的，还是我的。——我的就是我的，因为我是所有权人；你的就是我的，因为我是皇帝！

西方绝对所有权理念催生了所有权神圣原则，这也是近代民法典确证的一个普遍原则。所以，即便是身为皇帝的拿破仑也说，我有很多军队，但我绝对不能侵害任何一个人的所有权；我的士兵跑到别人家里，一分钱不出，就顺走一只鸡，宰掉一只鸭，那就是侵害了所有人的所有权。18世纪中期，英国首相威廉·皮特在演讲中也提出了一个原则：任何人都不能侵害其他人的所有权。因为所有权不仅代表了个人对财富的占有支配，还是获得人格尊严、自由的前提。哪怕是孤寡老人守住一个小窝棚，尽管风雨飘摇，但也是老人休养身心之地，即便是国王也不能擅自闯入。这就是西方社会流传很广的一种所有权文本表达："风能进，雨能进，国王不能进。"

AA制的制度价值和逻辑正是建立在这种财产理念之上：就算是一分钱，除非我愿意，否则谁也别想占便宜。

第二，交往规则。所有权神圣原则也催生了财产领域的社会交往原则，在"熟人"社会，多刷两次单，多出一点钱，没问题，这是落人情。但在陌生人社会，谁也没有义务独立付钱买单，要聚会，要狂欢，那就AA制，人人有份，共担共享。这种交往法则有点像经济史学家卡尔·波兰尼所称的"互惠经济"。

陌生人社会的财产交往法则特像上海文化，分得开，拎得清，事情是事情，人情是人情，不能把事情和人情混淆。即便是有人情往来的朋友圈，礼尚往来也是友情维系的最重要规则：我来重庆，你请我涮重庆火锅；你来上海，我回请一桌浓油赤酱的上海本帮菜。

还有一种文化就是广府文化，讲人情但不欠人情。比如，广州人讲彩头，喜欢派发利市红包。但这红包特小，有的 2 元，有的 5 元，即便派给亲侄子、亲外甥，最多也就 50 元钱左右。和潮汕地区动辄成千上万的红包相去甚远，被福佬文化圈耻笑为"咸涩"——有点英国人嘲笑荷兰人的味道。但广州红包图的是喜庆红火，表达的就是一种简淡的人情和愉快的心情，不需要礼尚往来。所以，上门做钟点工的阿姨、门口的保安、小区清洁工，甚至偶然碰到的快递小哥，都可能得到业主的一个小红包。

也就是说，无论是上海文化，还是广府文化，都是以人情作为财产交往的基础，这是对传统文化的继承。如果没有财产往来，没有人情依托，一般都能欣然接纳 AA 制。关系再紧密一点的社交圈，无非也是轮流做东，不能白吃白喝乱蹭饭。

不吃亏，但也不欠人情，这就是 AA 制交往法则的价值诉求，公平正当，公开坦荡。

第三，道德规范。美国著名女作家艾茵·兰德被誉为"美国思想的自由女神""企业家的守护者"。她认为，财产不是静态的一栋房屋、一张存折、一只股票，还是人类采取行动、获得自我生存和发展的权利基石。没有财产权就没有生存权；一旦被剥夺财产权，那就只能充当他人的奴隶，重归野蛮时代。

换言之，坚守自己的财产，尊重他人的财产，这是一种法律认知，也是一种道德情怀，更是人类文明产生和进步的标志。AA 制反射的价值诉求正是对上述理念的一种回应。

但在我国文化语境下，有人认为，AA 制是人情淡薄的表现，是利己主义、个人主义的行为代言。

这是一种纯道德逻辑，存在如下两方面的问题：

首先，逻辑混淆，把交往目的和金钱多少混为一谈。这种观点认为，你有钱，你钱多，你就该买单。但忽略了一个问题，你们之间交往的基本前提是什么？是社会交往的共同需求，是为了联络情谊，不是因为金钱，更不是"劫富济贫"。捋一捋逻辑：有钱就该买单？凭什么？因为你有钱；我不出钱，为什么？因为我没钱。这些都是事实，但忽略的前提是：我有钱你没钱跟我们的交往有什么联系？是不是因为我有钱我们才交往？这明显是胡搅蛮缠的结论。

这种逻辑十分危险。有位女明星曾经资助一个贫困生，到后来，这贫困生不仅不知感恩，还层层加码，要钱要物。不满足就网上发帖要毁了这女明星。此贫困生的逻辑是什么：你那么有钱，我才花了你几个钱？不说感恩，这学生连两个起码的逻辑都没区分开：别人的钱你凭什么花？因为你是贫困生？曾经资助过你就得永远资助你？

其次，道德绑架，甚至道德强制。这种混淆逻辑必然催生另一个结果：道德绑架。同学聚会每一次都让当老总的同学买单，还理直气壮，认为这是"劫富济贫"。要是桌上没茅台龙虾，个别杠精还会发牢骚。当老总的同学受不了，不愿再当冤大头，渐渐地退出同学圈。同学圈就会给他贴上另一个标签：为富不仁。

这种杠精逻辑的可怕之处有两点：一是形成"我穷我有理，你富你缺德"的道德判断；二是助长蹭吃蹭喝，搭便车，捡便宜，站着说话不腰疼的非道德风气。李小三认为王小二比他富，每次都理直气壮地要王小二供出茅台、龙虾；要是王小二说，茅台、龙虾可以有，但你帮忙资助一下贫困生，100元、200元都行！李小三就会大骂王小二小气还刁难人。

为什么会出现这种怪诞的心理认知和行为偏向？显然是以道德绑架法律。更准确的说法应该是：模糊财产权，加重道德义务。而AA制要破除的正是这种畸形的道德偏向。

第二个问题，AA制的合理性有哪些？

从《民法典》所有权制度设计层面，可以看出 AA 制有很多优势。第一，产权分明。AA 制后来被称为 "Acting Appointment"，核心价值就是所有权归属理论和处分权的行使规则：我的就是我的，你的就是你的，除非有特别约定或基于特殊情谊，谁也不能占他人便宜，否则就是不道德。所以，在香港地区人眼中，"Dutch Treat" 很快就变成了 "All Apart"，形象生动还简单明了——不是原始意义上的费用分摊 AA 制，而是自己吃了什么，自己买单。要分摊，可能就会和自己实际消费有差额：吃多了不道德——别人心里不舒服，自己脸上挂不住；吃少了又吃亏——既不白吃，也不白给。豆腐白菜，清者清，白者白，各负其责，互不亏欠。这种有限交往场景中的新型 AA 制产权分明，不欠人情不吃亏，对谁都公平。

第二，人格独立。产权边界不仅是财产边界，还是人格独立的保障和标识。陌生场景下，如果男性为一位美女买单，那是绅士风度；如果为一个流浪者买单，那是善行义举。但如果不是上述情景，抢单、代付不仅换不来施惠于人的感恩，赢不来受惠人的道德赞誉，反而会将受惠人置于非道德的境地，成为一个投机、寻利的人，让别人蒙受道德上的不利甚至贬损受惠人的人格——我吃我的，凭什么你买单？你有钱还是我缺德？所以，你在重庆、成都积极买单，那是一种豪爽大气；但要是在上海、广州、香港特区 AA 制场合抢单，弄不好就是花钱买难受，大家都尴尬。

第三，充分合意。AA 制是互动语境下多方主体的自由选择。按照波兰社会学家齐格蒙特·鲍曼的理论，自由的本质不是想干什么就干什么，而是不想干什么就不干什么。AA 制从邀约到聚会到对账、买单都需要经过全体参与人的同意并公开所有程序、账单，是短暂的经济联合体，也是一种友情的试验区。这种公开或默认的合意形成了一种新的社交规则，可以有效地约束非道德行为，那些占小便宜的人不仅会丢失商机，还会错失朋友圈。

第四，共享共担。无论是内蒙古烤全羊，还是喀纳斯看胡杨，抑或是承担特定的社会性义务，AA 制秉承的原则就是 "代数平均"，也就是平均支付。这点决定了 AA 制既满足了社会交往的需求，也实现了利益、成本、风险共享共担的精神，具有法权上的合理性，也具有道德上的正当性。

第五，增进效益。效益追求也是民法的基本诉求之一。AA 制语境下，每一个人都是主人，都有权决策、监督，促进内部分工的科学性和相互监督的民主性，最大程度降低社会交往可能产生的管理成本，增进各方参与人的利益，实现合作共赢。

第三个问题，AA 制与中国文化是否兼容？

实际上，广义的 AA 制并非只是一种西化语境，也并非是西方文化的产物，在中国古代的商事行为和社会交往中一样存在。比如，从中古时期商人"合本共利"的经营模式和成本支出理论，再到民间"打伙""打平伙"的习俗，都是按人头或股本、股份均摊成本，后来催生出著名的合伙制和股份制，AA 制也从一种生活实践规范、社会交往规则演化为商事习惯和法律制度。

这一点上，中西之间并不存在本质区别，所以，才有了"先小人后君子""亲兄弟明算账"这些法言法语。

但必须明确的是，经济行为可能受利益驱使，但更受制于文化价值观念，解读 AA 制不能无视文化差异，强求一律，否则就会严重影响社会交往甚至带来道德风险。比如，在我国从古到今，AA 制仅适用于商事合伙以及社交性经济负担行为，不能广泛推及于身份行为或准身份行为。

比如，夫妻间的经济行为是基于社会性别组织而产生的互惠性经济形式，道德的调控力远远超过所有权的调控力。传统夫妻之间，王小二给刘三妹安全感、归属感，刘三妹给王小二一个温馨舒适的家。所以，从理性层面分析，婚姻不一定就是爱情的结果，但肯定是互惠的结果。

夫妻之间怎么对待金钱和人格的关系？在传统中国，爱是分配资源的常见方式。夫妻之间的人格相互混同，财产也属共同共有，即便是约定婚内分割财产，也会植入传统的温馨浪漫。西方逻辑中，爱情与金钱没有直接关联，夫妻人格也相互独立。按美国法律经济学家波斯纳的理论，婚姻就是一种契约，是一种合伙，是双方经过精准计算后的经济联合体，家庭也就是个生产和再生产的单元。

所以，在西方独立人格和所有权神圣前提下，夫妻 AA 制特别流行；但在我国，即便最新潮的别产制、AA 制夫妻，要是涮火锅都要"亲夫妻明算账"，夫妻俩即便不搞得脸红眼绿，也会被外界视为奇葩例外，成为笑谈。

从准身份行为来看，中西文化也有天壤之别。中国男女交往互动特别注重维护女性的矜持与优越，以防范未来不可知的风险与成本，保有人格上的尊严感、道德上的正义感和行为上的主动权。王小二和刘三妹谈恋爱，吃个烤串都要 AA 制，这会引发刘三妹人格上的屈辱感：我又不是嫁不出去，凭什么非得分摊？要是什么都是刘三妹买单，剧情反转后就演绎成另一种场景，这就是——小白脸，吃软饭，王小二同样受不了。

换句话说，在中国，金钱和恋爱息息相关，不仅决定着女性感知爱情的温度、热度，还考验着男性的大气、大度，绝对不能盲目地将西方所有权逻辑运用于家庭关系和恋人关系。如果王小二恋爱期间坚决执行 AA 制，刘三妹、李幺妹、王大脚都会纷纷逃离，估计王小二到了知天命的 50 岁都找不到爱情，更收获不了婚姻和家庭。

第十一集　法律是否保护民俗信仰

《民法典》分别有 8 个条款涉及公序良俗原则。公序，是指公共秩序；良俗，是指善良风俗。今天我们重点讲善良风俗。

我国大陆学者和台湾地区的学者一般都倾向于认为，善良风俗是社会国家存在、发展所必需的"一般道德"，或者是特定社会所尊重的最低伦理要求。

善良风俗肯定和伦理道德有关，但绝不仅仅限于伦理道德范畴，还可能广泛推及于法律所涉及的各大领域，即便法律不予规范，但可能在民间习惯法却具有广泛、深刻的影响力。比如，基于特定民俗信仰而产生的风水崇拜、数字崇拜、颜色崇拜，只要无损于国家、集体利益，只要无害于第三人利益，只要具有引人向善的正向价值诉求，各个国家立法一般都同时采用三种方式进行处理：

一是直接上升为成文法，从民俗成为法律权利，比如，《民法典》中规定的私人生活安宁。

二是即便没有作为权利保护，但也有相应法条进行概括性保护，成为一种行之有效并为法律所认可的权益，比如，《民法典》中对声音权益的认定。

三是不能、不便进入法律文本的，没有成为显性的权利、权益，但长期流行于民间社会生活并具有明确约束力和强大影响力的规范，这就是风俗、习惯。可以作为基础法源在司法判决中进行解读、援引，进而保护隐性的权利、权益。

比如，流传数千年的风水信仰，直到今天还有着强大的影响力，单纯采用禁止、防范两种措施有欠妥当，因为这种信仰背后隐含着很多合理的价值诉求和正当的法律权利或权益；同时，这种信仰已经深入人心，成为一种文化基因，禁无可禁，防不胜防。法律的态度不应消极地一概否弃，而应对其进行有效提纯、去芜存菁、积极甄别、有限认同。

这才是善良风俗立法的真正价值所在。

风水之学，是古代中国天人合一哲学思想的产物，是先祖对天地人关系的一种科学认知和实践探索，是要激活人对自然的敬畏之心、感恩之心。后来，从东汉末期开始，一帮术士、神棍端着罗盘，提着寻龙尺，装腔作势甚至装神弄鬼瞎鼓捣，风水学成了神秘、玄幻之学，剥离了风水学应有的科学内涵，从高大上的"道"沉沦为糟粕性居多的"术"。

这些术士、神棍为什么要将风水神秘化、仪式化？目标就一个：获取最大的垄断性、投机性利益，激活的不是感恩、敬畏，而是本能性恐惧和非分妄想。一会儿说王小二家祖墓有黑鱼精，生下的男孩一个养不活；一会儿说刘三妹家祖坟前有蛤蟆精的洞穴，专门吞噬女性后代的精魂。怎么办？给钱，他来禳灾，不仅驱邪除恶，还保你人丁兴旺，代代发达。

这些神神鬼鬼的东西听多了，一般人都会毛骨悚然，晚上躺床上都胆战心惊，坐卧不宁，必然引发民间对风水的曲解、误读，最终演化为一种心理畏惧和行为禁忌，异变为削弱甚至控制人的意志和行为的迷信。倘若如此，风水就不再是一种科学，而是一种玄学；风水信仰也不再是善良风俗，而是恶行恶俗。

无论是善还是恶，如果仅仅存在于观念层面、信仰层面还无所谓，一旦代入法权关系，那就涉及人的行为的有效性、合法性等基本价值判断和利益平衡，成为一个法律问题。

这就是我们要探讨的主题：法律是否保护民俗信仰？我们结合《民法典》的立法精神和制度设计解读以下几个问题。

第一个问题，什么是民俗信仰？

按照学界的一般定义，民俗信仰是指民众在长期的历史发展过程中产生的系列崇拜观念、行为习惯和仪式制度。

比如，天人合一、阴阳五行学说最早是很朴素的哲学观念，是人类试图解释世界规律的一种认知手段和解释工具，属于抽象的道的范畴，后来不断具象化，有了天神地祇、五方神灵等方位崇拜，据此又产生了一系列的行为习惯和仪式规则，成为一种"术"。

风水之学也是如此。风水学古代称为"堪舆学"，本来是科学而非迷信，是我国古代天人合一哲学理念的直接体现，是对天地人之道的一种积极认知，后来开发出地理学、建筑学、生态学、景观学等系列学科。

堪舆学的核心是解决人和自然和谐相处的问题。为什么我国北方建筑一般都坐北朝南？这是由特定的风流、气流、水流决定的，是顺应自然的必然选择，也是对人体最有利的选择。古人强调"避色如避仇、防风如防箭"，这都是基于养生的最大效用追求，是科学。

再如，寻龙尺，又称地灵尺，无非就是一种探测器，能够勘测出人体难以直接感应到的磁场、气场。古人用来寻找矿脉，探测水源，查看地穴，观测风向水流，一点都不神秘。可惜到了江湖术士的嘴里或一些网络小说里就成了玄而又玄的高能神器和超能技巧，被神秘化、妖魔化，还带动洛阳铲成了网络热销产品。

换句话说，风水学先是一种哲学，再是一种科学，然后发展成为一种民俗信仰，是国民安放身心的物理场域和精神诉求。从民俗层面而论，这种习俗已经延传数千年，在民间有着广泛的认可度；就信仰层面而论，这种信仰既是一种由科学认知沉淀而成的知识体系，也是一种趋利避害的心理认同，深刻影响着人的生理和心理健康。

简单归纳，风水学在传统中国呈现为三位一体的逻辑层递关联。第一层，风水信仰是一种价值认知，有着独特的价值体系和言说方式。比如，按照易学原理，居家住宅，背山、面水、向阳就是最好的自然方位，前低后高是最佳的地势分布，宅院内部特别注重水口、气口，卧室的高矮大小、室内采光的阴暗透明，甚至床位的摆放方位都有讲究。

按照新兴的空间哲学理论，这些建筑布局、空间分割、方位调整、色彩运用、图案选择不仅仅是一种物理填充，还是一种文化隐喻和象征，既是今天环境建筑学的精神来源，也是古老易经哲学的物理呈现。

第二层，风水信仰是一种规律探索。晚清江苏学者张养吾将传统风水与西方近代科学挂钩，认为中国风水就是西方天文学、气象学、地理学、物理学、建筑学、几何学的综合体。19世纪末期的荷兰学者高延认为，中国古代的风水虽然不能称其为纯科学，但至少也是"类科学"，是对自然的一种敬畏和规律的一种探索。英国传教士伊特尔则认为，风水是古代中国神圣的景观科学，探索的是一种自然法则，表达的是自然的数值化。

第三层，风水信仰是一种民俗习惯。目前，乡村文化保护的呼声越来越高，也进入了顶层设计的视野。稍加比较就知道，今天乡村振兴战略的目标和古代具有惊人的一致：凝聚人心、美化家园、倡导文明。举个例子，在传统的家法族规中，严厉禁止砍伐祖林，更忌讳盗伐别人祖墓周围的树木，否则就是破坏风水，后果很严重。很多人认为这是一种无稽之谈，不经之论。实际上，这些禁忌确实是一种人为的价值添加，是对祖墓和周边关联物的神圣化。但真正的目的有两个，一个虚，一个实：虚的一面是保护死者的安宁权，实的一面就是保护森林、水源和土质。

换句话说，传统风水禁忌本身是借祖灵崇拜对自然生态进行强力保护，实现后代儿孙的可持续发展。只有揭开神秘的禁忌面纱，我们才能探寻到风水信仰背后的科学性、正当性。

第二个问题，民俗信仰和法律有什么关系？

上述分析说明：风水信仰是一种价值认知，是一种科学探索，也是一种民俗习惯。这跟法律，特别是民法有什么关系？

实际上，风水信仰和特定的法权构造息息相关。前面我们讲了，保护祖墓祖林，表面上保护的是祖宗的安宁权，实际上是生者的环境权和生存发展权，是祖先为后代趋吉避凶、避祸纳福而提供的一种价值定位和行为规范。一方面防范子孙向自然无限索取，竭泽而渔，毁林造田，最后只能背井离乡，流离失所；另一方面，防范生态环境恶化，危及子孙生命健康。这就是很多家族习惯法禁止毁林盗猎、污染水源的真正目的。

具体而论，风水信仰和法律的关系有如下三个方面：

首先，价值层面，风水信仰注塑了成文法的基本精神。在四川自贡井盐的各种习惯法和契约中，无一例外地都禁止一种行为——"骑龙截脉"，成语"来龙去脉"就源于此。看起来争抢的是风水，实际上寻求的是对地脉中卤水、石油、天然气等自然资源的公平合理分配。所以，这种风水信仰直接生成了井盐文化圈的习惯法。

其次，立法层面，风水信仰作为民俗习惯成为成文法最重要的法源。今天物权法保护的相邻权、地役权，很多都脱胎于传统的风水信仰。比如，檐滴权、采光权、通风权、眺望权，在民间的知识体系中都会情不自禁地和风水挂钩，引发争端。河北省青龙满族自治县人民法院曾经审理一个案子：甲乙两家隔河而居，甲的屋脊正好指向乙的院心，乙认为这是一箭穿心，妨碍自家风水，会带来严重后果。后来，甲为了通行方便，想修一座桥，但遭到了乙更激烈的反对。后来调解无效，双方对簿公堂。这个案子表面上是为了风水，真正涉及的权利就是相邻权和通行地役权。

最后，司法层面，风水信仰是成文法的有效补充。

《民法典》第 8 条实际上承认了善良风俗的法源地位。风水信仰能不能成为法源？不能一概而论。按照《民法典》第 10 条的价值立场，如果风水习惯违反了善良风俗，显然就不能成为法源，还会被法律抑制、遏制。

《民法典》为什么规定违反善良风俗的行为无效？因为这类行为已经背离法律和道德立场。

就风水信仰而论，其中明显存在两类极端：一类是通过风水信仰传承人与人之间、人与自然之间和谐相处的古老文化传统，这是一种正向引领，是善，是良，是道德传导和行为规范，肯定构成善良风俗，构成成文法的必然渊源；另一类如果通过心理暗示甚至心理控制攫取非法利益或损害他人利益，虽然也是风水信仰，但既不善，也不良，还隐藏了非法、非道德目的，自然不能称其为善良风俗，更不能成为法源。

换言之，目的的正当性构成了风水信仰是否构成善良风俗的衡量标准，也构成司法实务是否援引、适用的前提条件。

第三个问题，民俗信仰是否受法律保护？我们从如下三个方面解读。

首先，司法现状。目前，司法实务界对民间风水信仰产生的法权纠纷有如下四种态度：

第一种，坚决排斥。广西壮族自治区平果县一村民以林权人修建机耕道运输林木破坏了祖坟风水，要求林权人赔偿六万元，后来被当地人民法院以敲诈勒索罪判处有期徒刑三年，缓刑三年，并处罚金三千元。

第二种，力求回避。前面讲到的河北青龙满族自治县人民法院的判决，以原告建桥未获行政部门批准，违反法律强制性规定为由，驳回原告诉讼请求，回避双方争议的风水问题且不做任何法律评判。

第三种，直接否定。广东东莞市某居民请风水师看风水，支付了三万元劳务费，后来反悔，要求风水师返还不当得利。当地人民法院认为双方服务合同成立，但直接认定批八字、分析命理等行为涉及迷信，违反了合同法的基本精神和公序良俗原则，属于损害社会公共利益的情形，最后判决服务合同无效。

第四种，间接否定。广东佛山市一起合同纠纷案，原告状告被告出售墓地，对风水进行虚假宣传，构成欺诈，应支付出售墓地三倍价款作为惩罚性赔偿金。佛山中级人民法院二审判决不得不直面风水问题，首先声明反对封建迷信；其次认为风水缺乏科学的概念界定，风水之说也具有强烈的主观性，难以找到客观依据和事实，据此驳回原告诉讼请求。

这无疑间接认定了双方墓地买卖合同的效力，对于出卖人是否构成欺诈，买受人无力举证亦无从举证，所以败诉。

上述人民法院的不同立场实际上反映了法官对民俗信仰的认知差异和游移不定，最终导致难以对相关法权进行定性、定位。实际上，这类案件最大的争议或症结就在于：民俗信仰是否属于迷信？因为属于信仰，不能以科学性、实效性作为标准，既不能以纯科学标准证伪，也不能单纯以实效性证成。笔者认为，最佳的方式是排除法，标准就两个：一是是否违反了法律的强制性规范，界定民间信仰所产生法权的限度，拓宽民事主体的自由通道；二是判定行为效力，如果涉嫌诱惑、恐吓、欺骗、胁迫等情节，应认定为统归无效。

除此之外，民俗信仰所产生的法权关系应当交由双方当事人意思自治。

其次，为什么保护？如前所论，合于善良风俗的风水信仰既是一种信仰自由，也是一种文化传承，其中内蕴的法律权利、权益也理应得到法律的强力保护。

民俗信仰产生的习惯如果目的正当、影响广泛还具有很强的规范力，一概否弃肯定有违公平，间接回避也难以实现利益衡平，最佳的方式是拨开风水信仰迷雾，发现本质权利。比如，两家比邻建屋，屋脊一般保持水平线上的均衡，如果要高出一头，哪怕一分一毫，也会引来邻居的抗议、不满甚至对抗，认为"压"了自己风水。实际上，这并不是风水，而是传统法权中的相邻权纠纷。比如，邻居故意将卫生间正对邻居大门、饭厅，也会引来纠纷，认为"破"了风水，实际上也不是什么风水，而是《民法典》中涉及的人格尊严和生活安宁。

换言之，这些保护，保护的并非风水，而是正当的法律权利。

最后，怎么保护？关于民俗信仰，最高位阶的保护可以比照宪法第 36 条宗教信仰自由条款予以认定，因为民俗信仰比宗教产生的更为久远，影响更为广泛，甚至是宗教产生的源头之一。

在民法领域，如果民俗信仰合于善良风俗，具有持续性、公开性、广泛性，就必然形成民法上的权利或权益。权力层面不成问题，从罗马法和中国周礼时期开始，都是以相邻权解决毗邻不动产人相互之间基于风水信仰而产生的通风、透气、采光等物理性纠纷。

权益方面显然就复杂多了。因为这一类多属于心理性需求，很难找到客观而科学的尺度和标准；同时，因为价值立场差异和节约立法成本，成文法不愿意也不可能通过具体法条将所有的法益转换、提升为权利。

那么，基于民俗信仰而产生的权益是否就无从保护了？不会。成文法之外，法官可以依据《民法典》第 10 条，通过认可习惯进行调整和保护。

《民法典》第 10 条规定："处理民事纠纷，应当依照法律；法律没有规定的，可以适用习惯，但是不得违背公序良俗。"立法用语用的是"可以适用"，这无疑强化了习惯的法源地位，风水信仰以及由此产生的纠纷一旦到了法庭，法官就可以遵循我国过往的司法路径和逻辑，通过习惯对该类案件进行合情合理合法的裁判。如此一来，基于民俗信仰而产生的习惯才会得到有效认可，当事人的现实法益也才能得到有效保护；而"公序良俗"的标尺还可以对传统民俗信仰的糟粕进行彻底过滤和坚决排除。

最后需要说明的是，民法层面不解决信仰问题，《民法典》关注的仅仅是这些信仰背后所蕴含的合理法权。传统风水信仰既有科学的内涵和可贵的人文精神，也有反科学、非理性的成分，对于"祖坟冒青烟""三代出贵人"等迷信、糟粕必须坚决剔除，才能回归民俗信仰的科学之道、人文之道，也才能有效地识别法律权利和权益，最终实现《民法典》的合理保护和道德关怀。

第十二集　能不能对"鬼屋"说"不"

北宋初期，苏州太守孙冕年近古稀，虽然任期还没满，但他明显感到这官不能再做下去了。于是，在苏州太守府衙的厅壁上题下一首诗，扬长而去。后来朝廷一再劝他，不必退休，继续发挥余热。但孙冕坚守不出，隐居泉林，安享晚年。

这首诗很有名。其中有四句："人生七十鬼为邻，已觉风光属他人。莫待朝廷差致仕，早谋泉石养闲身。"[①]在孙冕看来，人生七十，差不多与鬼为邻了，什么级别，什么待遇，都是年轻一辈的风光了；最好的办法就是挂冠归隐，找个有山有水的地方打发光阴，安度晚年，不要等退休通知下来，什么都晚了。

老年退休归隐，回归自然，找一个有山有水的好地方，一二好友品茶赏花，喝酒吟诗，这是很多中国老人几千年的人文情结。比如，上海市崇明岛老农场就是老人们特别青睐的好地方，房价不贵，生态天然，景色很好，心情不错。于是，很多老人邀朋呼友，拿出养老钱，纷纷买房上岛。

但一片欢欣之后，老人们发现了一个不太和谐的现象：因为房价低，环境好，未来升值空间大，购房群体中除了老人，还有很多中年人、上班族。

[①] 文莹：《湘山野录》卷上《孙冕江南端方之士》："孙集贤冕，天禧中直馆几三十年，江南端方之士也，节概清直。晚守姑苏，甫及引年，大写一诗于厅壁，诗云：'人生七十鬼为邻，已觉风光属别人。莫待朝廷差致仕，早谋泉石养闲身。去年河北曾逢李，今日淮西又见陈。寄语姑苏孙刺史，也须抖擞老精神。'题毕，拂衣归九华，以清节高操羞百执事之颜。朝廷嘉之，许再任，诏下已归，竟召不起。"上海古籍出版社编：《宋元笔记小说大观》第二册，上海古籍出版社2007年版，第1384页。

　　要说这些上班族买房投资还合情合理，但让老人们闹心的是，这些购房者买下房屋后，另有他用——他们纷纷将自己亲人的骨灰盒请进了新房，供养起来，有的人家一个骨灰盒，有的人家一排祖宗灵位牌。然后，房门一锁，回市区打卡上班。清明时节或特定的忌日，一家人素纱黑衣，前来祭拜。黄昏、黑夜时分，还在楼道上、草坪里烧纸念叨，请亡魂归"家"。

　　这房子，按房屋所有权人的说法是"私家墓园"，高端大气上档次；按民间说法，就成了名副其实的"鬼屋"，阴气森森，让邻居老人头皮发麻、心发慌。

　　这样一来，上岛的老人们真的就像孙冕诗中所描绘的，以鬼为邻了。老人们气愤不平，找物业，找开发商，找房东，交涉、劝说、吵闹、谩骂，都没用。理由是什么呢？我的地盘我做主，我的房子我想咋用就咋用，关你什么事？

　　老人们想想，这话不是没道理。但为什么自己就咽不下这口气？找来法律翻翻，请来律师问问，貌似都没有解决的办法，想打官司都找不着自己的权利何在。

　　实话实说，谁遇见了这种事都很憋屈，特别是对高龄老人而言，不仅憋屈，还不吉利，严重影响身心健康。

　　这就是我们要讨论的主题："鬼屋"的主人是否涉嫌侵权？这些老人是否有权利对"鬼屋"说"不"？这是一种什么样的权利？如何行使？

　　实际上，根据《民法典》的相关规定，结论很明确，"鬼屋"主人的行为违反了善良风俗，是所有权的滥用，侵害了邻居的相邻权和安宁权。我们从如下三方面进行解读。

　　第一，为什么说"鬼屋"违反善良风俗原则？

　　从新闻报道来看，购置远郊房产作为"私家墓园"的不在少数，不仅出现在上海、江苏、浙江等地，还有增加蔓延之势。

　　为什么会买房做"鬼屋"？这和我国不动产市场的不规范发展有很大关系。具体有如下三方面原因：

一是祭祀祖先、亲人是我国古老的文化传统和重要的民俗习惯。无论是出于亲情依赖还是迫于道德压力，一般都会为逝去的祖先、亲人找一个风景优美的地方安葬骨灰，既寄托哀思，也为后代子孙寻根留下物理空间和纪念场地。

二是墓地价格飙升，使用权期限短，倒逼民众进行另类置业。正是因为这种民俗习惯引发了不动产开发中的"奇葩"景观，很多开发商从殡葬不动产中嗅出了无限商机，纷纷投资墓地、陵园，档次越来越高，价格高得也越来越离奇。西安市汉陵墓园，地段好，面积大，还带"精装修"，但价格已经飙升到每平方米 10 万元，最低标准 10 平方米。对很多家庭来说，这是一笔天价棺葬费用，无力承担。

更重要的是，这 100 万元换来的仅仅是 20 年的使用权，到期后续费标准有多高，谁都难以预估。

三是出于投资目的，追求不动产增值利益最大化。比较之下，在城市远郊或像崇明岛这样的地段，一套房子带精装也才几十万元，但拥有 70 年自主产权。按照《民法典》第 359 条规定，到期还可以自动续期，土地出让金也不会太高。

同时，随着城市的发展、扩容，房价攀升也有很大的空间，在崇明岛购置房屋作为"私家墓园"，不仅可以祭祀祖先、亲人，自己死后也不用担心无葬身之地；几十年后，房价升值，还可以为后代儿孙留下一笔财产。

所以，一位"鬼屋"女主人不无自豪地告诉记者，这样的选择，上对得起祖宗，下对得起子女，还对得起自己。

这番神操作体现了中国人特有的生存智慧和应急技巧，无可厚非。但这些主人忽略了一个最重要的问题，对得起祖宗和儿孙没问题，但这样做是否对得起邻居？将心比心，要是一栋楼里除了你家，邻居都是骨灰盒和死者牌位，毫无人气。到了清明节、中元节、春节等节日，活着的邻居一袭黑衣，来楼里烧纸招魂，你晚上还睡得着觉吗？不瘆得慌吗？

很多人认为"鬼屋"的主人违反了社会公德，实际上，这是私密程度很高的小区，跟公德倒不一定沾边，但有一点可以肯定，这种行为违反了《民法典》第 8 条、第 10 条规定的善良风俗和民间习惯！

所谓善良风俗是指民间长期存在的系列崇拜观念、行为规范、特定仪式的总和。祭祀自己祖先、亲人没问题，但这种信仰和仪式对他人而言，可能就是一种禁忌和避讳，这也是一种民俗，也是一种道德法则、行为规范。在共同居住的社区、小区，房屋所有权人不能只求满足一己之利，在自己并不居住的情形下长期摆设灵堂、灵牌、骨灰。这样的行为不仅不道德，还违反了善良风俗，违反了邻居间正向的和谐相处、有无相助、患难相扶的基本原则。

第二个问题，为什么说"鬼屋"侵害了相邻权？

相邻权是所有权的扩张或限缩，是指相互毗邻的不动产权人之间，任何一方为了合理行使权利，享有要求其他相邻方提供便利或接受一定限制的权利。

"我的地盘我做主"，这观点有问题吗？一般没问题，但不得超越底线。真金白银买来的房子，是空置还是租赁，是自住还是交由亲友居住，确实是所有权人的支配权和排他权。但在现代小区、社区，每一户人家的存在并非孤岛上的小窝棚，也不是森林中的小木屋，如何行使所有权，还得考虑其他所有权人的同等权利。比如，你有权养黄金蟒，但必须牢牢地关在自己的可控空间，不能让它爬向邻居家的晾衣杆上荡秋千，吓得邻居老太太心脏病发作；你有权排烟、排水，但不得对着邻居的卧室、客厅、饭厅排放，更不得故意堵塞管道，造成回流；你可以从邻居家外楼梯通行，但不能大声喧哗，影响邻居休息；你可以稳坐家中练歌开唱，但不能三更半夜还鬼哭狼嚎，让人彻夜难眠；等等。

这就是相邻权两项最重要的义务：注意义务和容忍义务。

注意义务是指自己作为相邻权人应当注意的行为边界；容忍义务是指对邻居合理行为的包容、忍让。比如，邻家小夫妻生下小孩，每天哭夜，怎么办？忍；实在难以入睡，怎么办？还是得忍。所以，西方从罗马法时代开始，就设定了相当详细的相邻权类型和规则。比如，低地相邻权人正常生火做饭排烟，高地相邻权人就得容忍。但如果摆设通宵烧烤摊，故意、大量排放油烟，那就不行；相应的，高地排水，低地得容忍，但你不能开设浴池、游泳池，成天水流潺潺，还异味刺鼻。所以，《民法典》第288条对一般相邻关系规定了四项原则：有利生产、方便生活、团结互助、公平合理。如果违反了上述原则，就可能违法、侵权。

实际上，注意义务和容忍义务是双向的。你的义务，就成了邻家的权利；如果转化成邻家的义务，那就是你家的权利。这是一种相互对待、相互依存的格局。

这种格局最早由道德调整，后来道德难以调控，才上升为法律义务。即便到了21世纪的今天，这类义务还是以道德自律为主，法律仅仅是最后的一道防线和救济。

德国学者考夫曼曾经指出，在现代多元风险社会中，宽容原则应当成为一种法律哲学。邻里之间，不能一味地追求权利和义务的绝对对等，因为这无疑会削弱社会团结中友爱互利成分，让每一个人成为原子式的个体存在。

正是基于这种考量，《欧洲示范民法典草案》第5卷第6章第102条规定了一个很有趣的规则：琐利不计规则。其立法用意很明显，就是我们讲到的容忍义务，对"微不足道的损害不予考虑"。这种宽容、忍让能够有效实现邻里之间的友好互动。

这也是中国几千年来的优良传统，也是"远亲不如近邻"理念的生动参照。不能动不动就"为权利而斗争"，斗与争的后果可能带来权利义务的明确分界、分配，但随之而来的可能就是人际关系的淡化、漠视甚至对抗、仇视。事不关己高高挂起，还算是消极不作为，要是幸灾乐祸，落井下石，那就是积极的恶行。

换言之，道德、友爱、宽容是法律刚性权利义务的润滑剂、减震器、隔离带，是一种可贵的道德填充、人际互动和利益协调。

为什么说"鬼屋"的主人侵害了邻家的相邻权？因为使用不当，因为道德缺失。你在屋里摆放炸药、毒药、放射物，这会严重影响邻家的生命安全；你的房子不是自己现实居住，而为老祖宗摆灵位、灵牌、骨灰盒，这会严重影响邻家房屋的利用和效率。比如，到了下午五点钟以后就不敢出门溜达，一旦周围邻居离去，也只能锁上房门匆匆离开，以"鬼"逼人，导致客观上的使用不便甚至低效率。两者都超越了一般人所能承受的容忍底线，侵害了其合法权利和权益。

根据《民法典》第 286 条规定，这些"鬼屋"的邻居有权依照法律、法规以及管理规约，请求"鬼屋"主人停止侵害、排除妨碍；如果拒不履行，则可以按照本条规定，向有关行政主管部门投诉，有关行政主管部门应当依法处理。

第三，为什么说"鬼屋"侵害了安宁权？

《民法典》第 1032 条规定了私人生活安宁，这是一大立法亮点。

此前，2016 年颁布的《中华人民共和国网络安全法》（以下简称《网络安全法》）第 27 条实际上已经确认了个人生活安宁权利，司法实践中也通过大量案例对安宁权进行有效保护，但毕竟属于特别法、单行法规范，司法案例的影响力也很有限。

最重要的是，《网络安全法》关注的是垃圾信息、呼死你等网络侵权行为，对于住宅安宁权却无从规范。从这个意义上讲，《民法典》规定私人生活安宁的重大贡献就是一大亮点。其贡献至少有以下三方面：

首先，明确在法典中确证了安宁权作为一项独立的民事权利。不仅为国民生活、精神安宁提供了有效的法律保障，也为法官寻法、适法提供了可靠依据。以"鬼屋"为例，违反善良风俗也好，侵害相邻权也好，前者基本上还是属于道德范畴的延伸，还必须认定善良风俗的习惯法效力，相对曲折委婉，很难直截了当地保护"鬼屋"邻居的权利。而侵害相邻权也有一定的缺陷，因为相邻权属于物权，不涉及邻里之间房屋不当使用导致的心理恐惧、精神损害等问题。

什么是安宁权？安宁权就是自然人享有的维持安稳宁静的私生活状态并

排除他人不法侵扰、侵害的权利。安宁权天然包含两个方面：一方面是免受物理上的侵害；另一方面就是免受心理和精神上的侵害。

一般而言，现实生活中的安宁权和隐私权息息相关，是指不受他人非法打扰、非法干涉、非法窥视的权利。因为房屋既是栖身的物理空间，也是精神放松、心灵妥适的心理空间。比如，我俩是邻居，你将房子布置为"鬼屋"，这种非正当利用必然导致我的生活不便、心境不宁，甚至心生恐惧。秋雨春月，竹影摇曳，灯光闪烁，风声鹤唳，"秋坟鬼唱"似的，简直是现实版聊斋，即便是坚定的唯物主义者，也会心烦意乱，换一般人，那就可能神经错乱了。

其次，确证了安宁权属于人格权。《民法典》在体系安排上将私人生活安宁归位于人格权项下的隐私权，属于绝对权。按照《民法典》第 991 条规定，任何人不得侵害他人的人格权。换言之，"鬼屋"的主人面对邻居的不仅仅是物权法上的相邻权，还有只能消极不作为的人格权。"鬼屋"的设计利用不仅有违住宅小区的正常居住目的，而且显然属于不当利用，侵害的是邻居的住宅安宁权和精神安宁权。

"鬼屋"的主人可能抗辩，这世上根本就没有"鬼"，如果认定他侵害安宁权，那就是封建迷信。实际上，这个抗辩理由并不成立。为什么？因为有没有鬼是科学证伪的问题，怕不怕鬼是信仰自由的问题。科学可以证伪，但心态则纯属精神反应，是特定的民俗禁忌和文化信仰的产物，是民间认可的风俗习惯。这也是《民法典》第 289 条将相邻权习惯作为法源的真正原因所在。

最后，明确了侵害安宁权的法律责任和救济途径。根据《民法典》第 995 条，"鬼屋"的相邻权人有权要求邻家主人停止侵害、排除妨碍。

总结一下，"鬼屋"的出现是高房价、高墓价的产物，虽然满足了所有权人祭祀、投资的个人目的，但其危害也特别明显。

首先，违反了民间生活中具有广泛影响力的善良风俗。

其次，涉嫌侵权。不仅侵害了邻家物权法上的相邻权，导致其被迫"禁足"，甚至被动闲置，居住目的落空或受限，带来生活的不便和不动产效率的降低；还侵害了《民法典》所保护的精神安宁权，引发邻家老人的严重心理不适，产生恐惧、厌憎、愤怒等消极情绪，甚至可能诱发生理和精神的双重疾病。

最后，商品房是活人居住而非为祭祀权实现而存放骨灰的灵堂、墓园、鬼屋，现代小区属于人群集聚区，只有人气旺了，才能带来更好的居住条件和更高的生活舒适度，也才能带动小区物业的持续保值、增值服务，实现居住和投资的正双向目的。如果像崇明岛老农场这样的"鬼屋"多了，不仅会导致居住不便，更可能倒逼邻家荒废闲置房屋，导致房地产价值的急剧贬损，于人于己，难称双赢。

如此"鬼屋"，还是早早撤出为妙。毕竟，为活人留出最佳的生存空间，自己不仅免去可能的道德和法律双重风险，还能带来和平友爱的邻里关系。

第十三集　买下"凶宅"怎么办

　　房子是中国人一生的牵挂，从一线城市北上广深，到二三线城市重庆青岛，外来人口要融入，要结婚，要上户口，孩子读书，自己就业，首先面临的就是房子问题。房子既是安身立命之所，又是获得社会资源的媒介，还是一个人自我形象塑造的外显标志。要是在一个城市待上几十年还没有一套房子，不仅找不到家的感觉，还没有归属感、认同感，自然也就没地位、没面子。

　　所以，从古至今，无论是名满天下的白居易、苏东坡，还是当下的芸芸众生王小二、刘三妹，购房都是一个家庭最重大的事项之一。奋斗多年，买下一套房，本是一件大喜事，但要是一不小心，买下"凶宅"，那就是喜剧反转成悲剧了，哪个家庭都不能承受。不住吧，无处可去；住吧，特别别扭甚至充满恐惧。这样几天、几月下来，憋气心慌，换谁都难受。幡然醒悟，要拿起法律武器维权，结果翻开《民法典》一看，没这方面的规定，心里又没谱、没底了。

　　这就是我们探讨的话题，《民法典》如何直面民间所谓的"凶宅"？

　　第一个问题，民间所谓"凶宅"到底是什么？"凶宅"交易中是否隐含正当的法律权利？

　　首先必须声明，法律是一种理性的权利构造和价值传输，不会规定也不会承认什么"凶宅"。所谓"凶宅"，是指民俗层面对难以居住房屋的通用称呼，在房地产中介的行业文本中有个统一而中立的称呼："事故房屋"。

　　按照习俗，"凶宅"一般有两类：一类是基于地理位置、物理布局等特殊原因，民间禁忌认为不适合居住的房屋，如毗邻墓地、荒地。这一类很好鉴别，并且引发纠纷的概率较小。

另一类是发生过血腥、惨烈的非正常意外死亡的住宅。大陆房地产中介都有一个客观标准，因发生上述事件并经公安机关立案的房屋；我国台湾地区的"内政部地政司"颁布过《房地产委托销售契约模板》，认定"凶宅"是"曾发生过凶杀或自杀致死案件"的房屋。

为什么将这类房屋贴上另类标签？因为民间禁忌。人们对这类房子特别敏感，一旦入手，会让人产生严重的心理不适甚至是焦虑、恐惧。住也住不了，卖又卖不掉。这锅谁来背？一般规则是，谁扔的锅谁背。但问题在于——如果出卖人隐瞒甚至否认相关重要事实、细节，把锅扔出去，买受人基于错误判断当了接盘侠，后来发现了真相，知道了实情，能否主张维权？怎么进行维权？

这就涉及两个核心问题：第一个核心问题，"凶宅"禁忌是不是封建迷信？总的结论是，民俗中的"凶宅""鬼屋"，虽然没有科学依据，但也不是什么封建迷信，而是一种民俗禁忌或民俗信仰。有没有鬼是科学证伪，怕不怕鬼是心态。出卖人卖房子的时候不讲清楚，不仅不地道，不诚信，违背善良风俗，还会引发持续性的官司。

民间禁忌具有很强的民族性、地域性，很大程度上是由道德和特定的仪式调整、矫正的，民法无从介入，也无须介入。比如，湖北土家族敬白虎，称其为"家神"；湖南湘西土家族怕白虎，连虎都不敢叫，改称"猫"。比如，有的地方新娘子出嫁抬轿的都必须是"黄花郎"，也就是未婚的小伙子，特别忌讳已婚男性抬轿。

这些民俗禁忌仅仅属于信仰层面，并未隐含具体的法律权利，所以民法置身事外。但如果这些禁忌背后隐含有特别重要的现实法权，民法的使命就要对这些具体法权进行析出过滤、定性分类，这类纠纷也就从道德领域切换到了法律领域。

第二个问题，"凶宅"的买受人是否享有知情权？或者说，出卖人有没有告知义务？穿越"凶宅"纠纷迷雾透视法权，我们可以得出两个结论：一是"凶宅"禁忌属于民俗信仰，后来形成了普遍性、持续性的习惯，成为非正式法源。不仅出现于中国，也流行于西方。比如，美国就有"DiedInHouse"之类的公司，专门为购房者提供"鬼屋"清单，以免不慎购入。二是在实际交易中，无论是出于道德义务，还是出于法定、约定义务，即便买受人没有明确询问，出卖人、中介都应当履行告知义务，否则就是侵害了买受人的知情权。不管其主观上是否存在故意或过失，也不管是否出现实质性损害后果，都可能导致合同无效或被撤销、被解除。

2019 年北京市高级人民法院有个再审案件，出卖人因妻子在家中自杀身亡，蓄意隐瞒该事实将房屋出售给买受人。后来，买受人在装修过程中知道了真实情况，坚决要求撤销合同。该院二审认为，出卖人无视买受人知情权并有误导买受人的嫌疑，构成欺诈，支持了买受人的撤销权。①

第二个问题，法律没有明确界定"凶宅"，是否就意味着不保护？

通过检阅司法裁判文书，近年来凡是涉及"凶宅"案的纠纷都是一波三折，要么上诉，要么再审，要么申诉，要么检察院介入，一次性维权成功的概率很小。因为民法中没有具体、明确规定，初审法官一般不敢触碰这个敏感问题。而当事人双方各执一词，表面上都有道理，更让法官举棋不定。一旦做出有利于买受人的判决，就会引发出卖人的反弹。

2016 年，河北省高级人民法院有一个审判监督案件：出卖人父亲从家中跳楼自杀，出卖人隐瞒事实，将房屋出卖，合同已经生效并实际履行完毕后，买受人才知道具体情形，坚决要求撤销合同。一审人民法院认为，出卖人有过错并误导买受人做出了错误的意思表示，既违背了善良风俗原则，也违反了法定义务，判决支持买受人的诉讼请求。

但出卖人不干了。在审判监督程序中提出了三个抗辩理由：一是"凶宅"不是一个法律概念，法律也没有对其进行界定、规范，法官判决于法无

---

① 北京市高级人民法院杜宝成与王宝兰房屋买卖合同纠纷申请再审民事裁定书，〔2019〕京民申 6131 号。

据；二是虽然老人跳楼自杀是事实，但并不影响房屋的物理居住功能；三是家中老人死亡及死亡原因属于个人隐私，我国没有任何强制性法律明确规定出卖人应向买受人告知个人隐私。

有道理没有？每条都有道理。但是，人同此心，心同此理，要是两个人角色互换，出卖人又当作何感想！所以，河北省高级人民法院根据善良风俗原则，裁定维持原审判决，可谓入情入理入法。①

纵观对待"凶宅"的司法立场，可以看出明显不同的三种态度。

第一种，否定。安徽一位居民住一楼，六楼住着一位病人。因为监护人疏忽，被监护的病人坠落在一楼居民的小院里死亡。邻居死亡肯定是可悲可叹的不幸，但自己的房屋也成了"凶宅"，没法住了，还卖不出去了，于是起诉要求死者监护人承担损害赔偿责任。在民间习惯法中，这应当是合情合理的。但人民法院审来审去，几个回合，都不承认原告的权利。案子再审，到了安徽省高级人民法院。该院认为，侵权损害赔偿应以损害实际发生为前提。死者坠楼是掉在院子里，并没有导致房屋的结构、设施发生损害，也不影响房屋的实际使用功能。至于所谓"凶宅"导致的房屋无法居住和贬值损失，原告无法提供客观证据，最终裁定驳回原告再审申请。②

这是 2019 年的裁定书。看起来合法，但是否合情合理，就值得深究了。特别是要原告为民俗禁忌和心理反应提供客观证据，显然过头了。因为民俗信仰不能拿科学性标准衡量，更不能以实际损害发生为前提。要那样，江湖术士无视道德和习俗，将某人的姓名、生辰八字贴上咒语，钉上钉子，天灵灵地灵灵一通诅咒，这是邪术，肯定不会发生实际损害——因为这种损害从来都不是物理的，而是心理的、精神的。

在本案法官看来，"凶宅"禁忌可能涉嫌迷信，是无稽之谈，不经之论，

---

① 河北省高级人民法院吴国锋与孟丽斯房屋买卖合同纠纷再审复查与审判监督民事裁定书，〔2016〕冀民申 239 号。

② 安徽省高级人民法院袁亮、江丽侵权责任纠纷再审审查与审判监督民事裁定书，〔2019〕皖民申 3299 号。

法律上也找不到支持的依据；但对当事人而言，虽然"凶宅"并不影响房屋的物理使用价值，但因其特定的人文心理要素缺陷，势必导致既难以居住，又难以出售，或者只能压价出售，由此导致心理的、经济的双重压力，显失公平。

第二种，回避。因为"凶宅"禁忌很容易滑向迷信，所以，《民法典》问世前，北京、上海、浙江、四川很多当地人民法院针对这类纠纷都刻意回避"凶宅"的认定问题。但令人欣慰的是，绝大多数法官都是通过合同目的落空理论和物的瑕疵理论对买受人的权利进行保护。既体现了可贵的人文关怀，也有效地平衡了当事人之间的利益。

第三种，认可。这既是司法日趋理性的标志，也代表了体顺民情的文明高度。实际上，认可有两种，一种是间接认可，一种是直接认可。检视中国裁判文书网，近年来对"凶宅"纠纷不再一概否定，也不再刻意回避，而是理性判断，从民间禁忌背后去发掘真实的法律权利并积极进行保护。

换言之，"凶宅"纠纷中的利益保护并不是保护民俗禁忌本身，而是这些禁忌所隐含的合理法权。可喜的是，目前这样的判例越来越多。比如，北京市第二中级人民法院在审理一起凶宅交易纠纷案件中，明确认定亲人坠亡房屋为"凶宅"，出卖人必须履行告知义务。该判决最大的亮点并不仅限于承认民俗对"凶宅"的共识，而是阐释了一种理念：无论社会公众对于"凶宅"的避讳心理是否合理，但卖方隐瞒亲人坠亡事件必然影响买方的买受意愿、理性决策和交易价格。[1] 再如，四川省高级人民法院也通过判决认可了民间房屋买卖中的"风险提示"条款，将"凶宅"和漏水、辐射、抵押几类视为隐蔽瑕疵，出卖人、中介方必须如实告知。[2]

第三个问题，《民法典》如何直面"凶宅"纠纷？实际上，通过系统

---

[1] 北京第二中级人民法院柴雯等与袁丽兰房屋买卖合同纠纷二审民事判决书，〔2019〕京 02 民终 11682 号。

[2] 四川省高级人民法院陶春敏、杨璇房屋买卖合同纠纷再审民事判决书〔2018〕川民再 691 号。

解释，我们从《民法典》中可以找到解决"凶宅"纠纷的有效依据和可靠路径。

从买受人权利保护角度而论，《民法典》解决"凶宅"纠纷至少有如下四种法权路径可供参考。

第一种路径，出卖人违背善良风俗原则，导致买受人出现重大误解，可以主张撤销权。具体法律依据是《民法典》第8条和第10条。依照民间习惯和善良风俗原则，除极为特殊情形外，没有人愿意购买"凶宅"，花钱添堵。即便价钱合适或者以相对低廉的价格买下"凶宅"，只要是事先不知情，也可以依照《民法典》第147条，以民俗习惯为依据，以重大误解为事由，诉请当地人民法院或仲裁机构撤销合同。① 比如，北京市第一中级人民法院在审理此类案件时，就秉持了这种理念。非正常死亡事件属于影响订立房屋买卖合同的重大事项，这属于民俗习惯，如果买受人不知情而购买，行为后果必然有悖于购房居住的真实意思表示，理应按照习惯和善良风俗认定为重大误解，可以行使撤销权。②

第二种路径，第三人或出卖人违背诚实信用原则，导致相对人做出不合常理的意思表示，构成欺诈。按照《民法典》第149条，如果房地产中介机构明知"凶宅"而未介绍，显然构成欺诈，会导致买受人违背真实意思签订合同。按照《民法典》第500条第2项，如果出卖人故意隐瞒与订立合同有关的重要事实或者提供虚假情况，造成损失的，还应当赔偿损失。比如，出卖人违背《民法典》第7条诚实信用原则，故意不履行特定告知义务，导致买受人买下"凶宅"，还积极进行装修，则买受人不仅可以享有撤销权，还有权要求出卖人赔偿损失。

同时，按照《民法典》第509条的规定，出卖人应当遵循诚信原则，根据合同的性质、目的和交易习惯履行通知、协助、保密等义务。其中，如果

---

① 《中华人民共和国民法典》第147条："基于重大误解实施的民事法律行为，行为人有权请求人民法院或者仲裁机构予以撤销。"

② 北京第一中级人民法院李某等与刘某合同纠纷二审民事判决书，〔2019〕京01民终8501号。

出现过非正常死亡事件，无论是就合同目的，还是交易习惯，出卖人都有如实告知的义务，而不能拿所谓的隐私权对抗买受人的知情权。

第三种路径，民俗禁忌中的"凶宅"存在重大瑕疵，导致合同目的落空，买受人可以主张合同解除权。

这一类又可以区分为两种：一种是非正常死亡发生在房屋买卖合同签订之前。即便双方在合同中约定了减轻或免除出卖人的瑕疵担保责任，但根据《民法典》第 618 条的规定，如果因出卖人故意或者重大过失不告知买受人标的物瑕疵的，出卖人无权主张减轻或者免除责任。换言之，如果是"凶宅"，无论是基于人情道德，还是依据法律和合同义务，出卖人都应当明确告知，不能隐瞒、欺诈。

另一种是非正常死亡发生在合同签订之后，根据《民法典》第 533 条情势变更的规定，应当视为合同的基础条件发生了当事人在订立合同时无法预见的、不属于商业风险的重大变化，继续履行合同，对买受人显失公平。协商不果，买受人可以请求变更或解除合同。

我国台湾地区"民法"第 354 条规定了"物之瑕疵"，房屋买卖之初，出卖人必须保证出卖房屋不存在"通常效用或契约预定效用之瑕疵"。否则，买受人可以合同目的不能实现为由诉请台湾地区相关法院予以解除。

第四种路径，目前高房价下，很多家庭买房，不仅是为了居住，还有投资的强烈意愿。无论是基于何种情形，买下"凶宅"后，不仅难以居住，也会滞销，更可能导致房屋价值贬损。如出卖人存在故意或重大过失，在不能通过撤销权、解约权救济情形下，建议引入第三方评估，就该项损失进行市场化评估，由出卖人以实际损失为限承担赔偿责任。

虽然我们赞同认可并保护民间禁忌隐含的民事权利，但"凶宅"纠纷处理还特别需要注意如下几点：

第一，必须严格限定所谓"凶宅"的范围，不能扩大化；否则，不仅有违公平，还可能助长不良风气和道德投机。比如，生老病死、婚姻离合，这是人生常态，有人购房后以有高龄老人去世，出卖人夫妻离婚为由认为是

"凶宅"，主张撤销权，显然于法无据，于理不通，于情不合。

第二，因"凶宅"交易产生的损失如前所论，应以实际损失为限请求损害赔偿，但不宜提倡精神损害赔偿。一旦认可了"凶宅"交易的精神损害赔偿，不仅存在定性、计值、举证的困难，还会引发滥诉、缠诉，最终诱坏社会风气。

第三，如果出卖人基于错误认识，降价出售自有房屋并已实际交付且履行了变更登记手续，则不得以重大误解主张撤销权。重庆一户人家，每到凌晨就会出现怪响，主人胆战心惊，认为是"凶宅"，将房屋降价出售并如实告知了买受人。买受人不信邪，请来了消防人员，发现是下水道里的鲶鱼作怪。清除鲶鱼，怪响消失了。但原房屋所有人回来了，说封建迷信害死人，自以为是"凶宅"，没想到是鲶鱼搞怪，属于重大误解，要求撤销合同，返还房屋。这种请求，不应当支持。

第四，如果出卖人明确、如实履行告知义务并以超低价处理所谓"凶宅"，买受人买受后不得主张撤销权、解约权。广州一房东将所谓"凶宅"挂网出售，价格奇低，瞬间被秒抢。还引来无数吐槽，希望多一点"凶宅"房源。此类交易双方心知肚明且纯属自愿，出卖人和买受人不得再行主张相应权利。

简单总结一下，自古以来，房屋既是人类生存、繁衍、发展的物理空间，也是满足人类心灵需求的情感寄托。"凶宅"禁忌不仅是一种民俗信仰，还是一种法权表达。《民法典》在实施过程中，对于此类纠纷，既不能一概否弃，也不能照单全收；而应当直面"凶宅"，由表及里，取其精华，去其糟粕。唯其如此，《民法典》才能成为公平的矫正器、权利的保护神。

第十四集　为什么说"空口无凭"

　　托朋友保管东西，这是我们日常交往中常有的情景。只要信得过，一般不需要什么书面凭证之类的，更不需要支付保管费。但翻阅一些司法案例就知道，人心唯危，世道善变，古人说的还真有道理，直击人性的阴暗面。王小二和李小三交往多年，交情不错，托李小三保管一笔现金，后来李小三昧心私吞，王小二不仅丢了钱财，还失去了朋友，这事特闹心。还有更闹心的，王小二临时出差，拜托朋友帮忙照顾一下萌宠茶杯犬，几天后回来，发现茶杯犬被卖了，钱也被赖了；更过分的是，王小二和刘三妹是一对恋人，分居两城，所以，王小二托李小三平时帮忙照顾女朋友，结果李小三把刘三妹照顾成了自己的女朋友！

　　也就是说，人心很难禁得起利益的考验。除去萌宠被卖和女朋友被撬不说，如果是托朋友保管货币、真金白银和其他贵重物品，最好手上有个书面证据。上面写明列清，什么东西，多少数额，何时交付，价值几何，是否支付保管费等。否则，万一遇上另一个李小三，不仅不认账，还说你空口无凭，污人清白。结果，钱财没了，友谊的小船也说翻就翻。

　　如果有一纸合同，按照《民法典》第 891 条等规定，书面的保管凭证就是权利凭证。这凭证既是王小二恢复权利、维护权利的凭证，还是遏制人性贪欲、维护友谊的有效手段。

　　除非王小二所遇所交的是一个真正的君子。

　　这样的人有没有？有。比如北宋名臣范仲淹。

　　范仲淹年轻的时候，贫困潦倒。他只身一人在应天府书院读书，大冬天每到晚上就只熬稀饭，冻住之后就划分成几块，当作第二天的干粮，然后将腌菜切成细末当下饭菜，这就是"划粥割齑"的成语典故。

虽然很穷，但范仲淹人缘好，朋友多，偶尔还有发横财的机会。根据魏泰《东轩笔录》记载，范仲淹有个好朋友，是炼金术士，可以点铁成金，要发点小财，那是分分钟的事。有一天，这炼金人生病了，奄奄一息之际，找来了范仲淹，告诉他，孩子小，有两样贵重东西请范仲淹帮忙保管。什么东西？一样是炼金的单方，放今天，那是妥妥的知识产权；另一样是一斤白金，对穷困潦倒的范仲淹来说，这就是一笔巨款。

范仲淹收下朋友的东西，没有转让知识产权，更没有拿白金换成白银来消费。而是将这两样东西封存起来，打上标记，注明时间。十多年过去，术士的儿子长大了，范仲淹将两样东西原封不动地交还给术士的儿子。[①]

这故事很有名，也很感人，后来成了中学生文言文的阅读题。为什么感人？因为信义。范仲淹和术士之间并没有任何书面的保管协议，术士的儿子也没有任何执照、收条之类的证据证明自己债权的存在。但范仲淹即便赤贫之身，还能坚守道义，不昧心，不贪财，从年轻时候就锻造了可贵的优良品性。

按照今天《民法典》关于保管合同的规定，范仲淹的选择有很多。首先，他可以昧心赖账。因为朋友没有书面的委托书，他也没有出具书面的收条或保管凭证，这方子、这白金私吞了事，谁也拿不出证据。其次，朋友存的是白金，按照《民法典》第 901 条，这是一般流通物，是硬通货，我不赖账，但我可以使用。等着你来索取，我还你相同种类、品质、数量的本金不就行了！我没收保管费，你也别谈什么利息。要知道，北宋一样有通货膨

　　① 魏泰：《东轩笔录》卷三："范文正公仲淹贫悴，依睢阳朱氏家，常与一术者游。会术者病笃，使人呼文正而告曰：'吾善炼水银为白金，吾儿幼，不足以付，今以付子。'即以其方与所成白金一斤封志，内文正怀中，文正方辞避，而术者气已绝。后十余年，文正为谏官，术者之子长，呼而告之曰：'尔父有神术，昔之死也，以汝尚幼，故俾我收之。今汝成立，当以还汝。'出其方并白金授之，封识宛然。"上海古籍出版社编：《宋元笔记小说大观》第三册，上海古籍出版社 2007 年版，第 2703 页。

胀，范仲淹完全可以吃差价。按今天的通胀速度，十多年前，一百元钱能买下一整头猪，十多年后，就只能买一小块猪尾脊肉，还不带猪尾巴。再次，如果范仲淹是理财高手，他完全可以转让知识产权，一夜暴富；或者至少将白金换成白银，白银换成黄铜，黄铜换成铁钱，铁钱换成纸币（北宋时兴纸币），最后按折算比例偿还相等数量的纸币给朋友儿子，就算是对得起天对得起地，也对得起朋友了。

但范仲淹偏偏什么都没做，只是很迂腐地封存、标记，眼睁睁地看着财富一天天贬值，成为文物，成为友谊的见证。但也正是这种迂腐和持守，传递了比金钱财物更重要的两样东西：信用和道义。

红尘滚滚，天下熙熙，黄金迷人眼，白酒动道心，不是每一个人都是范仲淹。所以，为了防范人性的邪恶变量，为了培育人际互动的诚信品质，从西周时期的周礼一直到今天的《民法典》，都认可并推行一种书面合同制度。红口白牙，谁也不相信，唯一能证明债存在的就是书面合同。所以，《民法典》第 135 条、第 469 条都规定合同既可以是书面的，也可以是口头的，但书面形式的合同无疑是债存在的最重要依据。至于设立土地使用权、居住权、地役权、抵押权、质权，甚至保管合同、借款合同等，《民法典》都规定，必须签订书面合同。

为什么叫"合同"？为什么说"空口无凭"？合同为什么会产生？ 这就是我们要分享的主题：合同的功能。

总体而论，合同有三个最重要的功能：联信结义、权利凭证、禁诈除伪。

第一大功能，联信结义。

这是合同缔结的最高目的。上古结绳而治，这一习俗至今保留在一些土著部落之中。王小二是债权人，当他借出东西的时候，会当着债务人的面，在绳子上打结，各种大小形状不同的结就代表不同的债和具体数额。下次，债务人履行完债务，王小二就会取下绳子，再当面解开绳结，代表两人之间债权债务关系消灭，永不相欠。

再后来，有了文字，出现了"契券"。当事人用刀具将合同刻在木板上、竹签上，从当中对剖开来，一人一半。债务人要履行债务的时候，就必须带上自己保留的那一半，债权人又拿出自己藏的那一半，两相比较，完整拼合。履行完毕，要么当场毁掉木板或竹签；要么由债务人取走债权人保留的另一半木板或竹签。

这种习俗后来一直在少数民族地区延续。到了宋代的时候，两广地区的经济地位、政治地位都不高，还是仅次于沙门岛的著名流放地。按照周去非《岭外代答》的记载，当地瑶族没有文字，但有合同。具体做法就是把两块木板拼凑起来，在上边刻上特定的符号，各取一半，信守无违，很少有什么争端。①

到了元代，根据《马可·波罗行记》的记载，云南的傣族人稍稍灵活一些，找来一根方形的或圆形的棍子，在上面刻上当地人一看就懂的符号，然后剖开，各执一半作为证据。债还一半，就用刀具或石头抹掉一半的符号，债还完了，债务人就收回木板回家，自己打磨光滑，下次签合同再用。②

一直到清代，袁枚的《子不语》还记录了海南黎族人缔约不需要纸张笔墨，而是保留着几千年的契券习惯，只是黎族人民不用棍子，而是用当地盛产的竹子。契约刻在竹签上，一亩地多少钱，就通过不同长度的刻画来表达。刻好了，双方看清楚了，就居中劈开，债权人、债务人人手半片。十多年过去了，要是想转让，没问题，只需拿着那半片竹签找原主，对应好了，土地、竹签都归你。

最让袁枚感动的是，黎族人民特别实诚。拿着竹签到官府缴税，税务员看不懂交易数量和价格，黎族兄弟都会如实道来，不会要滑头，于是税务

---

① 周去非：《岭外代答》：两广"瑶人无文字，其要约以木契合二板而刻之，人执其一，守之甚信。"转引自国学大师，http://skqs.guoxuedashi.com/.2020 年 5 月 5 日。

②《马可·波罗行记》：云南"土（傣）人缔约，取一木杖，或方或圆，中分为二，各刻画二三符记于上，每方各执一片。负债人偿还债务后，则将债权人手中所执之半版收回"。《云南腾越州志》也有相同记载："夷有风俗，一切借贷赊用、通财期约诸事，不知文字，唯以木刻为符，各执其半，如约酬偿，毫发无爽。"冯承钧译本，上海书店出版社 2006 年版。

员就把盖好大红官印的纸质税票粘贴在竹签上，然后满怀敬意地还给黎族兄弟。为什么满怀敬意？因为诚实。更重要的是，黎族兄弟春秋两季缴纳的税收，远远超过内地的其他民族兄弟。[①]

从西周一直延续到清代的契券制度说明了合同的真正起源，债权人、债务人各执一半，履行债务时共同拼凑查验，也就是验证合同的真伪，这就叫"合而同之"。宋代以后，就简称"合同"，本来是合同勘验制度，后来成了契约的代名词，一直延续到今天。

据目前可考的史料，西周时期就出现了"司市"的专业官职，负责督促交易双方缔约并审理、判决合同纠纷。这就是《周礼》对合同功能的两大定位："结信而止讼"。合同一方面是双方联结信义的标志；另一方面也是解决争端的有效凭据。

所以，唐代贾公彦在注释《周礼》时特别谈到合同问题。为了防范王小二、李小三交易过程中或履行过程中的失信风险，以致出现公说公有理婆说婆有理的局面，官府干脆明确规定：谁也不要空口说白话，要交易，先签合同，省得双方纠缠不清，还把官府搅进来。[②]

为什么少数民族一直会信守契约？因为他们继承了古风古韵，信守合同不仅是一种保持持续交易的未来预期，还是一种自我道德的使命感和崇高感。这使命感就是"信"，崇高感就是"义"。

所以，明代的徽商将这种精神总结为四个字：信义诚实。再后来，日本人觉得这四个字特精到，就直接将这四个字写进民法和民事诉讼法。可惜，我们后来在研究和翻译的时候，将它变成了"诚实信用"，少了传统契约文化中可贵的"义"。

---

① 袁枚《子不语》卷二一《割竹签》："黎民买卖田土，无文契票约，但用竹签一片。售价若干，用刀划数目于签上，对劈为二，买者卖者各执其半以为信。日久转卖，则取原主之半签合而验之。其税签如税契，请官用印于纸，封其竹签之尾，春秋纳粮，较内地加丰焉。"上海古籍出版社2012年版。

②《周礼·司市》："以质剂结信而止讼。"贾公彦疏曰："恐民失信，有所违负，故以券书结之，使有信也。民之狱讼，本由无信，既结信而无讼，故云'止讼'也。"

第二大功能，权利义务凭证。

联信结义是签订合同的主观动机，但合同作为一种物化的存在，最大的功能就是确立双方当事人的权利和义务关系。

传统中国契约不怎么区分今天民法上的责任和义务；或者说，在传统契约精神中，责任和义务是一体两面的组合体。

比如"责"，就是"债"的本字，本义是责取，就是我们今天请求偿还、返还的意思。到了东汉时期，在民间就演化成另外一个很有名的通假字，这就是沿用至今的"债"。"任"是肩挑背扛的意思，汉代合同中有"任者"，就是我们今天的担保人。一旦合同签订，不管再怎么艰难，都要有担当，要有负重远行的品格，全心全力履行合同。所以，不能扁担无钩两头滑，一会儿说物价暴涨不公平，一会儿说老爹签的合同我不认。再看"务"，按照许慎的解释，本意是快步小跑的意思，这很形象，就是我们今天合同法中真心守约、积极履约的意思。

简单考查责任、义务的本意，不是搞文字研究，而是想说明：合同是双方自愿达成的合意，也是权利和义务的凭证，要言而有信，要积极履约；否则，无论是按合同约定，还是按官府法律，都得承担更多更大的责任。

即便以今天《民法典》的标准来衡量，古代合同对权利和义务的规范都相当先进。举两个例子，一个是买卖合同中的担保责任。我们今天的权利担保、瑕疵担保在古代合同中都有规范。比如权利担保，又称追夺担保，主要解决盗赃物、无权处分物、一物多卖等特殊问题。

唐代的牛是特重要的生产资料和劳动力，相当于今天一家农户拥有联合收割机之类。所以，那时候偷牛贼不少。用个铁钩子裹上青草，在牛面前晃啊晃的，牛立刻用舌头来卷青草，偷牛贼用力一拉，钩住牛舌头，牛叫不出声，又怕痛，只好跟着偷牛贼走天涯，一晚上走十余公里都没问题。要是不小心，买下这么一头牛，那就惨了。所以，敦煌出土的一则买牛合同中权利担保就明确约定：如果出卖人李小三偷了王小二的牛卖给张小六，后来又被原主王小二追夺，对不起，张小六是善意取得。谁承担责任？出卖人李小三和他的担保人。

再看瑕疵担保。如果出卖人交付的标的有瑕疵，怎么办？唐律赋予了买受人的解约权，三日之内"听悔"。长孙无忌还专门解释说，牛马买卖，不管出卖人是否知道牛马有病而为出售，三天之内，买受人都可以行使解约权。如果出卖人故意隐瞒、欺诈不认账，还非说牛马无病，是买主找碴儿，那么不仅买卖合同无效，返还价款，卖牛卖马的还得到官府去挨四十下鞭子或笞子。①

另一个例子更有特色，就是借贷合同中的责任免除无效条款，笔者称之为恩赦担保，此条款专用于排除公权力对私权利的限制与剥夺。什么意思呢？晚唐时期，为了稳定民心，皇帝经常颁布一些"德音"，相当于今天标题党的"特大好消息"，无论是欠公家的，还是欠私人的，债务统统免除。这就是所谓"公私债负，一并停征"。比如，唐文宗病好了，颁布德音，赦免死刑犯和货船税，这还算是真正的德音，免的是自己该收的。但后来就有些变味了。唐穆宗去世那一年，即长庆四年（824年），颁发德音，免去民间债务人和担保人逃亡且已满三十年以上的债务。皇帝为了自己得人情，插手民间借贷，这就不太合人情。但好歹还能理解，债务人、担保人都跑路了，反正债权人收不回，倒不如人情留给我。到了次年，也就是唐敬宗宝历元年（825年），皇帝新继位，又颁布德音，民间借贷十年以上，如果利息已经超过本金，法律不再保护。

这在当时，算是赤裸裸地剥夺债权，自然引发民间反对。但平民百姓不是军阀，无力对抗朝廷，所以只好发明了恩赦担保条款。今天我们在出土的敦煌合同文书可以看到这样的约定：以后，不管皇帝怎么发布德音，都不影响本合同的履行。理由很简单："官有政法，民从私契"——皇帝和官员，

---

① 《唐律·杂律》："诸买奴婢、马牛驼骡……立券之后，有旧病者三日内听悔，无病欺者市如法，违者笞四十。"长孙无忌《唐律疏议》："若立券之后，有旧病，而买时不知，立券后始知者，三日内听悔。三日外无疾病，故相欺罔而欲悔者，市如法，违者笞四十。若有病欺，不受悔者，亦笞四十。"

你们遵守政令和法律，我平头百姓，只认合同。

第三大功能，禁诈除伪。

古代为息讼安民，十分重视合同的管理工作，既作为官府收取交易税的凭证，也作为司法判决的依据。比如，周代契约分左右两券，右券为主，左券为副。右券是债权、物权的凭证，由权利人保管；左券是权利义务的法定证据，由官府保管。到了宋代，凡是田宅交易，官方都会发放标准化格式合同，并且是一式四份，当事人人手一份，商税院一份，地方衙门一份。

在具体司法判决中，无论是官方法律，还是民间习惯，合同都是地方官府确定权利义务的最重要依据。《清明集》中说，田宅买卖必须订立合同，这是"天下所通行，常人所共晓"，而"交易有争，官司定夺，止凭契约"。陈颖的判词说得更清楚："大凡官听财物勾加之讼，考察虚实则凭文书，剖判曲直则依条法。"凡是涉及合同纠纷，是对是错，依照法律；但是有是无，是真是假，就只能看合同约定。

这话说起来容易做起来难。因为民间常见的"三假"现象让地方官在合同认定过程中很为难，甚至很尴尬。哪三假：假合同、假签押、假手印。要是三假凑齐，还容易识破，但有的合同是假的，但签押、手印却是真的。真真假假，没有好品行，没有高智商，很难应对。比如，宋代的名臣元绛就遭遇过这种案子。一个姓龙的土豪贪图一个寡妇的家产，就设局放水借钱，引诱她儿子赌博，担保物就是她家的良田。寡妇的儿子一路输个精光，姓龙的土豪就拿着她儿子签押的合同起诉，这合同上还有寡妇本人真实的掌印。所以，官司打来打去，寡妇一直输。后来元绛到任，寡妇又击鼓喊冤。元绛拿来合同仔细研读，才发现问题所在：这寡妇作为当家人掌印，虽然是真的，但是手印是先存在的，合同却是后写的。于是，找来姓龙的土豪，让他解释清楚，天下哪有先打指模，再写合同的？

"海底眼"被揭穿，寡妇最终拿回土地。

这案子的真相——土豪先把寡妇在其他合同上的手印裁剪下来，再在掌印上书写合同。

这就是宋代经常出现的"白日鬼""钻铁虫""飞天蜈蚣"。

简单总结一下，合同是当事人双方实现权利让渡或利益交换的最重要凭证，是人类有别于猴群狮群的创造物，是人类文明的闪光点，也是人类合作的联结点。合同不仅是联结人身信用的黏合剂，还是防范贪婪人性的防腐剂，更是激活高尚道德的催化剂。

第十五集　为什么说"先小人后君子"

"先小人，后君子""丑话说前面""害人之心不可有，防人之心不可无"，这些都是中国传统人际交往规则的经典表达。

从本质上讲，是人都有贪心。之所以不动心，无非就是饵料的问题。孔子的孙子子思在卫国的时候，看到渔夫钓起来一条巨大无比的鳏鱼，能装下一辆大车。子思很奇怪，这么大的鱼，怎么就上钩了？渔夫说，关键看你用什么饵料。我开始用小鱼钓，这"巨无霸"理都不理，后来，我舍下半边猪肉，它一口就吞了。

这些人生感悟和经验传递的不仅是道德领域的处世法则，也是经济生活的应世智慧，自然也就成为法律构建的基本原则。所以，儿孙出门，父祖辈都会教育他们：财物交关，最是紧要。天上掉馅饼，地下必然有陷阱。不贪别人的，是一种道德自守，是一种善；但你还要提防别人贪你的，这是一种处世法则，是一种保全智慧。不要去激活、纵容别人的恶性恶行，更不能对别人生出贪欲，为非作歹，得到的是鸡毛蒜皮，失去的是名声前途，甚至生命。

既不能占别人便宜，也不能让别人占便宜，怎么办？于是，交往法则、应世技巧就自然而然地转换为法律制度。

比如，合同是谈成的，这是经济生活交往的常识。怎么谈？讨价还价。一斤猪排，你要100元我砍一半，你还80元我出60元，最后70元谈妥，你收现金，我提猪排走人。

讨价还价的过程就是合同对价形成的过程。为什么称为谈、称为讨？为什么可以谈可以讨？就是因为一个要卖，一个要买，市场有个通行价，内心还有一个心理价，双方都希望能获得最高价位。一个想多赚钱，一个想多省钱。最后，各自让步，生意谈成，皆大欢喜。

按照合同法原理和《民法典》的规定，合同讨价还价还有特定的条件或者原则。比如，合同双方都必须具有完全行为能力，否则谈来谈去，也就是小朋友过家家，算不得数，因为小神兽没有行为能力，做不了主。所以，假如你是网红主播，小神兽手一抖给你打赏5000元，先别高兴，除非小神兽父母追认，否则，按照《民法典》第144条，无民事行为能力人实施的民事法律行为无效。也就是说，小神兽的打赏行为是无效行为，只要别人爸妈追讨，你就要返还5000元，还得加上银行同期利息。

有了完全行为能力，还必须要强调自主自愿。按照《民法典》第5条和第657条，富婆刘三妹赠与小帅哥王小二10万元钱，王小二口中说着那多不好意思，但手一抖就收了，这赠与合同就成立了；要是一个富二代送一位美女10万元钱，美女红颜大怒，谁稀罕你的臭钱！这赠与合同自然就不成立。

甚至还有这样的画面，王小二和李小三是发小，是哥们儿，李小三欠王小二5000元，王小二豪气干云，说，兄弟就不用还了，拿这钱给女朋友买999朵玫瑰。这种债务免除是否有效？要是在《民法典》之前，王小二的意思表示一经做出，就发生法律效力，李小三就可以不用还钱了。但按照《民法典》第575条的最新规定，债权人免除债务人部分或者全部债务的，债权债务部分或者全部终止，但是债务人在合理期限内拒绝的除外。也就是说，王小二的单方意思表示还不能产生法律效力，还得看李小三是否同意。要是李小三千恩万谢地同意了，那债务就终止了；要是李小三也特仗义，坚决不干，那这债务仍然存在，王小二想当好人、善人都不行。

有了主体资格，还要自主自愿，谈成的合同是否就一定有效？未必。根据《民法典》第143条第2项，还得看双方做出的意思表示是否真实——不能存在《民法典》第147到第151条规定的情形，不是出于重大误解，不是因为欺诈、胁迫、乘人之危签订的合同，这些行为都可能违背当事人的真实意思。即便合同签订了，也可以行使撤销权。比如，一小孩在江边上玩耍，不小心掉江里了，宝妈请你救人。你说，救人没问题，得给钱。多少？一万元！说妥了，你跳江救人。孩子救起来了，但宝妈反悔，说，要钱没有，要命有两条！这就是《民法典》第151条规定的乘人之危，宝妈行使的是撤销权，你就不能指责对方违约，更不能恢复原状，把小孩推回江里去，那是故意杀人！

为什么签订合同要强调主体资格，要强调自主自愿，还要强调真实意思？表面上看，这些合同法的规定都来自两个著名的假设：一个是经济人假设，也就是说，在经济交往行为中，假设每一个人都是自私自利的人，是寻求自身利益最大化的人。一斤猪排，卖家想卖100元，买家只想出60元，一个想多挣，一个想少付，这是人之常情，无可厚非。另一个是理性人假设。假设每一个具有完全行为能力人都是自己利益的最佳判断者，对自己的行为有理性的预期，也能够知道并且能够承受这种行为所带来的法律后果。所以，王小二接受了富婆10万元钱的赠与，他应该知道会有什么事情发生；那美女拒绝富二代的赠与，也是因为她明知接受赠与会带来什么负担。

实际上，无论是经济人假设，还是理性人假设，都来自另外一种更高位阶的假设——人性恶假设。

人性恶假设不是逻辑推理，也不是经验实证，而是一种先验假设。直白地讲，民法上的人性恶假设并不是说每一个人就真的恶，而是假设为恶，然后通过制度设计，防范、抑制真正的恶。

这就是我们要解读的主题：签合同为什么要"先小人后君子"？

第一个问题，人性假设为什么能够决定法律制度？

"小人""君子"是道德标签，为什么会运用到合同法领域？因为涉及合同与人性之间的互动问题。

按照社会学、人类学理论分析，"先小人后君子"是陌生人社会的交往法则。因为缺乏人身信用，更没有熟人社会的身份关联，王小二、李小三之间就是纯契约关系，所以要讨价还价，还要议定抵押条款，至少也得找个保人，白纸黑字写下来，双方都得签字按手印。

按照经济学理论，"先小人后君子"是信息不对称催生的行为选择，是为了增强确定性、最大程度防范交易成本无限增大甚至合同目的落空。

我们通过分蛋糕模型来分析人性假设为什么会决定法律制度构造。

在性恶论前提下，每一个人都是自私自利的存在。基于这种假设，就产生了如下规则：第一是公选分配者。由所有参与分配的人共同推举分蛋糕的人。第二是信息程序透明。蛋糕有多大，分配方案怎么定，必须当众摆开，让每一个权利人眼见为实。第三是挑选顺序。如果分配者也要参与分配，对不起，你只能等到别人都拿完了，剩下的那一份才归你。如果分配不公，受损害的不是别人，而是你自己。如此设定规则和程序可以最大程度抑制分配者的恶性，使之不可能进行黑幕交易，不可能获取寻租利益，最终实现蛋糕分配的公平、公开、公正。

在性善论前提下，推行君子圣人、大公无私，分配者和再分配者通过身份自我授权，进行分配和再分配，必将不可避免地滑向权力寻租和分配暗箱，信息或单向投喂，或者被扭曲、屏蔽，最终大公的理想被不公的结果掩蔽，出现制度腐败，不仅不能抑制恶性，反而诱发恶性。最后，一部分人分得了蛋糕，另一部分人还能得到蛋糕渣，但更多的人根本不知道有蛋糕可分的事实和真相。

当然，分蛋糕模型仅仅是一种理论预设，但这种预设同样是人类经验和智慧的总结，是最贴近人性的假设，说明了不同的人性假设就会产生不同的立法理念，自然也会产生不同的法律制度。

合同法上的"先小人后君子"遵循的是性恶论逻辑，市场经济同样遵循着性恶论逻辑，中国改革一再提倡让市场在资源配置上发挥决定性作用，互通有无，公平互利，也是遵循了这一逻辑。

第二个问题，为什么选择性恶论作为契约行为的基础？

一定程度上说，市场行为就是契约行为，市场经济也就是契约经济，而性恶论必然成为契约行为的基本逻辑和制度前提。具体而言,我们从如下三个层面进行分析。

第一个层面,人性假设与制度设计。

直观地说,西方近代以来的社会变革依靠的就是性恶论。比如,德国哲学家黑格尔认为,恶是推动历史发展的动力。正是人类寻求各项基本需求的满足,人类才有了相互的信任与合作,才致力于构建超越动物界的秩序和法律,乃至更高的道德、宗教。而德国古典哲学家康德也认为,从本能上讲,每一个人都是恶的,都是反社会的,都想自由驰骋,无拘无束,容不得任何管束控制;同样,正是因为每个人都有这样的需求,人类才开始有了追求共同理想实现的理性路径,比如,充分合意的合同、完善有序的市场,最后就是作为社会共同体的民族国家。这就是所谓人的"反社会的社会性",是基于个体之恶成就的总体之善。

也就是说,在理性主义的性恶逻辑下,每一个自私自利、自在自为的人为了个体目标的实现,承认、尊重他人与自己有同样的权利,这就是契约精神、民法精神。

最有趣的例证就是,"一夫一妻制度"是性善论推动的结果还是性恶论的必然?

从法文化层面考察,一夫一妻制度只能是性恶假设的结果,而不是求仁得仁的结果。目前,一夫一妻制产生原因的理论解释有两种:一种是人口刚性。在男女比例大致均衡情形下,唐伯虎娶九个老婆,就意味着会产生八个男性光棍;而这八个男性为寻求本能满足,只能通过暴力掠夺方式对抗一夫多妻制,这会给社会带来血腥灾难。于是,为了社会秩序,为了家庭安全,为了子女的顺利繁衍,人类开始有了婚约,有了一夫一妻制度。

另一种解释同样是基于性恶论。根据美国社会学家罗斯的考察,西方的一夫一妻制度产生于雅利安人大迁徙过程中。原始动力既不是为了追求婚姻关系的稳定性,更不是为了追求忠贞的爱情,而是因为大迁徙过程中严格的食物配给制度:固定角色、固定份额,男性无力养活配偶之外的其他女性,女性也不愿意离家出走，流浪荒原。①

这可能很残酷，甚至很荒诞，但确实可能就是历史的本相。

第二个层面，利益博弈与行为选择。

基于性恶假设，除了极个别的身份行为，比如，父母对未成年子女的无私奉献和无微不至照护外，其他的社会性行为一般都得遵循契约精神，合作共赢，迫不得已，才会走向对抗。所以，市场与合同就成为资源配置最重要的方式。

所谓社会性行为，就是摆脱家庭身份强制后与他人建立社群关系的行为。为了防范他人对自己的强制甚至剥夺，法律赋予了每个人平等的法律地位和自由意志，更是对其所有的财产进行强制保护，这就是《法国民法典》最重大的世纪性贡献。

也就是说，民法典本身的产生也是为了对抗他人的非法限制、强制与剥夺。拿破仑的伟大之处就在于：我有很多军队，但我不能剥夺任何一个人的财产。因为，对一个人财产的侵犯，就是对所有人财产的侵犯。所以，即便是英国国王，也不能随意闯入平民百姓家躲风避雨，因为那是平民寄托身心的隐秘之地。每个动物最直接的本能一个是保护自身生命的安全，另一个就是保护巢穴的安全。因为那既是它的藏身地，又是它后代的养育地。

人同此心，心同此理。所以，民法上渐渐有了住宅安全、隐私安全，最后还有了安宁权。

第三个层面，行为规则与利益平衡。

有了平等的身份和地位，有了独立的意志和自由的可选择空间，才能谈得上真正的博弈，否则就可能是奴役和压迫。

"先小人后君子"的制度逻辑就是为了建立一种双向的行为规则，最终达成利益均势，既不会让一方暴得大利，也不会让另一方无端受损。所以，在合同法上，我们要追寻真意——契约行为中双方的真实意思。

---

① E.A. 罗斯：《社会控制》，秦志勇、毛永政译，华夏出版社 1989 年版，第 54 页。

王小二、刘三妹通过"非诚勿扰"平台，对上眼，牵上手，确立了恋爱关系。为了表达结婚的诚意，也为了表达爱意，王小二送上了宝马车，刘三妹笑纳了，但拒绝了王小二的结婚请求，还声称这是王小二自愿送的，是赠与合同。

赠与是不错，但这种赠与是附结婚条件的赠与。法律为了防范刘三妹的道德投机，就必须追寻王小二赠与刘三妹宝马车的真实意思；而作为成年女性，刘三妹自然知道也应当知道王小二的赠与就是一种缔结婚约的意思表达。

如果不愿意结婚，那就只有一条路：返还宝马车。否则，就是纵容道德投机，会引发更多通过婚姻骗取钱财的不良行为。

第三个问题，"先小人后君子"理念在合同法上如何呈现？

如前所论，"先小人后君子"是陌生人社会的交往法则，在合同的磋商、订立、履行阶段都具有层次分明、秩序井然的防范逻辑和具体措施。

第一，确立行动策略。"小人""丑话"这类的表达实际上是一种身份确证，是为了利益的平衡而展开的行动策略。一方面防范被相对方道德绑架；另一方面防范相对方道德投机。比如，你有钱，就得有善心，就得帮助我；否则你就是不道德、不仁义，为富不仁。

现在有些网民喜欢搞笑，将马云的家产和自己的身家进行叠加平摊，自己瞬间也就成了亿万富翁。这是搞笑，是戏谑，甚至有可能是反讽。但人世间确实有这样的人、这样的思维。今天很多网暴言论就是这种思维的产物，与 2600 年前雅典"执政兼总裁"梭伦改革之初，很多贫民的道德逻辑惊人的一致：法律平等就是财富的平等，把穷人和富人的财富平均分配了，就是真正的平等。

还好，梭伦没有被绑上纯道德战车，碾压富人阶层。而是在废除债务奴隶的同时，同样承认了富人的所有权合法和财产继承的自由，迎来了雅典的持续繁荣。

第二，物化、固化证据。合同既是权利义务的载体，也是一种物化的证据，只要涉及财产处分，哪怕是家族内部之间，也得通过分关协议或文书载明财产继承、分配细则，并作为一种证据由各房、各支收存。这既是一种产权证明，也是一种诉讼证据，是防范亲人反目成仇的最有效措施。

第三，公示程序。我国从西周时期开始，就要求交易双方必须留下物化证据，就是用刀具在木板上刻上合同，这就是最早的契约。在西汉时期，法律还要求订立合同必须履行相关的程序，比如，必须得有知券或中证，也就是由专人主持合同缔结仪式，由专人担任合同见证人。如果涉及钱物借贷，很多场合还需要"任者"——担保人。

第四，公开仪式。古人缔结重要合同，不仅要履行公开程序，为郑重其事，还会要求双方共同参与特定的仪式，向天地神灵、列祖列宗发誓，这就是著名的契约誓言制度。比如，身份契约中的兄弟结拜要歃血为盟，男女之间私订终身一般都要指天发誓，甚至还要海誓山盟。

所有这一切，都是为了避免双方都不愿意看到的最坏结局：背盟或违约。

简单总结一下，"先小人后君子"是传统中国对人性的精准把握，也是维护契约正义的智慧表达。正是因为道德降维，合同当事人才摆脱了传统的身份强制和道德约束，迎来了真正的合同自由和利益均衡。

第十六集　为什么"亲兄弟"还要"明算账"

　　《民法典》第 1074 条、第 1075 条将传统亲人之间的抚养、扶养、赡养义务从道德义务直接上升为法律义务。[①]王小二未成年时，父母去世或者父母没有抚养能力，爷爷奶奶、姥姥姥爷有负担能力的，就应当挑起抚养王小二的责任；如果哥哥姐姐有能力，就得和长辈一起承担扶养义务。同样，父母去世或父母没能力尽赡养义务，作为孙子孙女、外孙外孙女的王小二、刘三妹等人就要接力，赡养爷爷奶奶、姥姥姥爷。此外，哥哥姐姐养大了王小二，以后哥哥姐姐陷于贫困无助境地，王小二也必须反哺，承担扶养的义务。

　　这是社会保障体系不完善、国家还无力承担所有人的养老义务情形下家庭内部责任的法律分配，既是对传统家庭美德的传承弘扬，也有利于明确责任。

　　几千年来，"打虎亲兄弟，上阵父子兵"，形容的就是人生遭遇困境或不可知危机时，亲情永远是解忧脱困最直接、最有效、最有力的方法和路径。

　　这是一种直抵人心、直击人性的中国式经验表达，绝对不是简单的人生警句，更不是简单说说而已。这句话所包含的理念、智慧和动能、活力被广泛运用到人际交往情景中，成为一种积极有效的人生实践。

---

　　①《中华人民共和国民法典》第 1074 条："有负担能力的祖父母、外祖父母，对于父母已经死亡或者父母无力抚养的未成年孙子女、外孙子女，有抚养的义务。有负担能力的孙子女、外孙子女，对于子女已经死亡或者子女无力赡养的祖父母、外祖父母，有赡养的义务。"第 1075 条："有负担能力的兄、姐，对于父母已经死亡或者父母无力抚养的未成年弟、妹，有扶养的义务。由兄、姐扶养长大的有负担能力的弟、妹，对于缺乏劳动能力又缺乏生活来源的兄、姐，有扶养的义务。"

比如，明代倭寇之祸，后来被戚家军荡平。而戚家军的主力精锐都来自一个地方——浙江义乌。这地方的人勇武赤诚，重义轻利，最重要的是看重亲情，随时可以为捍卫家族利益牺牲生命。戚继光看到了这种精神背后的聚合力，毅然决然地在义乌募兵，后来成为倭寇的噩梦和宿命。曾国藩的湘军，显然是借鉴了戚家军的创意，也是一支建立在亲缘纽带上的劲旅，所向披靡。这种亲缘要么是血缘，比如，曾国藩和曾国荃、刘坤一和刘培一是亲兄弟。要么是学缘，比如，胡林翼、左宗棠、罗泽南是同学关系。要么是地缘，比如，罗泽南湘乡人，手下都是湘乡子弟；江忠源是湖南新宁人，手下只收新宁的兵；李元度是平江人，军事主力自然都是平江人。

　　这种组织最容易激活人性中最敏感、最深层的情感反应机制。要是死掉的是自己亲哥哥，弟弟无论如何都会拼死向前，报仇雪恨；要是看见老师被围被困，一帮学生自然会凝心聚力，千方百计施救，助其脱困；同样的原理也适用于老乡、同学、朋友之间。

　　这种亲缘，无论是基于血缘伦理，还是基于社会伦理，都能最大程度地发挥正向效应，互帮互助，生死与共。

　　至于血亲之间，这更是一种接近于本能的互助动力机制，远远超过社会伦理所链接的各种关系。近几年，《盗墓笔记》《鬼吹灯》之类的读物特别流行，实际上，这种职业最能够反映人性的本能。所以，在盗墓者中有一些不太成文的行规或惯例：一方下墓探宝，一方守候救援。但这种分工最大的风险就在于，当宝物取尽，守候救援的一方为了独吞宝物，不仅不会将探宝的人拉上来，还会割断绳索，甚至落井下石，关掉墓门，让同伴成为活死人，不是被砸死，就是被憋死。为了求财，反而丧命。

　　这是盗墓黑幕中最阴暗的人性底色。为了防范这种风险，盗墓行业就有了一些创意。比如，只选择绝对可靠的亲属作为合作伙伴。但最可靠的亲情在重大利益面前也可能面临背叛。所以，为应对灰暗的人性和不可知的变数，相应规则和附加规则就产生了。如果是兄弟联手，主要规则：弟弟下去探宝，哥哥守望救援——因为哥哥一般不会丢下弟弟；附加规则：最重要的、最值钱的宝物，弟弟要随身携带，防止哥哥见利忘义，杀人灭口。如果是父子联手，儿子下去，老父接应，没有附加规则。为什么？虎毒不食子，老父一般不会为了钱财选择向亲儿子下手。要那样，人群和兽群就没有区别了，也就没有坟墓，更用不着盗墓了。

我们讲这些例子的目的，是想说明：再牢固的人身信用、再紧密的人身关系，在强大的利益面前都可能崩溃，这是人性的幽暗底色，也是人作为动物一面的本能选择。

要防止这种人性本能的泛滥，就必须通过制度设计进行正向牵引，所以人类发明了其他灵长类动物所没有的道德、法律、宗教。

这也是我们要探讨的主题，亲兄弟为什么还要明算账？

这话本来是一句俗谚，说明在利益面前，再好、再亲的关系都必须先说断，而后不乱；否则一旦利益占了上风，不仅利益分配不公，还会导致亲情失落、友情断链。

改革开放几十年来，我国有一个特别奇怪的现象：很多好朋友、亲兄弟在创业阶段，都能荣辱与共，同心同德，苦苦相互支撑，共同渡过最艰难、最危险的阶段。一旦成功，要么猜疑不平，要么分配不公，要么看对方不顺眼，最后的结局自然是分道扬镳。好一点的通过股份化解危机，差一点的散伙走人，最糟糕的是同归于尽，谁也别想捞到好处。

这曾是几代创业者都面临的时代困境：能共苦，不能同甘。说到底，还是涉及利益分配问题和事前约定问题。之所以会出现上述两个问题，真正的症结在于一些特别重要的前置问题：比如，亲情、友情和契约精神是否矛盾？亲兄弟明算账反映的基本诉求是什么？这种传统诉求和《民法典》的精神是否吻合？

我们结合《民法典》和传统法文化，分别解读如下。

第一个问题，为什么亲情容易导致产权模糊？

有网友发表意见说，亲兄弟明算账，这话很混账，太小气，太俗气，太绝情。

这话属于纯道德差评，角度单一，观点偏激，最后的结果就是绝对的自私。为什么？这是以传统的身份强制义务模糊亲人之间的产权边界。

大哥王大山有钱的时候，弟弟王小二就理直气壮地认为，大哥有钱，什么时候都该你出钱，我没钱，你还得给我买房买车，还得随时给我恋爱经费和零花钱，否则就不像当大哥的样子。

目前，很多姐弟关系也是这样，姐夫有两套房和一百万元存款，未来的岳母就出面了，姑爷你拿一套房子、五十万元出来给我儿子——你小舅子。理由是什么？因为他是你小舅子，你就该帮他。

这是典型的中国人情逻辑。

但是有朝一日，小舅子李小二有钱了，你要让他感恩回馈，他同样会理直气壮，我的钱，凭什么你来享受？给我找法律依据来！

这又是典型的西方法律逻辑。

我们中的很多人都随时生活在这两种逻辑当中。自己是弱者，就用中国人情逻辑，你该帮我；自己是强者，就用西方法律逻辑，我凭什么帮你？这样折腾几十年，就催生了一种可怕的社会习气：仇富、嫌贫，谁看谁都不顺眼，最后的结局不是相爱相杀，就是互仇互害。

实际上，我们应该理性地区分亲情、友情和契约精神，明确这是两种不同的文化语境和交往规则：一类是纯身份的血缘亲情关系，一旦到了急难、危难时刻，应当患难相扶同舟共济，这是基于特定身份而产生的道德义务。《民法典》将有能力的亲属可以尽抚养、扶养、赡养义务并从道德义务上升为法律义务，其目的就是激活亲情，无可厚非，至情至理。

但"亲兄弟明算账"涉及的是另一类逻辑和语境：如果兄弟之间财产独立，要携手合作创业，身份法的兄弟关系之外又增添了一层关系——生意伙伴关系。为了防止两种身份的混同，必须对财产进行明确约定，防范经济行为危及亲情。

换句话说，两种语境反映的是不同的法权关系，也应当适用于不同的交往法则。一种是身份关系，一种是纯契约关系。各走各道，两码事，一码是一码，不能绞缠。否则，身份与产权混同，不仅事业无成，还会危及亲情。

晚清幕僚汪辉祖在家训中谈到借钱的规则。只要借钱就要还钱，不要赖，最好开口向朋友借，不要向弟兄姐妹借。为什么？因为朋友之间有通财之谊，可以互通有无。这是一种友谊，也是一种道义。所以你写张借条、发个短信就可以微信转账收款。因为朋友之间，利益是利益，情谊是情谊，不能拿情谊覆盖利益，损人利己。这是人际交往规则，也是一种利益互动。既是一种契约精神，也是一种信任互惠。丑话说在前面，谁也不吃哑巴亏，谁也不会通过损害他人利益而获利。

但在兄弟姐妹之间，问题就复杂多了。借吧，怕你还不起；不借吧，伤的不是感情，是亲情。要让你写张借条，当姐的开不了口，姐夫出面开口，你可能就摔门而去，然后老死不相往来。亲戚之间，更为敏感。北京前门大栅栏东口粮食店街，有一家中华老字号——六必居酱园，五百年来，产品质量过硬，服务周到细致，但更重要的是内部的管理诀窍，让它走到今天。这就是"不用三爷"，即姑爷、舅爷、少爷等人一律不得在本店任职。

所以，人伦亲情中的利益纠缠，能避开就尽量避开，实在避不开，就要把话说明白，最好白纸黑字写下来。这就是亲兄弟明算账产生的动力基础，也是亲友创业的合作前提。

第二个问题，"亲兄弟明算账"有什么作用？

亲兄弟是自然法上的身份赋予，明算账是契约法上的利益联合与风险共担。这句俗谚表达的经验和理念——不能以身份行为控制、干扰经济行为。王大山、王小二是亲兄弟，按照合同法原理，两兄弟一旦联手成立企业，就必须遵循双方的共同约定，企业是企业，兄弟是兄弟，王大山不能以大哥身份擅自帮小弟作主；王小二也不能因为法人是大哥，想怎样就怎样，今天旷工，明天支钱，或者赶走看着不爽的总经理。

这是契约精神，也是经营法则。从这个角度看，"亲兄弟明算账"反映的是一种相当先进的契约精神和经营理念，即便在发达的 21 世纪，依然有独到的功能和价值。

第一大作用，实现身份和财产的有效分离。

德国经济学家马克斯·韦伯有个判断，现代资本主义的基本过程就是两个分离：商业从家庭分离；生产者与生计来源分离。社会学家齐格蒙特·鲍曼对此深表认同。他认为，第一个分离使盈利行为摆脱了道德和感情的约束；第二个分离使个体行为摆脱了家庭的束缚。[①]也就是说，王大山、王小二按照出资比例享有企业盈利的分配权。这种分配的基础是股东，不是兄弟；是出资额度，不是兄弟情谊。这样一来，按照美国社会学家罗斯的社会控制理论，两个"分离"就具有了更高的制度意义：稳定的契约关系就会取代变幻莫测的道德情感关系，最终从家族企业走向现代企业。[②]

家业分离也是我国近代家族企业形成的前提和标志。自贡早期盐业四大家族之首的王家，家道中落后，王朗云兄弟三人为光大祖业，在道光十八年（1838年）协商分产分居，实现财产与身份的双向剥离。除提留家族公项祠产祭祀祖先和维护公益外，其他产业全部按照股份进行分配。与一般家族实体化、均等化的分家析产不同，王朗云家族经历了两个最重大的变革：一是实现了家族共有财产的股份化改造，对内进行股份内部配置，实现身份脱域，剥离了亲缘关系对商业行为的身份性干预，杜绝了一会儿老婆查账、一会儿小老婆要钱、一阵子小舅子要当经理等传统弊端。二是实现了股份的商业化、资本化。无论是大爷，还是少爷，无论是婶婶，还是小姨，只要你转让了股份，就不能再拿辈分压人，更不能打亲情牌，要求分红提成，对内超越了传统家族道德和感情的单向考量，对外打造了开放型经济共同体。

第二大作用，实现利益关系的清晰定量。

"亲兄弟明算账"实际上反映的就是诺斯（美国经济学家）产权经济学的基本内核，只有产权明晰、权责分明、核算透明，才能节缩交易成本，降低费用，减少摩擦，约束偷懒、作弊、疏忽等行为，还能有效激励，形成稳定预期。更能缓解经济纠纷，润滑相互关系，培育有效信任并进行长期合

---

① 齐格蒙特·鲍曼：《共同体》，欧阳景根译，江苏人民出版社2003年版，第31—32页。
② E.A.罗斯：《社会控制》，秦志勇、毛永政译，华夏出版社1989年版，第9页。

作，从根本上破解能共苦不能同甘的困境。

中国式兄弟，无论是亲兄弟，还是结拜兄弟，或者上下铺兄弟，最早都选择合伙方式经营。说是合伙，但没有书面合同，都是酒桌上"一言既出驷马难追"。后来，王小二出钱垫本，李小三出力跑关系，张小六出技术，很难进行量化均等。一旦有了不如意，最先撂担子的可能就是不出钱的李小三、张小六，反正没有实质性损失，无所谓。亏了我不管，赚了你得分我一杯羹。但出钱的王小二就不干了，说好是合伙，凭什么我一个人兜、一个人扛？于是，明明赚了，非要开假账、虚列开支，说亏了，王小二要其他两兄弟赔钱，还对簿公堂。合伙只能散伙，兄弟也就此散场。

第三大作用，实现利益风险的合理分配。

按照两个分离的理论和逻辑，"亲兄弟明算账"既实现了兄弟间资产的公平分配，又实现了经营的自主管理，还实现了风险的自我承担。鲍曼认为，商业之所以要从家庭亲缘关系中分离出来，主要出于一种合理化秩序追求：可以防范经济上的不合理行为，防范道德责任、亲属关系，以及其他因直接交往所支配的形式对商业企业带来破坏性影响。[①]

比如，刚刚讲到的合伙，有利可图，兄弟们一拥而上，主张合伙人权利；一旦无钱可赚，亏本舍财，谁也不想拿出自己的那一份。如此合伙，集体沉默，假装糊涂，表面信任，心存疑虑，自然就成为常态。

特别是口头合伙，王小二拿着兄弟们的钱实际经营，如果话不清爽、产权混乱，账目自然也不干净，后来甚至成了王小二的个体店、独门店。亏了算合伙，谁都跑不掉；赚了对不起，利润免谈，所有投资算我借兄弟们的钱周转，是借贷，不是合伙，最多还本金加同期银行利息。

第三个问题，"亲兄弟明算账"在21世纪的中国还有没有存在空间？

美国经济社会学家斯梅尔瑟认为，社会结构必然影响经济发展。其中，以家庭为中心的传统社会结构"最大、最明显的缺陷就在于它不能为经济发

[①] 齐格蒙特·鲍曼：《现代性与矛盾性》，邵迎生译，商务印书馆2003年版，第59页。

展提供出有效率的组织形式"。① 说直白一点，王小二辛辛苦苦开个公司，爸妈要插手，兄弟姐妹要股份、要管理权，七大姑八大姨要塞人进来当副总，侄儿侄女伸手要分红。这样一来，再好的公司也会被带偏，不是出轨，就是翻车。

按照斯梅尔瑟的考察结论，西方 19 世纪开始就不断淡化、弱化家庭对企业的影响，最终实现"家"与"业"的分离。这种分离激活了资本主义的制度优势，父母兄弟姐妹、族长姑父大姨夫，甚至夫人、小姨子、小舅子再也不能控制、干预公司经营，最终推动了企业的发展和社会的进步。

这个结论对不对？肯定对，但前提只能是针对西方，也可能是中国未来的走向。但在我国，直到今天，家庭都还是一个基本的生产单位和内部自我管理单位。所以，绝大多数基于亲缘关系或拟制亲缘关系而成立的企业还是只能遵循"亲兄弟明算账"的制度逻辑。

不可否认，"亲兄弟明算账"的中国经验与现代社会和《民法典》所倡导的价值理念、经营模式高度吻合。今天的儒家文化圈中，中国内地、中国香港、中国台湾，日本、韩国众多的家族企业不仅立足本土，还打开了国际市场，都直接说明"亲兄弟明算账"的法谚表达仍然具有其时代性和必然性。

但同样不可否认，"亲兄弟明算账"中仍然隐含了大量的身份强制和道德逻辑，特定的身份差别和权责配置还不断侵蚀契约精神的基石。只有在《民法典》精神的引领、关照下，彻底破除身份依赖和道德强制，才能打造出合于契约精神的现代企业。

---

① 尼尔·斯梅尔瑟：《经济社会学》，方明、折晓叶译，华夏出版社 1989 年版，第 165 页。

第十七集　合同上按指印有什么用

《民法典》第 490 条规定：当事人采用合同书形式订立合同的，自当事人均签名、盖章或者按指印时合同成立。第 493 条规定：当事人采用合同书形式订立合同的，最后签名、盖章或者按指印的地点为合同成立的地点。

这是一个新规定，说明了在合同上按指印和签字、盖章具有同等法律效力。

这也是一大立法亮点，是对民间习惯的立法认可。以前的合同法第 32 条曾规定：当事人采用合同书形式订立合同的，自双方当事人签字或盖章时合同成立。也就是说，书面合同只需当事人签字或盖章后即告成立。

但针对民间古老的习惯法传统和迫切的现实需求，最高人民法院在《中华人民共和国合同法》司法解释（二）第 5 条规定，订立合同，应当签字或盖章，如果用按手印的方式替代签字、盖章，人民法院应当认定其具有与签字或者盖章同等的法律效力。

为什么说是迫切的现实需求？因为在民间经济、社会生活中，很多事情要郑重其事，除了签字、盖章，很多场合都要求当事人按上手印。比如，在房地产交易中，在自己姓名、交易金额、违约金约定等核心条款中，都要求当事人按手印；至于男女双方自我约定的婚姻条款、家庭的分家析产合同，更需要当事人签字、按手印。

这样看起来很琐屑，过于谨慎，但却避免了可能的风险和成本。比如，房价暴涨期间，老公以自己的名义卖掉房子，不到半年，房价噌噌上涨，两口子一商量，于是，妻子出面了，状告丈夫无权处分，自己没同意，丈夫就单方面处分了夫妻共有的财产。为什么会有自己的身份证复印件和签名？对不起，是老公盗用她的身份证，代签姓名，不算数，不能产生法律效力。

此类官司有多少？大家查查司法判决文书就知道。这样一来，无论是真的不知情，抑或是道德投机，对买房子的人、对人民法院，甚至对房地产中介来说，都是一颗定时炸弹，说不定什么时候就爆雷。拖死购房人，累死法官，还牵连中介人。

为什么在合同上按手印又是古老的习惯法传统？因为《民法典》这个规定，既是对司法实践证据认定规则的立法认可，更是对古老民间习惯的立法认同。

世界上没有两片完全相同的树叶，也没有两个完全相同的指纹。所以，从很早时期开始，指纹就作为生物识别信息被采集收取，作为人身识别最重要的依据之一。

1927 年，德国指纹学博士罗伯特·海因德尔出版了《指纹鉴定》一书，成为指纹学的经典巨著。他认为，世界上最早提出指纹识别的学者是唐代的贾公彦，大宋提刑官宋慈《洗冤录》后来居上，系统地描述了以指纹断案的各种方法。实际上，根据 1975 年湖北云梦出土的秦简《封诊式·穴盗》篇的记载，秦代的刑事侦查已经广泛利用膝盖、手指等纹路、痕迹作为鉴定手段。也就是说，从刑事鉴定层面而言，指纹鉴定不是始于唐代的贾公彦，而是始于两千多年前秦代的正规法令。

除了侦缉犯罪，手印也是嫌疑人坦白罪行的物化证据。我们在影视剧中看到最多的情节就是嫌犯签字画押，只要嫌疑人在供状上签字按下手印，就基本上是铁案如山，很难翻盘。

手印还是中国古代进行军事管理和社会管理的有效工具。到目前为止，世界上最早、最原始的"指纹数据库"应当是南宋时期发现的《箕斗册》。这是为了军事管理需要，为了稳定兵源，也为了统计，除了在清册中列明兵丁的名字、年龄外，还会采集、描摹指纹，甚至还在充军、配军的脸上刺上红色的印迹，逃到天涯海角都可能被抓捕归案。这种管理方法直到清代都还延续，一般军营里都有本部兵丁的年籍箕斗清册。年指年龄，籍指籍贯，箕斗指指纹。

这种军事管理手段后来被用到社会管理层面，官府也开始建立由专人管理的人口信息档案，如果出现罪案、暴动等反常事件，首先核查的就是这类人口档案。

仔细考察，现存文献和影视剧中再现的大都是一种古代刑事侦查和司法审判的场景，收集手印和按手印都是证明证据真实性和个人身份真实性的公法手段。

实际上，比公法管理应用更早的指纹识别应当是在民事领域。比如，周代的买卖合同中有"质""剂"两种，正规、大额的交易用"质"，刻在木板上的合同就长一些；一般的小额交易用"剂"，刻合同的木板要短一些。但无论是质，还是剂，都涉及国家的税收和当事人的交易安全，都是一份内容完整的合同。

"质""剂"都刻在木板上，从中剖开，双方当事人各执一半，以为征信。如果要履行合同，双方各自拿出所藏合同，一拼一接，就知道合同的真伪了，这在先秦时期称之为"合券"，宋代以后称之为"合同"。

所谓合同，就是"合而同之"的简称，本来是合同勘验制度，后来成为契约的代名词，也就是今天"合同"的意思。

但稍加留意就知道，合同一分两半，要是后来对不上、拼不拢，怎么来证明谁的合同是假，谁的合同是真？

古人的智慧还真不能小瞧：为了防范欺诈，契约上会用刀具刻下双方的指节甚至指纹，想跑路溜号万万不能。所以，汉代大儒郑玄注释《周礼·地官·司市》时，特别有一句话，说周代的质、剂，相当于汉代的"下手书"，上边有指节、指纹。到了唐代，贾公彦在注释周礼时，又顺带解释了另一个现象，汉代的"下手书"，就是唐代的"画指券"——那时候，已经不需要刀刻了，而是在合同末尾用笔画下指节、指纹。①罗伯特·海因德尔只注意到了贾公彦的文字，而忽略了郑玄的解读，所以硬生生地将中国的指纹识别史下拉了一千多年！

也就是说，在民事合同中，从周代的质剂，到汉代的下手书，再到唐代的画指券，乃至于到了宋代以后按指印、掌印都是合同勘验制度的沿袭和改良，一脉相承，从未断绝，还延续到了解释现在的《民法典》。

下面，我们从法文化角度具体解读古代合同制度中指印文化。

第一个问题，什么是"手摹"？

古人把手印叫"指模""手摹"。具体方式有几种：一种是狭义的，叫"画指""获指"，在合同上用刀具或笔刻画当事人的手指指节，一般以中指、食指为主。发展到后来，有了印泥，当事人就将自己的指纹印在合同书上。一种是广义的，不是刻画、按手指，而是将整个手掌的掌印印在合同书上。按照张传玺先生的考证，有的还将整只手或两手纹理都印在契约上；甚至不仅有手模，还有脚印。把合同写在很长、很宽的白布上，债务人站上去，要么刻，要么画，要么印，这样手脚并用，全趾全节，想反悔，太难了。

通过对出土文献考察，这种签约习惯在汉代已经普及。汉代建始二年（前31年）的一份合同中，有人卖一件皮草，请来了见证人杜君隽，在这位见证人名字下方外侧画有三横，这显然是汉代下手书的考古证据。到了唐代，合同上都要约定清楚，双方当事人必须"画指"，否则，谁也不能证明合同宣告成立，更不能证明合同是自愿签订的。宋代黄庭坚就曾经记载，民间很多人是文盲，要签字画押太难为别人，怎么办？伸出手来，画个指节。至于不动产买卖，利害极大，所有人都会印上手模，以防欺诈。

古代的手印和传统的文化认知息息相关。其中，最重要的一条就是男左女右。比如，敦煌出土的后唐清泰三年（936年）的一份合同文本中，作为户主的儿子用左拇指画押，作为共有人的母亲则用右中指画押，显然是古代

---

①《周礼·地官·司市》："以质剂结信而止讼。"郑玄注："质剂，谓两书一札而别之也，若今下手书。"贾公彦疏："汉时下手书，即今画指券，与古'质剂'同也。"

阴阳五行哲学思想在契约中的具体表现。

正如黄庭坚所说，一般的即时交易合同可能不会打手模，但一旦涉及人身和不动产，就必须打。① 宋代陈元靓在《事林广记·家礼·婚礼》中特别说明，男女双方订婚，必须在合同书上写明细节，说明王小二家给了多少聘礼，刘三妹家还了多少陪嫁，然后双方"点指画字"，否则不产生法律效力。② 到了明代，民间一般盛行用画押方式，只签字，不打模，显示自己有文化。但根据正德、万历年间的李诩记载，如果仅仅是卖个房，或者买个奴婢，只需签字就行；但要是休妻，不管作为文盲的佃户，还是官员，都必须打手模。③ 为什么？因为这类人身交易事关人伦，风险最大，而指模的可信度、公信力最强。

这种合同法上的习惯不仅流行于汉族地区，也广泛普及于少数民族地区甚至流向日本，成为判定合同是否成立、是否有效的法定条件和物化证据。今天出土的唐代契约，末尾一般都有手印。1959 年，新疆维吾尔自治区米兰古城出土了一份唐代藏文文书，是借小米的，落款处就有四个鲜明的红色指印。结合大量敦煌、吐鲁番的出土文献，可知中古时期，按手印的缔约习俗已经广泛流传于今天的藏族、回族地区。

第二个问题，哪些人需要按手印？

第一类，契主，也就是合同当事人及近亲属。按照宋代法律，如果法定的户主、家长长期不在家或已经去世，则女性尊亲属和其他共有人都是合同当事人。《清明集》中有个案例，有个帅小伙父亲去世，不务正业，喝酒赌博，欠下一屁股债。于是，瞒着母亲和兄弟悄悄把家里的土地典出去换钱

---

① 黄庭坚：《涪翁杂说》："今婢券不能书者，画指节；及江南田宅契亦用手摹也。"转引自国学大师，http://www.guoxuedashi.com/csfz/270876btxk/.2020 年 5 月 7 日。

② 陈元靓：《事林广记》前集卷十《家礼·婚礼》："诸婚娶两家，并用点指画字，写立合同文约，明白具载往回聘礼。"转引自书格，https://new.shuge.org/view/shi_lin_guang_ji/.2020 年 5 月 7 日。

③ 李诩《戒庵老人漫笔·汉肇手摹》："今细民弃妻，无论能与不能书，皆仍手摹之习。若婢券田宅契，则不然矣。"转引自国学大师，http://www.guoxuedashi.com/csfz/270876btxk/.2020 年 5 月 7 日。

喝酒、还债。合同上自然就没有其他成年家属的指印。所以，刘克庄在审理该案时就认为：依法，父亲没了，母亲就是契主，因系共有财产，其他兄弟也必须在合同书上共同签字画押。这小伙子的行为属于典型的"违法交易"，买方明知故为。最后判决：产业归还原主，交易款项没收，合同呢？作废。

第二类，知券和中证。也就是主持合同签订仪式的人和见证人都得在合同书上签押。前面讲到的汉代作为"旁人"的杜君隽虽然不是合同当事人，但是合同的见证人，所以必须画下指印；主持仪式的人就更不用说了。

第三类，亲邻。主要是指非家庭成员的近亲属和邻居。这两类人为什么要在合同书签押打模？因为古代法律有一个专门的制度，叫亲邻优先权，凡是买卖房地产的，必须先在近亲属中问明有没有愿意买的，没有，就得问房邻和地邻。如果不问亲邻，擅自买卖，那就侵害了亲邻的优先购买权，合同无效，还要承担其他责任。

于是，民间出现了一个高效且操作性极强的程序：立账。王小二把自己要卖的房屋土地详细情况写在纸上，张贴在祠堂大门口、交通要道，公告周知：各位亲，要买的，给个价，这叫批价；不买的，请批退——就是在立账文书上不愿买那一栏上签上大名并画押打模，省得以后大家闹矛盾。

此外，按照法律和民间习惯，保人、倩书（也就是今天的代笔）都必须签押或者打模。

第三个问题，按手印的法律功能是什么？

从微观层面而论，按手印的功能是为了确证合同是否成立、是否有效，同时也是辨别合同真伪的最有效手段。比如，代笔、中证等人签押合同，不仅是为了证约，还有以后做证的法律义务。对于这两类人，双方当事人都要适当地表示一下，给点辛苦费、误工费、车马费，还得请来跟合同有关的人一起聚个餐、喝顿酒，通过这种仪式强化合同的公开性和公信力。这就是汉代缔约程序中的"沽酒"，后来叫"吃中"，今天叫"酬中"。

再如，前面讲到的亲邻优先权为什么要批退？就是为了保障亲邻人等的知情权、同意权、决定权——知不知道王小二卖房，是否愿意购买，是否放弃优先权等，都得摆开说明。不能事前投机取巧，更不能事后落井下石。今天我国西南少数民族地区还特别保留了亲族的优先权，买主为了确保交易成功、防止亲族人等遮占干预，在买卖缔约之后，会邀请对方亲族、寨头、中人饮宴，同时送卖主的亲叔伯兄弟们十斤粮谷，这就是所谓"亲房谷"。——这顿饭不能白吃，这谷子不能白拿，吃人嘴软，拿人手短，只要吃了拿了，就证明你已经知晓交易的一切细节，就表明放弃了优先权。

《民法典》第 304 条、第 305 条、第 726 条、第 727 条规定的所谓优先购买权、优先承租权都体现了传统的亲邻优先权。

从宏观层面而论，按手印的法律功能主要表现在如下三个方面：

第一个功能，确证身份，以防假冒。激光扫描时代，签字、印章、指模造假都太容易。但在古代，签字、印章造假较容易，但指模造假难度就太大了。所以，根据宋代法律和司法解释，合同都有法定的格式和要求，一旦出现假冒隐蔽欺瞒等情节，所有人都要承担法律责任，而指印就是最重要的身份依据。所以，你没文化，可以不签字，但必须打指模。

宋代经济发达，各类造假事件层出不穷，出现了大量的"白日鬼""钻铁虫""飞天蜈蚣"，让当事人防不胜防，地方官也无可奈何。比如，《宋史·元绛传》中有个案例，一个寡妇属于中产阶级，家里虽然没矿，但广有良田，一个姓龙的无赖子弟，就诱骗寡妇的儿子赌博还放水债，要求用他家的良田抵押。一夜下来，这家的良田十去七八，寡妇气急了，报官求告。哪知道，姓龙的不仅拿出了她儿子按手印的合同，合同上居然也有寡妇的签字，还有寡妇的手印！所以，从县府打到州府，手印是真的，寡妇只能一直输，后来元绛来了，寡妇又敲响了登闻鼓，击鼓喊冤。元绛拿着合同，左看右看，终于发现了问题；事出反常必有妖，这合同是先打了指模，再写的合同。换句话说，是姓龙的把寡妇以前签署合同的手印切下来，黏附在伪造的合同上。元绛命人叫来姓龙的一问：为什么先打模，后写合同？你给解释解释。龙哥当场认罪服法。①

第二个功能，手印代表了人身信用，可以有效地防范无权处分。古人订立重要合同，卖房卖地，成年家属都得打指模，防范未来以共有权人不知情、不同意为由主张合同无效。比如，南宋绍兴十年（1140 年）朝廷就通过法令、敕令形式，要求合同必须亲自签押或打指模，否则合同无效。也就是说，代书合同没问题，但签押打指模必须是本人行为，不得代理，以防各种作弊。

第三个功能，作为诉讼证据，以防欺诈。指模作为生物识别信息，很难隐匿、涂抹。唐代段成式《酉阳杂俎》有个记载，从唐代开始，江浙一带经济发达，人心求富，于是出现了一些防不胜防的合同诈骗手段。有些代书人的招文袋里藏着一件宝贝：乌贼的墨汁。写出来的合同，白纸黑字，油光闪亮，表面上看没问题，但过上几年，纸还在，字没了。② 这时候，手印就成为唯一的有效证据——没有合同关系，你在空白纸上按手印肯定不是行为艺术，那又是什么意思？这不仅有利于辨别合同真伪，还有利于分配举证责任，最大程度减轻合同风险。

简单总结一下，手印不仅是单纯的生物识别信息，也是检验契约真实性、有效性的物理证据，还是契约文明的千年见证。《民法典》规定手印与签字、盖章具有同等法律效力，不仅是对传统契约文化的有效传承，更是对民间习惯的积极回应，是典型的民有所呼，法有所应。

---

① 《宋史·元绛传》："豪子龙聿诱少年周整饮博，以技胜之，计其赀折取上腴田，立券。久而整母始知之，讼于县，县索券为证，则母手印存，弗受。又讼于州，于使者击登闻鼓，皆不得直。绛至，母又来诉，绛视券，呼谓聿曰：'券年月居印上，是必得周母他牍尾印，而撰伪券续之耳。'聿骇谢，即日归整田。"

② 周密《癸辛杂识·续集下》："世号墨鱼中之'乌贼'，何为独得贼名？盖其腹中之墨可写伪契券，宛然如新，过半年则淡然如无字。故狡者专以此为骗诈之谋，故谥曰'贼'云。"上海古籍出版社编：《宋元笔记小说大观》第六册，上海古籍出版社 2007 年版，第 5834 页。此说盖源于唐段成式《酉阳杂俎》卷十七："江东人或取墨书契，以脱人财物。书迹如淡墨，逾年字消，唯空纸耳。"

第十八集 什么叫"良心债"

《民法典》第 575 条规定，债权人免除债务人部分或者全部债务的，债权债务部分或者全部终止，但是债务人在合理期限内拒绝的除外。

这是一个显著的立法亮点，是对原来合同法第 105 条的补充和完善。王小二欠李小三 10000 元钱，原来合同法只规定了李小三单方的免除权：看朋友面上，这钱你就不用还了。这是一个单方的民事法律行为，李小三一经向王小二做出意思表示，无论是通过电话、微信、短信，就产生法律效力，王小二的债务即刻终止。这 10000 元钱就不用还了，一下子就无债一身轻了。

但《民法典》增加了债务人王小二的同意权或拒绝权，这就将债务免除行为定性为双方法律行为。兄弟你要免债？那还得看我同不同意。王小二有可能不同意：兄弟我今天没钱，不代表明天发不了财。这就是明示拒绝，李小三想做好事、当善人都不行。

如果王小二打躬作揖，千恩万谢，这是明示同意；如果很高兴、很委婉地说，"那多不好意思"，或者是紧紧地拉住李小三的手，再来个拥抱，这是默示同意。无论是哪种表达，都视为债务已经终止。但在人情上，王小二永远欠李小三 10000 元钱。后来，王小二发达了，还回 10000 元钱，外加 3000元钱利息，李小三也心安理得地接受了。

整个过程中，李小三仗义、王小二守信，体现了优良的传统美德。但如果后来两人感情恶化，王小二主张：李小三既然已经免去了自己的债务，两人之间就不存在法定债权债务关系，也就不应该再接受他的履行债务合同，于是要求李小三返还不当得利，13000元钱还加利息，行不行？

不行。因为两人之间虽然不再有法定债务存在，但从道义上、良心上、自然法意义上，你王小二永远欠李小三10000元钱。如果王小二正处在人生的高光时刻，10000元钱也就是毛毛雨，但在艰难时刻，10000元钱可能就是压死骆驼的最后一根稻草，也可能是王小二一家的救命稻草。这时候，朋友免去你的法定债务，那是雪中送炭。后来还钱，虽然没有法定义务，但却是一种道德义务。还了，就别想拿回去，法律也不会支持你的所谓的不当得利返还请求权。

这就是我们要探讨的主题：良心债。

第一个问题，什么是"良心债"？《民法典》是否承认这种"债"？

良心债又叫人情债，是我国民间的通俗称呼，学理上一般称为"自然之债"或"道德之债"，是指无法定履行义务，也不受法律强制的自然法债务。

我国《民法典》明文承认了两类良心债。一类是第192条第2款：诉讼时效期间届满后，义务人同意履行的，不得以诉讼时效期间届满为由抗辩；义务人已经自愿履行的，不得请求返还。① 也就是说，王小二借了李小三的钱，虽然过了诉讼时效，但他答应继续要还，或者说已经把钱还掉了。有"高人"指点说，你这钱根本就不用还，这种情形下，王小二不能再拿诉讼时效来抗辩不还钱，也不能要求李小三返还不当得利。

另一类是第1161条，继承人以所得遗产实际价值为限清偿被继承人依法应当缴纳的税款和债务。超过遗产实际价值部分，继承人自愿偿还的不在此限。② 也就是说，如果王小二是唯一的继承人，老父王大山欠债100万

---

① 《中华人民共和国民法典》第192条："诉讼时效期间届满的，义务人可以提出不履行义务的抗辩。诉讼时效期间届满后，义务人同意履行的，不得以诉讼时效期间届满为由抗辩；义务人已自愿履行的，不得请求返还。"

② 《中华人民共和国民法典》第1161条："继承人以所得遗产实际价值为限清偿被继承人依法应当缴纳的税款和债务。超过遗产实际价值部分，继承人自愿偿还的不在此限。继承人放弃继承的，对被继承人依法应当缴纳的税款和债务可以不负清偿责任。"

元，王小二能继承的财产只有 20 万元，这 20 万元王小二必须拿来偿还老父的债务，这是法定义务。至于剩下的 80 万元，王小二可以还，也可以不还。不还，债权人也不能要求王小二父债子偿；如果王小二为了老父和家庭的声誉，还了这 80 万元，那就不能再请求返还。

总结起来，所谓良心债有以下几个特征。

第一个特征，无法定义务。这又具体分为很多种情形，简单列举三种：

第一种，自始都不产生法定义务。比如打赌，王小二、李小三两人在公路边无聊，约定赌一把。赌什么呢？赌下一辆车车牌号尾数是单数还是双数。如果是单数，王小二就给李小三 100 元；如果是双数，李小三就给王小二 100 元。

这种赌博约定在我国自始不产生法律效力，自然也就不产生法定义务。如果是王小二输了，还心甘情愿给了李小三 100 元，那他履行的就不是法定之债，而是道德之债。

第二种，法定义务因诉讼时效届满而丧失。就是刚才说的，李小三借给王小二 10000 元钱，五年了，王小二不说还，李小三也不催。五年过后，李小三的还款请求权因诉讼时效过期而不能要求法院强制执行，王小二也没有履行还款的法定义务。但他秉承欠债还钱、天经地义的道德精神，还了这笔钱，那履行的就是道德债务，而不是法定债务。

第三种，无从证明法定义务存在。这种情况多发生于亲友之间的现金借贷。王小二向大姐借了 5 万元，姐姐、姐夫自然不好意思开口让他写字据。后来，姐姐、姐夫委婉提醒小二还钱，小二耍赖说，好歹我也是个男子汉，只要你们拿出借条来，我就一分不少还你，还奉上利息。

遇见这种黑心的亲戚，姐姐、姐夫只能怪自己瞎眼。但人心多变，后来王小二突然幡然悔悟，主动送给外甥 5 万元购房，相当于把钱还给了姐姐姐夫家，这就是真正的良心债。自己身心两安，姐姐、姐夫欣慰感激。所以，清代的汪辉祖说过一句话，只要你不昧心，坚决要还钱，"贷于亲不若贷于友"——与其向爸妈哥哥姐姐借钱，还不如向朋友借。为什么？因为亲人之间很难留下证据证明债务的存在。但朋友之间有通财之义，好借好还再借不难，让你写个借条也不算为难你，风险小得多，更不致危及亲情人伦。

第二个特征，没有法律强制力，以当事人自愿履行为前提。比如，民间婚恋强调"媒妁之言"，媒婆是必不可少牵线搭桥的人。所以，古代中国，从呼伦贝尔大草原到三亚，都有结婚前用猪脚、结婚后用猪尾脊肉酬谢媒婆的习俗。而且，这尾脊骨一定得带上猪尾巴，代表圆满收尾，大吉大利，否则，从社会道德风俗上对小两口很不吉利。

这样的习俗不会通过合同来刻意约定，更不可能诉请青天大老爷主持公道，强迫你送上猪尾巴。这是习俗，是规矩，大家都心知肚明。要是舍不得猪脚、猪尾巴，那就是不懂规矩，不仅会招来媒婆的咒骂，也会遭遇当地道德的差评。

第三个特征，以财物给付为目的。比如，从汉代以来，无论是官方法律，还是民间习惯，都要求订立合同必须要有主事人和中证，汉代叫"知券"或"旁人"，"民国时期"叫"眼同"，今天叫"见证"。这些人不仅要见证缔约的过程，还必须在合同书上署名签押，出现合同纠纷还必须承担举证的义务。所以，民间就形成了向合同主事人、见证人支付辛苦钱、车马费、误工费的习惯，这既不是法定义务，也不是约定义务，但在习惯法上，合同当事人都能自觉自愿，送上红包，还得请别人吃一顿，这就是延续几千年的"酬中""吃中"习俗。

第四个特征，不得主张返还。比如，1975 年以前，按照《意大利民法典》的规定，如果孩子不是爱情和婚姻的结晶，而是婚外情所生，那么亲生父亲既不得认领，也没有法定抚养义务。但亲生父亲无论是出于亲情，还是出于道德责任，一般都会向非婚生子女提供必要的生活费。这笔钱虽然没有法律依据，但基于人伦法则，非婚生子女有权受领，亲生父亲一经给付，就不得主张返还。

第二个问题，为什么会出现良心债？

实际上，良心债虽然称之为债，但是否构成民法上的债，理论上和立法上的分歧都很大，甚至截然相反，背道而驰。比如，意大利和日本的一些民法学家认为，良心债之类的，说起来是债的义务，实质上是一种社会、道德义务，根本就不属于法律调整的范畴，只能交由道德规范、宗教规范、社会规范去调整。

但更多的学者认为，良心债可以算是一种另类的债，除了没有强制执行力之外，具备了债的一切因素和特质。简言之，良心债中仍然存在真正的法律关系。

笔者赞同第二种观点。理由有两个。第一，法律强调、保护的是最低的道德，而良心债维护的是更高层次的道德，承认良心债，可以有效地维护人类的善性、良知，提升道德对法律的牵引力。这一点后面还有论及。

第二，良心债和法定之债之间存在互动关联，如果不承认，不仅有违道德、伦理，还可能导致新的法权关系成为无本之木、无源之水。举两个例子。其一，1997 年，最高人民法院批复四川省高级人民法院，认定超过诉讼时效期间，当事人双方就原债务达成的还款协议，属于新的债权、债务关系，应当受法律保护。① 也就是说，即便过了诉讼时效，李小三索要借款，王小二答应还款，双方达成了还款协议，那么，原来属于良心债的就直接转换为新的法定之债。其二，1999 年，最高人民法院批复河北省高级人民法院，对于超过诉讼时效期间，债权人向债务人发出催收到期贷款通知单，债务人在通知单上签字或者盖章的，应当视为对原债务的重新确认，该债权债

---

① 1997 年 4 月 16 日最高人民法院《关于超过诉讼时效期间当事人达成的还款协议是否应当受法律保护问题的批复》（法复〔1997〕4 号）："四川省高级人民法院：你院川高法〔1996〕116 号《关于超过诉讼时效期限达成的还款协议是否应受法律保护的请示》收悉。经研究，答复如下：超过诉讼时效期间，当事人双方就原债务达成的还款协议，属于新的债权、债务关系。根据《中华人民共和国民法通则》第 90 条规定的精神，该还款协议应受法律保护。此复。"

务关系应受法律保护。① 简言之，诉讼时效届满，如果李小三催收借款，只要王小二在催款单上签字或盖章，那就是对原债权债务关系的再确认，这样又从良心债转换为法定之债。

这两个批复有利于诚实信用原则的贯彻实施，也可以从实体上有效地保护债权人权利，但最大的问题在于，两个批复认定的逻辑不同，结果自然不同。前者认为是产生了新的债权债务关系，这显然太牵强：旧债怎么就变成了新债？后者认为是对原债权债务关系的再确认，同样违背了诉讼时效立法的基本宗旨：旧债已经罹于时效，怎么又会借尸还魂，还焕发蓬勃生机？

更深层次的问题还在于，良心债是否能转换为法定之债？是因承诺而转换还是因履行事实而转换？实际上，良心债和法定之债无论是价值上还是逻辑上都不可能转换，法律承认的仅仅是实际履行的后果，并阻断履行义务人的返还请求权，绝对不能认为就是道德之债重新转换为法定之债！如果推行此种逻辑，不仅会混淆法定之债与自然之债的界限，损害成文法的统一性，还可能导致李小三利用信息优势，诱惑迫使王小二承诺，最终颠覆诉讼时效的制度基石。

直白讲，承认良心债产生效力应当仅限于实际履行一种情形。

因为，即便是没有法定义务的履行，也是有给付原因的履行——比如，刚才讲到的早期《意大利民法典》，生父向私生子提供生活费，是因为他是生父，是履行道德义务。法律仅仅是对履行后果的确认，规定为父的一旦履行，就不能诉请返还，并不对债因进行肯定或否定，更不存在所谓转换的可能，否则必然引起道德义务和法定义务的混淆。

---

① 1999 年 1 月 29 日最高人民法院《关于超过诉讼时效期间借款人在催款通知单上签字或者盖章的法律效力问题的批复》(法释〔1999〕7 号)：河北省高级人民法院：你院〔1998〕冀经一请字第 38 号《关于超过诉讼时效期间信用社向借款人发出的"催收到期贷款通知单"是否受法律保护的请示》收悉。经研究，答复如下：根据《中华人民共和国民法通则》第四条、第九十条规定的精神，对于超过诉讼时效期间，信用社借款人发出催收到期贷款通知单，债务人在该通知单上签字或者盖章的，应当视为对原债务的重新确认，该债权债务关系应受法律保护。此复。

这是良心债孤悬于法定之债之外的真正原因。所以，王小二和李小三对赌车牌尾号单双数，不可否认，这是一种约定，但是属于"君子协定"，不是民法规范的合同行为，也不产生民法上的效力。即便签署合同，也是无效合同；如果两人都学过法律，明知赌博协议无效，将这种赌债协议转换为法律认可其效力的借款合同，那就是民法通则、合同法时代的"以合法形式掩盖非法目的"，也就是《民法典》第 146 条中双方通谋的虚假意思表示，同样归于无效。①

第三个问题，法律为什么承认良心债？

良心债既不属于法定义务，也没有强制力，那为什么立法还要承认其履行效力？

这涉及良心债的功能界定问题。

第一大功能，实现自然法上的正义，也就是中国人所说的循天理，顺人情。

第一类，维护基本人伦。《意大利民法典》在 1975 年家庭立法改革之前，通过良心债、道德之债保护非婚生子女，显然是为了实现道德正义，最大程度保护未成年人利益。自 1975 年以来，立法将这种良心债直接提升为法定之债，非婚生子女终于与婚生子女享有了同等的法律地位和权利。

第二类，维护道德共识。比如，《荷兰民法典》第 6 编第 1 条第 2 款就规定了一项良心债：一方对另一方负有不可推卸的道德义务，尽管在法律上不可强制执行，但按照一般观念应认为另一方有权获得该项给付的履行。转换到我国场景，这类事例也很多。比如，非婚同居，后来双方一拍两散，按照习俗认可的道德规则，有能力的男方一般需向女方支付一定数额的青春损失费，以弥补女性在生理上、心理上和社会声誉上的损失。所以民间又将这笔钱叫作"遮羞钱"，实际上就是一种精神抚慰金。

这是一种道德共识，也是一种自然法则。不能因为女方可能存在道德瑕

---

① 《中华人民共和国民法典》第 146 条："行为人与相对人以虚假的意思表示实施的民事法律行为无效。以虚假的意思表示隐藏的民事法律行为的效力，依照有关法律规定处理。"

疵而剥夺其应当获得的补偿，否则，法律就会放纵男性，不仅没有绅士风度，还丧失男性应有的社会角色担当。

第三类，维护共同信仰。我国传统诚信社会的构建，道德和民俗信仰的作用远远大于法律的作用。按照一般规则，王小二昧心失信，眼里有钱，心中无义，套现几十亿元跑海外独占独享，让无数股民倾家荡产，这不仅不道德，还会拉孽债。

第二大功能，培育良好的社会风气。无论是基于人伦，还是道德，抑或是信仰，三者合一就可以立体化构建有效的社会秩序，形成良好的社会风气。法律虽然和道德有区别，但法律从来离不开道德的滋养润滑，一定程度上，道德、信仰对人的牵引力、控制力远远超过法律。

清代吴县有个叫蔡璘的读书人，他朋友将一大笔银子寄放他家中，连一张纸条都没有。后来，老朋友去世，蔡璘叫来朋友的儿子，要全部返还。朋友的儿子不敢接，说，这么大一笔钱财，我爹没讲过，也没一张寄条。我哪敢收？蔡璘说："券在心，不在纸。"——合同从来都在心里，哪需要写在纸上！①

第三大功能，实现法律规范与道德规范、社会规范的有效衔接。套用一句话，没有法律是万万不能的，但法律从来都不是万能的。法律只有对道德规范、社会规范保有开放的立场，才能够实现法律、道德的有效联动，达到最佳的治理效果。

按照美国哲学家怀特的理论，人类从来都是生活在伦理磁场之中。羞耻、善恶观念，同情、正义等良心观念是人类在文化行进过程中培育而成的一种社会性本能，以此遏制人类的生理性本能，最终凭借法律达成相互无争、和平共处的理想秩序。

---

① 徐珂：《清稗类钞》第六册《敬信类》："蔡璘，字勉旃，吴县人。重诺责，敦风义。有友某以千金寄之，不立券。亡何，其人亡。蔡召其子至，归之，愕然不受，曰：'嘻！无此事也，安有寄千金而无立券者？且父未尝语我也。'蔡笑曰：'券在心，不在纸。而翁知我，故不语郎君。'卒辇而致之。"中华书局 2010 年版，第 2597 页。

　　这就是良心债存在的真正原因，也是法律认可良心债的真正动力。

　　最后我们要说，人生就是一场修行，人生从来没有心安理得的不当得利，我们应当随时警醒自己，不欠良心债。这是一种道德认知，也是一种自我修炼，不仅可以填补别人的损失，也填补了自身心灵的空虚，抚平了良心上的不安。

第十九集　彩礼该不该返还

《民法典》第 1042 条继承了原来《婚姻法》的价值立场和基本规范，规定"禁止包办、买卖婚姻和其他干涉婚姻自由的行为。禁止借婚姻索取财物"。这两个禁止是塑造、推动现代文明婚姻的基石，也是维持婚姻稳定、家庭幸福的前提。

婚姻的核心是爱情与合意，不能以身外之物进行衡量估价，更不能拿名车豪宅换青春和幸福。王小二娶的如花新娘是自己的最爱，而不是因为她是土豪的女儿，家里有矿还黄金首饰一圈一轮戴满身；刘三妹出嫁，是嫁给爱情，不管她心目中的白马王子是住汤臣一品还是住老石库门，不管他开劳斯莱斯幻影还是电动三轮。隋朝的大学者王通曾经严厉批判"婚姻论财，夷虏之道"！

婚姻不论财，是指不能以钱财为重、为根本，但并不否认婚姻需要钱财。可以说，没有基本生存保障的婚姻很难持续，贫贱夫妻百事哀，再怎么坚贞的爱情也会因缺衣少食而变异，即便你安家终南山，躲上激流岛，柴米油盐、养育子女、赡养老人、人情往来，哪样少了钱都不行，哪样都可能磨穿婚姻中的诗情画意和玫瑰底色。

这是人之大欲，也是人之常情。所以，人类婚姻就产生了一些特定的习俗规则，其中，最重要的一项就是彩礼。

彩礼不仅是一种礼节、荣誉，还是一种经济实力的表达，是对未来新娘家族的一种郑重承诺。

到了 21 世纪，虽然我们有了两个禁止，但彩礼和买卖婚姻、借婚姻索取财物是否就是一回事？

现在的彩礼确实有点变味，动辄高达数十万元，除了一套房、一辆车，"万紫千红一片绿"已经成为北方很多地方的标配。万紫是指一万张五元人民币垫底，千红是指一千张百元人民币冒头，一片绿是成沓的五十元人民币点缀。这一堆下来，接近二十万元。

所以，一位的哥生下二胎，立马躲一边蹲下抽烟去了。为什么？苦啊！本以为会生下个小棉袄"招商银行"，哪知道还是个大胖小子"建设银行"！以后这彩礼就得累断腰。这就是北方剩男多、剩女也多的真正原因——剩男多，是买不起房，给不出彩礼；剩女多，是男方家没房没车，彩礼还要求打折！

于是，有些地方政府看不下去了，果断出手，要移风易俗。据媒体报道，2018 年 5 月，河南兰考惠安街道办事处社会治理中心面向辖区所有居民，颁布了红白喜事标准。其中，第一条就立下硬规矩：订婚彩礼不得超过两万元，否则交公安机关调查处理，严重者以贩卖人口或诈骗论处。

这主观动机很好，可惜手伸得太长，管得太多，还根本管不了。为什么？第一，彩礼是民间的习俗，不是政府一个派出机构想整治就能整治的；第二，彩礼是双方自愿达成的合意，是家务事，是家庭自决权，只要不是骗婚，就与公安机关没关系；第三，至于送交公安机关、以贩卖人口或诈骗论处，这是公安、检察、人民法院等国家机关行使的权力，街道办事处急于公义，动机可嘉，但确实手中无权，一旦实施，那也是错位，是越权，还涉嫌违法侵权。

实际上，以前的婚姻法也好，现在的《民法典》也好，禁止的仅仅是买卖婚姻和借婚姻索取财物，但从来都没禁止过彩礼，更没对彩礼的数额进行硬性标准。所以，按照民法上的一种观念，法不禁止皆自由，只要法律上没有明文禁止，那就是老百姓可以自由选择的空间，可以自由创设各种法律关系，缔结各类合同。

从司法实践层面考察，中华人民共和国成立以来的司法解释和司法判决，都间接或直接认可了民间支付彩礼的习俗。比如，最近的司法解释就是最高人民法院 2003 年 12 月 4 日通过并经 2017 年 2 月 20 日修正的《关于适用〈中华人民共和国婚姻法〉若干问题的解释（二）》，其中的第 10 条直接承认了按照习俗给付彩礼行为的合法性、正当性。裁判文书网上公布的多起婚约案例中，也都承认民间在订婚仪式上交付的彩礼，只要是男方的自由、真实意思且双方如约结婚，都视为有效的赠与。

同时，按照 1993 年 11 月 3 日最高人民法院审判委员会第 603 次会议讨论通过、颁布的《关于人民法院审理离婚案件处理财产分割问题的若干具体意见》第 19 条第 2 款，如果当初订婚时取得财物的性质是索取还是赠与难以认定的，可按赠与处理，而不是认定为借婚姻索取财物。

那么，立法为什么不禁止彩礼？司法解释为什么还要承认彩礼？

这就是我们要探讨的主题：彩礼该不该返还？

接下来，我们分别探讨以下几个问题：什么是彩礼？为什么会出现彩礼？彩礼法律关系如何定位、定性？彩礼是否可以主张返还？

第一个问题，什么是彩礼？为什么会出现彩礼？

所谓彩礼，又称定亲财礼、聘礼、聘财，是传统中国订立婚约时男方向女方自愿赠与特定财物的婚礼程序。从周秦到晚清，彩礼是法律确定婚约是否存在、是否有效的最重要依据，一般都会清晰地记载于书面的婚书上，作为婚约成立的证明，也是未来婚姻不能成为男方主张返还的最重要依据。

中华人民共和国成立以来，立法虽然没有明确承认婚约，但彩礼的习俗一直保存于民间习惯中，改革开放以后，渐次恢复，再次成为一种民间礼俗。

为什么称之为礼俗？因为彩礼在民间社会生活中已经实质性替代了婚约的全部功能。最重要的有如下三个：

第一大功能，证约。彩礼并非只有中国才有，世界各地都曾经存在过彩礼，从公元前 15 世纪出现的《赫梯法典》，再到 20 世纪初的《德国民法典》，都有关于彩礼的规定。

彩礼在法律上最重要的功能是证约，证明男女双方之间存在婚约，一个愿娶，一个愿嫁。而彩礼就是典型的证约定金。也就是说，哪怕王小二、刘三妹两人没有书面的婚约、婚书，只要存在王小二交付财物、刘三妹接受财物的事实，就可以证明双方之间存在婚约。

所以，按照古老的《赫梯法典》规定，一旦婚约成立，女方悔婚，就得承受定金罚则，双倍返还彩礼；如果男方毁约，就不能主张返还。这也是后来中国和世界其他国家对彩礼的一致立场。

第二大功能，公示。为郑重其事，王小二家须选择吉日良辰，邀请刘三妹家的地方精英、双方亲属和尊长，包括七大姑八大姨，大舅父小舅子到场，交付彩礼后，双方还得签署书面的婚书，还得举行特定的仪式，比如今天西北和北方都还特别流行的挂锁仪式，男女双方的尊亲属为订婚的男女后辈挂上同心锁，一生一世一双人，永不分离，然后就是大张旗鼓地宴请仪式。所有这些，说起来是礼节、仪式，实际上就是一种公示，向男女双方所在地的四邻众亲宣告王小二、刘三妹已经订婚，以防范未来可能的背约、投机行为。

第三大功能，喜庆。在彩礼交付过程中，无论是礼金，还是礼物，都要用红色的套封或红色的绸缎绑缚，如果送去的是一头猪，脖子上、尾巴上都会绑上红绸彩蝶或者红丝线，代表喜庆吉祥。这一点应该是中国特有的喜庆表达，后来称之为"中国红"。这也是中国的房产证、结婚证为什么都是红色的真正原因，因为添财进口在中国是最值得庆贺的两件大事。

实际上，大红的婚书也好，贴上红签的同心锁也好，甚至财物上的红绸彩蝶，都是一种隆重的礼庆，既代表了王小二家对刘三妹家族的尊重，也代表了刘三妹家的尊荣。彩礼给付仪式在严肃的法律意义之外，又多了一份道德维护功能。

第二个问题，什么情形下彩礼需要返还？

有人可能会问，既然是礼俗，来而不往非礼也，那为什么只有王小二家的单方面赠与，刘三妹家就没有一点点表示？

这是一种误读、误解。按照习俗，刘三妹家不仅要表示，一般还不能低于王小二家的彩礼，还要在男方的彩礼基础上进行叠加、追添。这既是为女儿的未来着想，也是女方家族的脸面和尊严。

也就是说，传统彩礼仪式中，女方一样要出钱出物，只是不叫彩礼，法律上一般叫奁产，民间通俗的叫法是嫁妆。刘三妹成亲那一天，父母不仅会送上一定数额的金银珠宝、首饰、现金，有钱人家还会带来矿产、房契、地契。近代自贡一位盐商嫁女，还特地买下了半条街送给女儿和姑爷，结婚当天就成了包租公包租婆。

看起来这是男女双方家庭在斗财，在比面子，但一方给付彩礼，一方回报嫁妆，既公平合理，又喜庆高调，还为新婚小两口未来的生活奠定了坚实的基础。

这就是彩礼为什么数千年长盛不衰的文化密码。具体而论，传统彩礼和嫁妆的互动有如下三个特征。

第一，补偿性。彩礼见证了人类婚姻从野蛮走向文明的历史进程，实现了从掠夺婚向聘娶婚的历史转换。所谓补偿性有两方面含义：一方面，男方支付彩礼是对女方家族劳动力减少的经济补偿；另一方面，女方带来夫家的嫁妆是父母对女儿丧失娘家继承权的补偿。既具有浓厚的人文色彩，也合于最基本的经济伦理。

单从彩礼层面而论，我们考察历史上的婚姻形态就知道彩礼为什么会存在。早期文明婚姻有互易婚、买卖婚、劳役婚，彩礼是买卖婚的产物。如果一个家族有一个儿子一个女儿，那就可以用女儿为儿子换回一个媳妇，这就是大家熟知的换婚；如果没有女儿，你要娶走别人的女儿，那就只能有两种方式：一种是承诺未来换婚，女儿生下的女儿要回嫁娘家，这就是后来延续几千年的"中表亲"。"姑舅"的称呼很有趣，"舅"是"中"，"姑"是"表"，两家姻亲不断，就是中表亲。所以，舅舅既是真舅舅，还是岳父或公公；姑姑既是真姑姑，还是岳母或公婆。这称呼很复杂，感兴趣的朋友可以列表，一层层梳理。虽然婚姻法禁止三代以内旁系血亲结婚，但这种习俗目前在西南有些少数民族都还有零星存在，土家族、苗族、瑶族等俗称"还娘头""还姑娘""还种"，达斡尔族称为"回头婚"，壮族称"借姑还表"。这就是劳动力和女性资源稀缺情形下民间通过婚姻进行的劳动力交换规则，后来所谓的"亲上加亲""喜上加喜"只是一种结果，而不是原因。

当然，要是小两口生下五朵金花，一朵都不想嫁给表哥、表弟，怎么办？没关系。婚姻无法强制，用收下的彩礼偿还就行。也就是说，这种情形下的彩礼并不归女方家所有，而归舅舅家。这就是苗族的"还娘钱"，水族、布依族的"舅爷钱"，侗族的"谢舅公"。

要是一个男性既没钱下聘礼，又没姐妹可以换婚，是不是就只能一辈子单着？不会。人类的智慧无穷无尽，你还可以选择"劳役婚"，到女方家无偿劳动三年、五年或八年，然后带着你的妻子儿女离开岳父岳母，自立门户。

从这个意义上说，彩礼与其说是一种礼仪和承诺，倒不如说是一种经济补偿。

第二，互助性。无论是选择哪种婚姻形态，在劳动力回流、经济补偿之外，我们可以清晰地看到，因为地域限制、人口刚性，古人通过彩礼的方式可以进行有效的经济互助和互动。

正是这种经济利益的互助、互动决定了彩礼、嫁妆的返还属性。如果互助经济共同体不能形成或解体，也就是双方没能结婚，或者结婚后又离婚，那么双方都存在各自返还的义务。

这一点，中西法律文化概莫例外。比如，在罗马法有夫权婚姻中，即便妻子的人格、财产统统被丈夫吸收，但如果离婚，财产分割中，女方有权索还从娘家带来的奁产。按照古罗马的《十二铜表法》，如果妻子伪造丈夫的钥匙或者通奸，这构成丈夫休妻的法定理由，但在妻子交还钥匙后，丈夫必须返还奁产，妻子带着奁产要么回娘家，要么自己独立门户。

在中国有着同样的传统。按照《宋建隆重详定刑统》规定，夫家男性家族分割财产，不得涉及女性的嫁妆。虽然这些嫁妆名义上归属于丈夫名下，但仍然属于妻子的"私财"，归其自主管理、使用。如果离婚，妻子有权带着嫁妆、田产离开。

第三，对等性。双方订立婚约时，王小二家送来一头猪，刘三妹家返还的可能就是一头牛，至少也不能低于男方礼物的价值，否则就有损脸面，不仅违背互助的道德伦理，还会严重影响刘三妹在夫家的地位。

也就是说，一方给付彩礼，一方给付嫁妆，双方具有对待给付义务，共同的目的就是儿女能够好好过日子。

但为了防范可能的风险，这种对等性同样蕴含了法权上的返还请求权。一旦双方不能结婚或婚姻走向破灭，双方都可以主张返还自己所付出的那一部分。比如，罗马法中的《尤利亚婚姻法》，为了增加城市人口，法律规定，父亲为女儿筹备嫁资是法定义务。嫁入夫家，丈夫享有名义上的所有权，但非经妻子同意，不得处分嫁资土地，也不得设定抵押。为什么？就是担心婚姻解体后出现清算纠纷，不利于女性权利的保护。

第三个问题，彩礼返还中是否有例外？

正是鉴于彩礼的补偿性、互助性、对等性，我国的司法实践中一般将彩礼视为附条件赠与，这也是很多国家或地区实行民法典的立场。比如，《德国民法典》第 1301 条、《瑞士民法典》第 94 条、我国台湾地区"民法"第 979 条都规定，订婚后，如果不能成婚，双方都可以要求对方返还不当得利。

但有原则，肯定就有例外。根据传统中国的民间习惯、其他国家或地区的立法，以下几种情形就属于例外。

第一，单方解除婚约或事实上不可能履行婚约。前者属于悔婚，根据我国西南少数民族的习惯法，如果女方悔婚，应当返还彩礼；如果男方悔婚，则无权主张返还。为什么？因为按照当地的习俗，一个未婚女性被退婚，无论如何都会对其身心、名誉造成不良损失，这种彩礼实际上已经转换为对女方的一种经济补偿或精神抚慰金，俗称"青春损失费"，或者叫"遮羞钱"。

所谓事实上不可能履行婚约，是指男方因疾病或失踪，一直拖延不完婚。根据《大清律例》，如果订立婚约后，男方下落不明满三年的，经过官方确认，女方可以改嫁，所收彩礼可以不归还。这实际上是对女性耽误婚姻的补偿，属于真正的"青春损失费"。

第二，一方发生奸盗事件。根据明清时期的法律，如果订婚后，男方发生奸盗事件，女方有权悔婚，彩礼无须退还，作为对女方的补偿或赔偿。如果女性发生奸盗事件，则男方有权要求返还。

第三，一方残疾被动解除婚约或一方死亡自然解除婚约。基于人道主义立场，为了维护善良风俗，根据大陆法系的一般立场，如果婚约订立后一方残疾或者死亡，相对方原则上都不能主张返还。

第四，抵扣赔偿金、补偿金。这是我国台湾地区立法和大陆司法实践中采取的立场和措施，无论是单方解除，还是双方协议解除，如果男方对女方造成了身体上、精神上、名誉上的损失，可以酌情减少返还彩礼，或者完全冲抵赔偿金、补偿金、抚慰金。

最后我们要说，彩礼是男女双方家庭的经济互动互助，共同为儿女成家立业奠定经济基础，这是人类婚姻走向文明的标志，也是男女从恋爱走向婚姻的历史见证和喜庆仪式。

第二十集　悬赏广告不履行怎么办

几千年来，中国都是人情社会、熟人社会，低头不见抬头见。在这种社交圈中，除了重大的交易，比如，房屋、田地买卖和分家析产，一般不会想到签订合同，全靠诚信和良知。王小二向大伯、二叔借点钱，不会写借条，拿了就走；有钱了就还，也不会要个收条；更不会写个合同、按个手印。要这样，谁都觉得过意不去，认为是没面子，是作妖装怪。

社会学家费孝通先生通过田野考察，发现在中国乡村生活中，签合同是"陌生人社会"的交往法则，是缺乏人身信用的表现，是"防人之心不可无"。

但古人说得好，白酒红人脸，黄金动道心。人生在世，面临诱惑，道德、亲情都可能瞬间失守，即便有白纸黑字的合同都难保胜算，更何况所谓的君子协定。

所以，即便在熟人社会，中国人都还是强调合同的重要性，产生了很多法言法语，比如，"亲兄弟明算账""先小人后君子""先说断后不乱"等。

但有一类行为，从古到今，从中到外，都游走在法律和道德的中间地带，这就是悬赏广告。据《钱江晚报》一则消息，杭州一小区居民的猫丢了，就在小区贴出广告，悬赏 10000 元，谁发现踪迹、提供信息帮忙找到，马上兑现支付。

后来一邻居提供了可靠信息，宠物猫也找回了。"铲屎官"带着一些小礼品上门表示感谢。但邻居不干了，说好的 10000 元呢？

猫主人开始耍赖：是自己主动获取了信息，找到了宠物。给点小礼物，是感谢邻居的热心肠。后来谈崩了，理由更充分：邻居之间，本来就有相互协助的义务，你帮我带带孩子，我帮你遛遛二哈，不应该谈钱。谈钱伤感情，还违背道德、良知。

邻居这口气，估计一个月都咽不下去。

这就是我们要分享的话题，悬赏广告不履行怎么办？

第一个问题，什么是悬赏广告？《民法典》有什么贡献？

所谓悬赏广告，是以广告方式公开向不特定公众表示，就其完成特定行为给予报酬的意思表示。

悬赏广告在我国出现很早。比如，秦朝的时候，商人起家的吕不韦虽然贵为丞相，但社会名望并不高。与手下门客商量来，琢磨去，怎么才能树立个人的社会威望，还能够传之久远，留名青史。有门客就建议说，人生在世，有钱，就一代人的事，世界上没有永恒的财神金主；有权，更是一时半刻的事，还得要身体好、精力好，与领导的关系得更好。要想现在有名望，在历史上还要永垂不朽，那就得留下著作。孔老夫子为什么有名气？还不就是修订了《春秋》。

吕丞相大腿一拍，好主意。立马召集写作班子，很快写出一本书，就是今天的《吕氏春秋》，一看名字就知道想和孔子一决高下，至少也算蹭个热度。为了引起轰动效应，吕丞相将刻好的竹简让人抬到咸阳市城门口，上面还搭上一个钱串，相当于后来的一千块大洋。约定，谁要是能改动一个字，就赏一千金。

这就是《史记》记载的"一字千金"，也是古代著名的悬赏广告。到了唐宋明清时期，各种各样的悬赏广告纷纷出台，也有了小榜、手榜、揭帖等不同称谓。根据北宋大臣陶毅《清异录·白雪姑》记载，他在当时的帝都大街上，就看到了一张寻物启事，有位官员家丢失了一头宠物猫，名字特温婉，叫"白雪姑"，想来应当是名贵品种，谁送还，肯定会有奖赏。[①] 至于官方发布

---

① 陶毅《清异录·白雪姑》："余在辇毂，至大街，见揭小榜曰：'虞大博宅失去猫儿，色白，小名白雪姑。'"上海古籍出版社编：《宋元笔记小说大观》第一册，上海古籍出版社 2007 年版，第69 页。

的海捕文书，一般都有奖赏条款，叫赏格。比如，报告宋江的行踪信息奖赏银子若干，献上李逵的脑袋又奖赏若干。要是太低，宋江、李逵本人都不会高兴。

除了失物悬赏、缉捕悬赏外，还有很多特殊目的悬赏。比如，治病嫁女。明代汉阳富翁马员外，有个如花似玉的千金，患了癞症，就是很严重的皮肤病，满身脓腥，没办法，只好悬赏：谁要治好女儿的病，赏银子一百两。这在当时，也算是一笔巨款。可惜很多医生白忙乎，不见效，马员外没辙了，用钱悬赏不行，那就直接拿人悬赏：只要治好女儿的病，就将女儿嫁给他。不管是高富帅，还是矮穷矬，在所不论。更重要的是，马家从来不差钱，不要彩礼不说，还倒贴！后来，有个大帅哥揭榜医好了，成就了一桩好姻缘。①

翻检史料，古人悬赏很少有争议。到了 21 世纪的今天，悬赏合同纠纷反而多了起来。有名家出了一本书，出版社向全社会发出"倡议书"，鼓励挑刺，一旦属实，就给予一定的精神和物质奖励。有位老教授兴冲冲地迎难而上，一下子挑出 900 多处错误。但要求出版社履行承诺的时候，出版社什么态度？真心认错，诚挚感谢，高度表扬。但要说钱，那就免谈。别人是"倡议"，不是承诺；别人的目的是提高出版物水平，并不是为了牟利。你一知识分子，挑错就是为了钱？这两板砖、一问号直接敲晕了老教授：既然成心不履行，你当初承诺干什么！忍无可忍，对簿公堂，结局更扎心、揪心：人民法院不予支持。一分钱奖励没有，连要个"优秀读者"的名誉证书都不行，还倒贴 2300 元的诉讼费！

这口气，估计直到老教授去世都咽不下去。

帮着找猫的邻居、响应倡议挑刺的教授，这些人的权利为什么得不到保障？是不是因为法律没有规定？或者法官不依法办事？

实际上，从立法上看，原来物权法第 112 条第 2 款就专门规定了悬赏寻

---

① 凌濛初：《二刻拍案惊奇》卷二十九"赠芝麻识破假形 撷草药巧谐真偶"，湖北人民出版社 1996 年版。

找遗失物的，领取遗失物时应当履行承诺。所以，帮着找猫的邻居要求宠物猫主人依照约定履行是于法有据的。

从司法上看，2009 年最高人民法院公布的《关于适用〈中华人民共和国合同法〉若干问题的解释（二）》第 3 条就已经明确规定，悬赏人以公开方式声明对完成一定行为的人支付报酬，完成特定行为的人请求悬赏人支付报酬的，人民法院依法予以支持。由此看来，响应出版社倡议，积极挑刺的教授的诉求理应得到法官的正面回应。

实体法、程序法都有规定，但找猫邻居、挑刺教授的权利为什么都难以实现？真正的原因还在于一些前提问题没有解决，比如，悬赏广告是要约还是单方承诺？如果算合同，什么时候成立？

这本来是学术上的争论，但深刻地影响了各个国家的立法。比如，按照《意大利民法典》第 1989 条第 1 款，悬赏行为属于单方法律行为，是悬赏人的单方承诺，一经向公众发布，就产生约束力。而按照《日本民法典》第 529 条、《瑞士债务法》第 8 条，悬赏广告又放在合同成立部分，悬赏广告就是一种合同行为，属于双方法律行为中的要约。

《民法典》之前，这种理论争议和迷雾很容易让法官无所适从。后来物权法和合同法司法解释中的两个条款被整合进了《民法典》。这就是第 317 条和第 499 条。按照第 317 条第 2 款规定：权利人悬赏寻找遗失物的，领取遗失物时应当按照承诺履行义务；按照第 499 条，悬赏人以公开方式声明对完成特定行为的人支付报酬的，完成该行为的人可以请求其支付。

这就为悬赏合同的履行和纠纷解决提供了可靠的依据。

第二个问题，《民法典》在悬赏广告立法中有哪些贡献？

考察悬赏广告立法和司法进程，表面上看，似乎没有什么不同。但仔细研读，就会发现，《民法典》和此前立法有着天壤之别，至少有以下三个方面的贡献。

第一，解决了悬赏广告的体系化位置。《民法典》将悬赏广告放在"合同的订立"一章，逻辑上可以推证，《民法典》将悬赏广告视为一种缔约行为，是一种双方法律行为，不是一方的自说自话，而是双方的心甘情愿。一旦出现纠纷，那就是合同纠纷。

实际上，按照最高人民法院《民事案件案由规定》，悬赏广告纠纷早就被列入合同法纠纷项下的一项独立案由，但因为成文法当时只规定了遗失物悬赏，对于挑刺之类的特殊约定没有明确规定，所以法官就听从、采信悬赏人的解释，认为倡议书不属于悬赏广告，更不构成要约。

《民法典》的定性算是落下实锤，可以有效地遏制悬赏人的背信弃义。

第二，《民法典》将悬赏广告放在格式条款之后，就肯定了悬赏不仅属于要约，一经做出，就不得擅自撤回，更不能在别人履约后就爽约耍赖；同时也认定悬赏广告就是《民法典》第 496 条规定的格式条款，是悬赏人预先拟定且未与对方协商的条款。

这种制度设计可以最大化保护找猫、挑刺这些相对人的权利。比如，按照《民法典》第 498 条，即便对格式条款的理解发生争议，也应当做出不利于提供格式条款一方的解释。也就是说，杭州寻猫的悬赏广告就有两种解读：一种有利于相对人，只要我提供信息能让你找回猫，你就得支付 10000元；另一种有利于悬赏人，你不仅要提供信息，还要找到猫，我才支付10000 元。这样争来争去，大家都不高兴。有了《民法典》的明确规定，宠物猫的主人无论如何都应当支付 10000 元。

第三，避免同案不同判。从现有案例考察，《民法典》之前，很多法官以道德替代法律，认为好人好事，理应表扬、感谢，但说钱就免了。

但也有不少法官能够理性应对。2012 年，某作家新作出版，模仿吕不韦丞相的做派，在自己微博上公开悬赏，赏额还不是一字千金，而是 1001 元，比吕丞相还多出 1 元。

这话自信满满，可能也就是作家的一种自我点赞和推广行为。但偏偏有教授更自信，还较真。迎难而上，一下子挑出 172 处错误，计算器一点，172172 元。哪知道，作家不认账了。没办法，找上人民法院要维权。人民法院最终认定了 18 处知识性错误，判令作家支付报酬 18018 元，很吉利的数字。

如此一来，有的裁判保护，有的裁判不保护，这不仅危及法律的权威，还危及人民法院裁判的权威。更严重的是，有人公开悬赏，谁要能破解自己的核心技术，就支付巨额奖金。后来有技术人员完成了，但悬赏人立马翻脸不认。当事人只好诉请人民法院保护。一审人民法院判决认为，这是一种公开、具体、确定的要约，悬赏人应当履行。这判决很好。但到了二审，法官铁定认为，这不构成要约，不属于广告，也不能以获利为目的。最终撤销一审判决，驳回技术人员的诉讼请求。

为什么会同案不同判？因为最高人民法院《关于适用〈中华人民共和国合同法〉若干问题的解释（二）》认可的仅仅是当事人的诉权，但不是本权。所以法官在自由裁量的时候，空间过大。法官的自由度大了，当事人的权利空间自然就小了，同案不同判就会出现。

按照《民法典》第 499 条的文意表达：完成悬赏广告指定事务的人，有权请求悬赏人依照约定实际履行。这就不是司法解释中法官予以支持的问题，而是为当事人提供了本权，实体权利。最终有利于破除同案不同判的魔咒。

第三个问题，为什么会出现悬赏广告？悬赏广告条款适用的时候需要注意哪些问题？

总括来看，世界各国，包括英美法系国家都有关于悬赏广告的规范和裁判规则。仔细考察，不难发现，悬赏广告之所以入法、入典，是因为如下原因：

第一，信息不对称条件下的理性选择。前面说过，悬赏广告是陌生人社会的一种交往规则，你帮我找回走失的亲人，或者阿猫阿狗，你帮我完成自己不能完成的事项，我支付承诺的赏金，这符合法律的公平正义。

就算是公权力机构，也不得不通过悬赏的方式，寻求最大化治理绩效。所以，很多海捕文书都会特别注明赏格，字体最大，颜色也不一样。直到今天信息化、智能化时代，公安、检察两大机构都还有悬赏。按照《公安机关办理刑事案件程序规定》，县级以上公安机关都可以发布悬赏通告，还必须写明赏金的具体数额。

第二，基于特殊目的而寻求社会联合。近几年，人民法院也在公安、检察之后加入了悬赏行列。杭州某人民法院通过微信小程序悬赏寻找老赖。悬赏额度是执行标的的 5%，这看起来不多。但这老赖的执行标的可大了，1.8 亿元！5% 是多少，900 万元啊！

第三，以互利动机为前提。路见不平一声吼，还两肋插刀，这是壮举，是英雄，没问题。但不能要求每一个人都当英雄，都做好人好事，最多给点精神奖励或小零碎回报。别人一样会付出精力，甚至付出代价，才能完成特定的事务，加之承诺在前，这种互利是别人行动的前提，所以我们才说，重赏之下必有勇夫。

所以，不能以纯道德标准衡量悬赏广告。比如，山东胶州一男子的亲人被撞死，肇事司机逃逸。该男子悬赏 10 万元，后来邻村的提供了线索，成功找到肇事司机。但该男子认为，任何公民都有向公安机关举报的义务，拒绝支付。人民法院审理过程中认为，悬赏广告构成要约，一旦相对人提供了线索，合同即告成立，悬赏人不得违约。

但如果悬赏人违约，相对人的权利如何保障？简单来说，有如下三种方式：

第一，自力救济。最典型的就是遗失物返还，《德国民法典》赋予了拾得人同时履行抗辩权和留置权。也就是说，你丢了手机悬赏，要还手机可以，一手交赏金，一手交手机；否则，拾得人有权留置手机，不予返还，还不构成侵占。

第二，和解或调解。这实际上是一种再缔约过程，比如，上面提到的胶州的案例，双方当事人坐下来，就赏金多少心平气和协商，最后达成合意，签订了新的协议。

第三，诉讼。这是最常见、最有效的维权方式。在《民法典》实施过程中，应当特别留意以下几个方面：

其一，合同成立要件问题。通过对《民法典》进行体系化解读，可以看出，只要是悬赏人就特定事项针对不特定对象公开发布声明并明确具体承诺报偿条件，相对人一旦履行就视为承诺，合同即告成立。

这里最容易引发争议的是赏金条款，必须明确、具体，不能含糊，单纯就四个字：必有重酬。要这样，就只能算要约邀请，合同就不成立。

其二，合同生效要件问题。依照合同自由原则，只要悬赏广告无法定禁止情形且不违背公序良俗，就应当认定其效力。

一般而论，悬赏广告虽然成立但不生效的情况有如下四类：

一是主体不适格。比如，作为无行为能力人或限制行为能力人的小朋友在网上悬赏还承诺打赏，如果就是十元八元还无所谓，如果数额巨大，法定监护人又不予追认，那就是无效。即便小朋友已经打赏，行为人也得返还。

二是目的非法。比如，悬赏代写论文、当枪手代考、帮毕业大学生找工作，悬赏托关系送礼行贿等。

三是标的非法。比如，刘三妹的宠物猫跑丢了，悬赏条件是小女子愿以身相许，或者前面讲到的治病嫁女之类的，因为涉及人格权和身份权，只能视为戏谑、玩笑，不会发生效力，不能当真，更没有强制执行力。

四是行为非法。比如，《西游记》第 68 回，朱紫国王悬赏，只要治好病，就中分天下，让出一半主权之类的。

其三，相对人不知道有悬赏条件，但履行、完成了悬赏的义务或事务，是否有权请求支付赏金？对此，我国《民法典》没有明确规定。但可以参照《德国民法典》第 657 条的规定，为防范悬赏人投机，即便行为人不知道、不在乎甚至想都没想要赏金，只要悬赏人承诺支付，那就得支付。[①] 行为人是否接受，那是他的自由选择权。也就是说，给不给是你的义务，接不接是别人的权利。

唯其如此，才能实现互利共赢，也才能够促进道德的升华，推动诚信社会的建设。

---

① 《德国民法典》第 657 条："通过公开的通告，对完成某行为，特别是对产生结果悬赏的人，有向完成行为的人给付报酬的义务，即使行为人完成行为时，未考虑到此悬赏广告者，亦同。"

第二十一集　为什么说行规是一种社会契约

我们常说，家有家规，国有国法。除此之外，还有一句话，行有行规。自从人类社会有了精细的社会分工，各行各业都有自己的内部质量标准和运行规范，推动社会平稳发展，经济有序运行。

《民法典》有两个条款，一是第 79 条，设立营利法人应当依法制定法人章程；二是第 511 条第 1 项，合同中对标的物质量要求不明确的，按照强制性国家标准履行；没有强制性国家标准的，按照推荐性国家标准履行；没有推荐性国家标准的，按照行业标准履行。

表面上看，这两个条文没什么联系。实际上，这是对公司内部自治权和行业自治权的立法认同。

国家为什么会承认行业标准？这是基于立法成本和立法效益的考量。与其大而无当作摆设，倒不如授权各行各业主管部门就所涉及的具体问题提供有针对性、可操作性的解决路径和方法。

重庆是火锅之城，国家强制性标准管不管？肯定管。但国家标准管的是人身健康和生命安全、生态环境安全这两部分。要是黑心老板用硼砂团鱼丸、牛肉丸、目鱼丸，再用一滴香等添加剂点水成汤，甚至回收地沟油熬制高汤，这就是违反了国标，涉嫌违法侵权。

但有些标准，国家没有办法也没必要强行介入并规定。即便行业标准的立法权在主管行政部门，但其法源基础、制度设计、评判标准、运营监管都在各个行业内部产生、施行、推广。

比如，重庆火锅的辣度。浙江一朋友到重庆涮火锅，点了微辣，吃得一把鼻涕一把泪，肠胃还严重不适，于是冲冠一怒，投诉该火锅店。理由就三个字：太辣了！烧嘴、烧胃、烧心。后来一查，火锅本身没任何质量问题，是浙江朋友的肠胃、味蕾反应过度。

这样的投诉多了，就催生了一个民间组织：重庆市火锅协会。通过市场调查，根据酒类的标准，将重庆市火锅的辣度统一规定为微辣、中辣、辣三个等级，其辣度如从 8 度的山城啤酒到 52 度的茅台都有，要是特辣，还可以达到 68 度五粮液的水平，一片牛肚滑到哪个部位你都能准确感知、定位。

这不是在推销重庆火锅，而是想说明，行业标准本质上就是行业自治，是对民间行业习惯的认可、确认，以及系统化、规范化、标准化。

从这个意义上讲，《民法典》认同企业和行业的内部自主权，无疑是一大立法亮点。既是对市场经济的理性回应，也是对传统法权的有效继承。

与家法、族规和其他行为规范一样，行业自治最大的好处就是"先说断，后不乱"——事先将辣度标准讲清楚、说明白，还要善意提醒。只要尽到这种告知义务，点了特辣，你就别说一片毛肚似火烧，拉完肚子吃了药再找火锅店算账。

"先说断，后不乱"，这是民间对合同权利义务界定的通俗表达，也是防范法律纠纷的有力依据，更是传统行业自治的不二神器。结合《民法典》的规定，我们从法文化角度解读与行业规范相关的三个问题。

第一个问题，为什么要承认行业规范？

光绪初年，江西人汤肇熙任平阳知县，初来乍到，深感各类行业性"定规"作用之强大，这些"俗例""私禁"在地方上已经根深蒂固，甚至深入人心。地方官稍稍想来点移风易俗，就会引来极强的反弹，还会引起无数官司。即便县太爷每天晚上高擎红烛加班加点，都审不过来。唯一的选择就是：妥协、认可，听任行业自治。[1]

---

[1] 汤肇熙：《出山草谱》卷二"札饬详复讯断杨连陲控案禀"条："此皆俗例，而非官例，私禁而非官禁。地方官要不能不依顺舆情。若欲稍事更张，则讼争蜂起。窃恐日坐堂皇，亦有应接不暇之势。"转引自古籍网，http://www.bookinlife.net/book-62280-viewpic.html#. 2020 年 5 月 9 日。

一言九鼎、威风八面的地方官都不能撼动行规，这不仅是汤知县的遭遇，很多地方大员同样面临如此"困境"。同治年间，四川总督骆秉章为提高地方财政收入，在自贡盐业区设立"水厘局"，坏了当地盐商一体遵循的行业规矩，后来被捣毁，一场兴利除弊的改革不了了之。

到了光绪初年，来了更有力道的总督丁宝桢。之所以说更有力道，不是因为他发明了著名的宫保鸡丁，丰富了川菜菜谱，而是因为他在山东任上，居然杀了老佛爷宠幸的太监安德海，天下扬名。更重要的是，这人深受老佛爷和光绪皇帝赏识，督川前授头品顶戴、太子少保，兼兵部尚书、都察院右都御史。到了四川，立即下令通过官运垄断盐利，这更触动了盐业区的行规和命根，招来了盐商的坚决抵制，官司一直打到慈禧太后御前，自己还落了个降级留任。虽然后来扳回一局，但总算领教了盐业行规的厉害。

为什么会出现这种情况？实际上，厉害的不是行业规范本身，而是行业规范背后的强大社会影响力和利益调控力。如果说法人章程是企业内部治理的"宪法"，行业规范就是整个行业必须遵循的"宪法"，一经立定，只能经特别程序并经行业代表表决同意，否则很难更改。

换句话说，行规说起来是一种行为规范，实际上是一种行业联盟达成的一体遵循的社会性、组织性契约，这既是行业自治的基石，也是行业自治的灵魂。

行规可以能动、高效地解决三个最重要的市场问题：产品有无、价格高低、质量好坏，小则关系到老百姓的生活日用，大则关系到社会的稳定甚至国运的兴衰。更进一步说，行规不仅规范行为，还作为一种社会力量矫正人性、培育道德、创设秩序。

市场是逐利的社会空间，既能够激活人类的善性，互通有无，诚信守法，但更容易激活人类的恶性，为了一本万利，最终见利忘义。

假冒伪劣、坑蒙拐骗为什么会长期存在？因为这是人类恶性膨胀并互动的结果。纪晓岚是很有名的才子，也是个著名的吃货，每顿饭无肉不欢，据说每天都是一壶浓茶、十斤肉，不沾一颗米，所以，对各种肉类制品特别关注。北京烤鸭在乾隆时期就很有名，有一天，纪晓岚的堂兄晚上买回一只，油光晃眼，香味扑鼻，可惜动手一撕，烤鸭就显形了：除了鸭头鸭脖脚掌是真的，其他的肉都被吃光了。所谓烤鸭，就是在一个光骨架上搪泥、糊纸、上色、浇油、炙烤，这造假技术真是杠杠的，可惜消费者一啃就是一嘴泥，还有苦说不出。为什么？因为这烤鸭特便宜，就值鸭骨架的钱。所以，吃货纪晓岚就有了两个感慨：一是京都所在，人情最为狡诈，防不胜防；二是，商家固然狡诈，但堂兄也确实贪便宜，"因贪受饵"，不能只怪商家。①你要找别人说理，天下哪有几文钱就能买回整只烤鸭的道理？不仅伸张不了正义，自己还会落下贪小便宜的骂名，丢人丢到姥姥家。所以，民间才有了"苍蝇不叮无缝蛋""一个巴掌拍不响""贪别人的长袍丢了自己的马褂"之类的说法。

对于这类行为，法律固然可以介入，但成本太高——为了一个鸭骨架惊动公安、工商、卫生各大部门，还连累人民法院的法官，任何时代的社会治理都付不起这种代价。

道德当然也能介入，但就算骂上天，连祖宗十八代都加上，也难以维权，即便有人吐槽喷口水，但这种道德支持没有任何强制执行力。人性贪得无厌，智巧出人意料。有人晚上逛夜市，发现一只靴子特漂亮，只要 100 元钱，心热手痒，买下了，继续逛，突然发现第二只靴子与你的单靴刚好配对，大喜过望，一问价钱，对不起，要 600 元钱。后来到底忍不住，舍不得开始花掉的那 100 元，只好再掏 600 元，这刚好就是一双上等靴子的市场价。

这就是商家的销售策略，花样百出，防不胜防，套住你，除了骂娘，你还真不能怎么样。

---

① 纪晓岚《阅微草堂笔记·人情狙诈，无过于京师》："灯下有唱卖炉鸭者，从兄万周买之。乃尽食其肉，而完其全骨，内傅以泥，外糊以纸，染为炙煿之色，涂以油，惟两掌头颈为真。……或以取贱值，或以取便易，因贪受饵，其咎亦不尽在人。"转引自古籍网，http://www.bookinlife.net/gallery--n,%E9%98%85%E5%BE%AE%E8%8D%89%E5%A0%82%E7%AC%94%E8%AE%B 0-index.html.2020 年 5 月 9 日。

法律道德都很难规范，是不是就没有选择了？有，就是行规。

各大行业内部熟悉各式各样的花招、技巧、套路，为了稳定市场，共同求富，对上述这些行为都会严加禁止并且绝对是令行禁止，否则不是对簿公堂，也不是骂娘的事，而是被罚款、驱逐，相当于今天的永久禁业，名誉、饭碗一起丢掉，谁也不敢冒这么大风险。

也就是说，行规作为本行业的合约，不仅要解决物价、劳动用工、工资标准之类的问题，还要维护市场秩序和行业声誉。这就是历代官府为什么承认行业自治的真正原因：既促进了经济秩序正常化，又缩减了社会管理成本，有益无害，两得其便。所以，在宋代，即便是洗浴业和城市污水处理都有一个行业性自治组织——香水行；甚至乞丐这种流动性特强的人群，都有官府委任、承认的组织，后来成为赫赫有名的"丐帮"。

第二个问题，行业规范是怎么形成的？

日本学者橘朴先生经过比较家族、村落、行会三大自治体之后，认为行会强调内在平等，遵守共同规则，是一种"民造社会力量"（1712年）。所以，行规作为一种业缘结合的制度设计，比血缘性伦理法则和地缘性乡规民俗具有更强大的制度张力。

也就是说，行规本身就是一套规则生产系统，具有以下特征。

第一个特征，自发性。康熙五十一年，广州商人自发建立了仙城会馆，主事人马时伯认为，建立会馆的目的，不是为利而是为义。假如人人都自私自利，各自为政，寻求利益最大化，最后的结果必然是以邻为壑，一身之外皆敌国，谁都得不到好处。所以，会馆之设不是什么集聚优势资源，抱团求财，共同致富，这些都是结果，不是目的。会馆的真正目的是寻求道德共识，维护行业秩序，协调同行利益。这是商人的道德自觉，也是行业自治的最高价值"归依"。正是这种认知，牵引着千年商都广州的发展方向，造就了民营经济的辉煌。

第二个特征，组织性。行业组织脱胎于传统的亲缘政治和地缘政治，但摆脱了前两者的身份约束，推动中国从熟人社会不断向陌生人社会演进，形成了强大的聚合力和调控力。清代道光年间，绍兴人在苏州经营烛铺的就达一百多家，如联嘉会、襄义举、笃乡谊，最后产生了东越会馆，共同达成了统一的价格联盟，任何一家都不能"私加私扣"，否则就会招来行业组织的惩罚。

第三个特征，外溢性。行业规范随着资本、技术的流动，不断渗透、外溢，不断衍生新的组织体和新的经营模式，吸纳新资本、新技术、新成员，互利共赢的理念也不断深入人心，成为各大行业必须遵守的核心价值，最终形成了具有不可替代且竞争力极强的商帮、商团，辐射全国甚至涉足国外。比如闽南商人，南下北上，到了近代，在整个亚太经贸网络中占据了绝对的主流地位。其时，美国《福布斯》杂志所列世界富豪榜中，闽商占据 25%，如加上我国台湾的商人，占比达到 75%。

第四个特征，互补性。前面我们谈到，国家对行帮、行规的认同是基于立法成本和治理绩效的考量，所以，在法权层面，由行规催生的各种商事习惯与国家成文法之间就形成了良性互动。比如，四川自贡盐业区被称之为 19 世纪中期至 20 世纪中期世界上最大的手工业基地，产生了饶具特色的资本形态和经营模式，形成了复杂而系统的井规、笕规、号规等习惯法，当时的成文法乃至后来的《民法典》根本无力解决这类问题。于是，行业组织除了将行规提交官府备案参考外，如果还有难以解决的问题，地方审判庭和高等审判庭都会出具公文，委托商会和行业公会代为搜集、解释规约和条款，作为审判的依据，助推盐业区经济的发展。

第三个问题，行业规范有哪些制度优势？

考察传统行业自治，除了《民法典》涉及的法人章程、行业标准之外，还涵摄了一系列价值观念和制度设计。简单归纳，行业规范的制度优势表现在以下几个方面。

第一大优势，增进效益。为商之道，求财求利，势在必然，但如果陷于无序竞争，一个团体很快就会衰败，被竞争者取而代之，甚至导致整个行业萎靡不振。换句话说，大家一窝蜂地都只顾图财图利，最后只能以跳楼价、吐血价的方式向下竞争，挤走竞争对手。有鉴于此，传统的理发行业有一个很有名的规矩："七上八下。"这是控制产业布局和规模的有效措施：一个小镇，上场口可以每隔七家开一家理发店；下场口，就只能每隔八家才能开一家理发店。如此一来，每一家理发店维持基本生存没问题，可以保持行业效益，也可以平衡各家收益，还能形成有效的竞争机制。

第二大优势，维护公平。苏州从南宋以来一直是商贾云集之地，财饶物丰，也是今天经济指标跻身一线城市的唯一地级市。苏州的繁荣昌盛离不开便捷的交通连接，更离不开千年以来的商业精神浇注。比如，苏州行会特别发达，每一行业都有极为细密的内部规范，这是苏州商业文化发展的隐形密码。比如，从南宋到晚清，各大行业都充分注重保护自有知识产权。对商标、商号及其他识别性标志的保护可谓不遗余力，任何人、任何团体都不得"影射他家牌号，蒙混销售易兑"——不能我创下品牌"天下秀"，你就来个"秀天下"；不能我酿"文君酒"，你就卖"交君酒"；更不能通过盗窃技术、仿冒产品、诋毁商誉进行不正当竞争。

这既是一种道德维护，又是一种公平的实现，远远超过法律的强制和单纯的骂娘。所以，苏州能一步步走到今天，绝非偶然。

第三大优势，助推诚信。诚信是立人之本，也是经商之本。《明代笔记》中有这样一个记载：有个书生参加科举考试，路过苏州遭遇小偷，被偷得一文不剩。无奈之下，心生一计，用黄泥搓成小泥球，配上红颜料，再裹上白纸，写上"千年单方，家传鼠药"沿街叫卖，两月之间，不仅无人投诉，还一下子赚了两万多两银子。于是，书生茅塞顿开，苏州真是发达，黄泥块都能卖钱，还考进士干吗？于是投笔从商，也"改邪归正"，最终成为一名守信的商人。

这是人生感悟，也是道德自觉。针对不守诚信的惩罚，苏州行规也特别严厉。比如，苏州蜡笺纸行业规定，"六年准收一徒"。在今天看来很奇葩，但说起来就两个原因：一是防范经营人员多了，出现无序竞争；二是防范知识产权过早外泄，危及整个行业的生存。这条款经过大家共同讨论、表决通过。但有一位行家偏偏不信邪，收了两个徒弟，结果怎么样？被绑在柱子上，每一家同行出一个人，咬下一块肉。不大一会儿，这位行家就血肉模糊，真正是赔上了血本。

第四大优势，稳定秩序。有了公平、诚信，自然就有了效益和秩序。行规里边有很多禁忌，看起来很霸道，仔细考察，无非就是为了维护行内的秩序，维持本行的有序运行。比如，为了防范外行入行，清代的长沙木业行就规定"内行不得与外行合伙，倘合伙，查出议罚"；同城的长沙裱糊业"则例"也一样："内行不准与外行隐瞒合伙，查明共同议革。"

为什么禁止外行入行？史料上没有明确解释，笔者以为应当有两个原因：一是担心外行凭借外来资本优势，垄断价格和市场，强行挤压同行的生存空间；二是导致本行业的技术秘密、商业信息泄露，危及本行的根本利益。

行规是一种契约性合意，也是一种社会性共谋。正是因为行规的存在，行业自治才有了自己的内在法权依据和制度基础，也才有了我国百行百业的千姿百态、百舸争流。

从这个意义上讲，行规不仅是一种社会契约，也是法国社会学家布迪厄所谓的社会资本。

第二十二集 "父债子还"有何依据

"父债子还",这是中国几千年来的债务履行传统。但随着时代的进步,特别是随着民法精神的普及和制度推广,这种现象和观念已经逐步淡化甚至消失。

但近年来,随着诚信社会的建设步伐,父债子还的现象又出现回流、回潮的趋势。比如,2016 年年初,由国家发展改革委、最高人民法院、人民银行、最高人民检察院等四十多家单位联合签署、发布了《关于对失信被执行人实施联合惩戒的合作备忘录》(以下简称《备忘录》),其惩戒措施多达五十多种。绝大部分条款很实用,很管用,也很合理。但有些条款是否合法合情合理,还值得斟酌。比如,王大山一旦被人民法院列入失信人名单,成为民间所谓的"老赖",按照《备忘录》的授权,教育部门就有权限制王大山的儿子王小二入读高收费私立学校。

这个规定有道理没有? 有,也没有。有道理,是因为这一规定具有目的上的正当性。一方面可以保护并实现合法债权;另一方面可以褒扬诚信、惩戒失信,推进诚信社会建设。

说没道理,是因为目标虽然正当,但措施、手段有欠妥当,还不合情理甚至有违法律。理由有三点:

第一,违背了民法的基本精神和立法宗旨。按照近代以来民法典的立法精神,每一个民事主体都具有独立人格,原则上也只能就自己的行为承担个体责任。所以《法国民法典》第 1119 条明确规定:"任何人,在原则上,仅得为自己接受约束并以自己名义订立契约。"

也就是说，合同是王大山签订的，合同责任也是王大山的个体责任，非经特别约定并经王小二同意，不应该让王小二介入合同纠纷，更不应该让其代为承担合同责任。《备忘录》虽然加了限定条件，仅限于高收费私立学校，但其内在逻辑却很明确：老爸王大山欠债，儿子王小二也得跟着买单，这种逻辑显然有违现代法治精神。

第二，将个体金钱债务与他人社会权利混同。《法国民法典》第 1165 条最早确立了债的相对性原则，规定合同仅于缔约当事人间发生效力。我国《民法典》第 465 条第 2 款继承了这一原则，规定依法成立的合同，仅对当事人具有法律约束力。换言之，除非法律另有明文规定，王小二对老爸王大山的债务不承担任何责任。这就是我国民间也一致认可的"冤有头债有主"。

同时，王大山欠下的是金钱债务，但老爸的金钱债务为什么会影响到王小二接受教育的社会权利？这是将道德逻辑强行扭曲为一种法律逻辑：既然你有钱让儿子上私立学校，为什么就不能读差一点的学校，省下钱来还债？

这是一种可怕的道德逻辑，现实生活中已经存在此类案例。浙江省苍南县一个孩子好不容易考上了私立学校，但执行法官直接向该校发函，说明该考生父亲已被纳入失信被执行人名单，子女就读高收费私立学校属明令禁止行为，要求该校不得接收该生就读。

这还算是有《备忘录》做依据。该县另一位债务人的儿子考上了北京一所名校，该大学在资格审查过程中发现孩子的父亲有不良信用记录，直接通知："如果不履行债务，学校将不予录取。"

这所大学是否对《备忘录》进行了过度解释，姑且不论。但王大山欠钱，不管王小二成年还是未成年，仅仅因为父子关系，王小二就得替老爸背锅，这不仅突破了债的相对性原则，还危及王小二的民事权利和宪法权利。

第三，基本价值和逻辑仍然是传统身份法上的牵连性、连带性，是"株连"。虽然《备忘录》及各种通知都明确或隐晦指出，限制"老赖"王大山的儿子王小二就读高收费私立学校是为了防止王大山财产的不当减少，防止侵害债权人合法债权，而不是限制王小二的受教育权。但就其基本价值和逻辑而论，仍然是传统"父债子还、天经地义"的价值和逻辑。既没有法律依据，也缺乏道德支撑，还可能危及王小二的基本权利——除了受教育权，还有劳动权、就业权。同样是浙江省苍南县，一位王大山的儿子王小二大学毕业，招考进入一家国企，王大山生怕影响儿子的工作，积极主动还了款，这自然是皆大欢喜，但要是王大山确实无力归还，国企是否就有权拒绝招录？

实际上，就现在一系列惩戒措施来看，保护债权的强度、力度已经足够。老赖不能坐飞机、不能打高尔夫、不能住四星级以上酒店、不能当董事长或者总经理、不能买房、不能贷款，最致命的是王大山之类的名字会出现在机场、火车站以及大妈们跳舞的广场。这些措施足以让王大山这类老赖逃无可逃，督促其履行义务，如此情形下，没有依据也没有必要将债务人子女拖进泥潭。

但为什么非要把债务人拖进来？因为这触及最柔软的人性，涉及子女的前途命运，一般的父母哪怕献出生命、克减自我幸福都在所不惜。但如此施为，法律依据何在？道德底线何在？这就涉及我们探讨的主题："父债子还"，有何依据？

我们从法文化角度讨论以下几个问题：

第一个问题，什么是"父债子还"？《民法典》的立场是什么？

追本溯源，"父债子还""子债父还""夫债妻还"等牵连性债务是传统社会都曾经历过的一种法权构造，但一般来说只有一种，只有中国三样俱全，成为一道很奇特的法权景观。

在西方，比如罗马法时期，推行的是家父权，除了家父，家子、妻子都没有独立的法律人格，也没有独立财产，加上罗马法奉行"债权止于坟墓"，相当于中国人所说的"人死账清"，所以逻辑上不存在父债子还、夫债妻还的可能。牵连性债务仅仅出现在另一种情形，那就是"子债父还"。在早期的《十二铜表法》中，如果适婚人（相当于今天的完全行为能力人）夜间盗窃谷物，会被判处死刑，吊在树上晒死、饿死、冻死，以此祭祀谷神。也就是说，一旦成年，就要为自己的行为承担独立的法律责任。如果是未适婚人（相当于今天的限制行为能力人和无行为能力人），那就要面临鞭刑，还要双倍偿还。这时候，如果他父亲不愿意承担无限责任并代为清偿，那他的儿子就会面临"投偿"的后果，当爸的必须将儿子交给债权人控制，强制劳动偿还债务，身份相当于准奴隶。

在中国，"子债父还"特正常，"父债子还""夫债妻还"也很正常。在明代王守仁的《乡约教谕》中，为了推崇诚信社会建设，在乡村精英调解处理、裁判的民间债务层面就有"嫡全庶半""麻灯债"等习俗。父亲死后，其债务可以由其儿子偿还，按照债务清偿比例，嫡子，也就是正妻所生的儿子占全额，庶子，也就是二房三房所生的儿子为嫡子的一半。所谓"麻灯债"，应当就是其他地方所称的"麻衣债"，指父亲去世前欠下债务，父亲刚刚去世，孝子继承财产后还在披麻戴孝期间，债主就讨债上门，又称之为"孝帽账"。如果丈夫去世后，没有男性继承人，妻子继承了丈夫的全部财产，那对不起，"夫债妻还"就是最常见的规则。

自19世纪以来，随着传统家庭的解体和转型，西方民法典确立了独立人格、个人责任、债的相对性三大原则，排除了传统债务的人身牵连性。所谓的"父债子还"一般只存在于一种情形：在继承财产限额内承担清偿责任。《日本民法典》第922条、《意大利民法典》第754条、《匈牙利民法典》第679条、《韩国民法典》第1028条、《澳门民法典》第1936条、我国台湾地区"民法"第1154条都有同样的规定。

我国原继承法第33条，《民法典》第1161条借鉴了上述立法的立场，规定：继承人以所得遗产实际价值为限清偿被继承人依法应当缴纳的税款和债务。超过遗产实际价值部分，继承人自愿偿还的不在此限。

说起来这也是一种"父债子还"，但有名无实。理由有三：一是偿债财产是债务人生前的个人财产，也就是说，还是拿老爸生前的财产偿还老爸自己的债务；二是如果老爸债务超过了遗产继承限额，子女就可以不偿还；三是如果子女一算账，得不偿失，那就干脆放弃继承权，也就不再承担替老爸偿债的义务。

还有一种情形似是而非，那就是帮老爸还债。王小二自愿、主动替王大山还了 300 万元的债务，这不是"父债子还"，仅仅是一种代偿，而不是债务承担，王小二并不是合同当事人！债务人既不能追及王小二行使诉权，更不能主张对其财产进行强制执行。同时，王小二替父还债实际只是消灭了老爸王大山和原债权人之间的债权债务关系，但两父子之间，王小二成了债权人，老爸王大山还是债务人。至于儿子代偿后是否向老子追偿，听其自便。

以此而论，在法权层面，《民法典》秉承的是西方民法典的三大原则：独立人格、个人责任和债的相对性，价值上和逻辑上都没有承认传统的"父债子还"。

第二个问题，为什么会出现"父债子还"的现象？

为什么传统中国一直有"父债子还""子债父还"这些身份法上的牵连责任？今天很多人，包括一些法学专家、法科学生都认为这是一种陈规陋俗，是旧时代的古董甚至糟粕。

实际上，"父债子还"的牵连性法权构造和民俗习惯反映的是一种中国式道德逻辑和行为规范，在那个时代很有道理。为什么呢？理由有三点：

第一，组织形式上的家户制。在传统社会，家不仅是一个私法利益的共同体，还是一个公法管理的自治体。国家以"家户"为基本治理单元，进行权利义务分配，进行社会动员；而经济社会生活中，家户之内，不仅具有债权债务的一致性、财产责任的一致性，还有社会名誉的一致性。也就是说，传统父债子还表面上是身份上的责任牵连，实际上还在于家庭组织的共同关联：家庭对内实施有效自治，对外承担无限连带责任。

直到民法总则制定的时候，很多人认为，21 世纪的民法典应当明确个体独立人格、独立责任，主张取消"农村承包经营户""个体工商户"这两"户"的民事主体资格，但遭遇了激烈的反对，所以，我们的《民法典》通过第 54 条、第 55 条，明确承认了两户的民事主体地位，这就是传统家户制的遗留。

第二，财产形态上的家产制。家户制的组织形式必然以财产的家庭共有、共享和债务的共担为前提，这就是延续至今很多家庭仍然实行的家庭共有制。这既是家庭生产、再生产，分配、再分配的物质前提和基础，也是对外承担连带责任的前提和基础，由此还形成了特殊的财产观念和法律制度，比如"业不出户"，比如亲邻优先权等。

第三，法权层面的家长制。按照周秦以来的家长权构建，老爸在一天，就是理所当然的家长，儿子对家产没有独立的缔约权、处分权。所以，父亲当家作主的时候，"子债父偿"，王大山帮儿子王小二偿债是常态，但老爸一旦去世，王小二就依法或依照习惯享有了当家作主的权利，他就必须独立偿还自己的债务，还得为老爸、为儿子王小三偿还债务。前面讲到的麻衣债、孝帽账就属于这类情形。

也就是说，家户制、家产制、家长制是债务牵连性产生的三大动力，也是其必然结果。仔细考察，除了前面讲的"嫡全庶半"债务分担习俗，民间还有"大孙顶尾子"的习俗，长孙和父辈的最小尊亲属享有同等的偿债义务。为什么？因为他继承的财产和叔叔辈一样多，理应承担相同的义务。直到近代，我国台湾、闽南、两广地区都还有"嫡全庶半螟蛉又半"的继承法传统，也就是说，庶子所分得遗产是嫡子的二分之一，而螟蛉子，也就是养子又为庶子的二分之一。财产继承份额如此，对外偿债份额也是如此。

这就是我们说传统"父债子还"具有合理性的原因所在。

第三个问题，当今社会，是否还应当提倡"父债子还"？

德国哲学家布洛赫在《封建社会》中通过历时考察，发现欧洲亲族义务圈在 13 世纪后渐次缩小，亲属联盟不断被削弱，政府当局甚至会强制推行发誓脱离亲属团体。当家庭、家族不能再为子孙提供最起码的生存条件和安全保障时，传统家族的组织功能趋于衰微甚至解体，强大的公权力组织替代了传统家族力量，最终形成"国家—公民"的二元社会结构和治理模型，这为西方近代民法典开发出自由主义、个体主义提供了有力的动力支撑。

与西方近代以来的价值立场和发展路径不同，我国传统社会治理并非遵循"公民—国家"互动模式，而是典型的"家—国"二维空间。个人的人格、意志、利益都寄寓于家庭、家族之中，甚至被家长、族长所掩蔽。从长时段考察，家户制、家产制、家长制不仅维系了两千余年的社会稳定与和谐，防范了人性的趋恶化和个体的极端行为，也成了社会秩序形成的基石。

进一步说，按照日本学者内藤湖南的观点，中国"家户制"社会建构实际上是建立于财产共有制基础上的家庭、家族集合，产生基础与动力源自家庭互助互惠，以有补无，以有余补不足，借此维系家族的和谐与社会的稳定。平野义太郎也据此认为，西方讲求个人主义和对立斗争，而中国聚族而居的家族集团则具有一种互相合作的亲和性。

简言之，除了家长制被完全废止外，家户制、家产制在中国，特别是在乡村社会仍然有大面积制度遗留，还无法一步跨越到城市化、个体化时代。有鉴于此，笔者认为，"父债子还"的传统应当提倡。理由有三点：一是有利于填补债权人损失。欠债还钱，天经地义，只要债权具有合法性，不是赌债、高利贷之类的，父债子还，虽然不是一种法定义务，但却是一种道德义行，应当提倡。二是有利于保全家庭声誉。道德评价和社会名誉是熟人社会的生存之本，老爸欠债不还，对任何家庭来说，都具有道德上的压力，会带来负面的社会影响和名誉的损失。虽然不再有被迫迁徙、被家族驱逐的危险，但重塑家族名誉也是后代儿孙的道德义务。三是有利于善良风俗。儿孙主动偿还父债，不仅能够垂范后代，培育子孙辈的责任感、使命感，更能够移风易俗，树立良好的道德风范。

但必须说明，我们提倡"父债子还"不是要重塑古代法权，更不是主张道德至上。现代社会的"父债子还"必须恪守以下三个前提：

第一，"父债子还"是一种自然法上的债务承担，是道德义务而非法律义务，不能以强制代偿替代代道德义行。

第二，必须遵循自愿原则。王小二是否愿意为老爸王大山还债，什么范围内偿还，何时还，以何种方式还，都取决于王小二的自由意志。

第三，遵循以上两个前提，任何人和组织都不得以任何方式胁迫、威逼王小二替父偿债或做出承诺，也不得以限缩、剥夺王小二其他社会性权利强迫背锅、买单。

唯其如此，才能有效把握法律与道德、家庭与个人、债务人与债权人之间的微妙平衡，实现传统与现代的有效对接。

第二十三集　古人怎么对待"老赖"

《民法典》第 575 条规定，债权人免除债务人部分或者全部债务的，债权债务部分或者全部终止，但是债务人在合理期限内拒绝的除外。这是第557 条规定的逻辑衔接，只要债权人免去债务人债务，则双方当事人之间的债权债务全部或部分消灭。王小二和李小三是大学上下铺兄弟，李小三借了王十万元本金，还约定了利息。后来，李小三结婚、买房、又赶上失业，王小二不忍心朋友受虐，善心一发，免去利息，只还本金。这是部分免除。

后来，李小三又和闪婚的对象离婚，工作还没找到，房子又没了一半。王小二善心大发，发短信说，得了，兄弟，你这两年不顺。十万元钱就免了。

这是全部免除。

这一规定实际上来源于原合同法第 105 条，债权人可以单方意思表示消除债权债务关系。

从民法原理上分析，王小二的免债行为具有如下特征：第一个特征，免债是无因行为，不管是出于何种原因，比如，同情、赠与、和解，也不管这些原因是否成立，是否有效力，是否发生改变，只要王小二做出免债决定并通知李小三，这十万元钱的债务从法律上就永久消灭了。

第二个特征，免债是无偿行为，是王小二自主对自己权利的放弃，一旦做出，不仅十万元钱本金不用还了，李小三基于借款行为产生的什么利息、违约金、赔偿金、债权实现费用，甚至担保人的责任统统无偿免除。

第三个特征，免债是不要式行为，法律并不要求王小二通过签署正规的书面文书通知李小三，可以是电话、短信、微信，或者当面直接告知，任何一种方式都可以。

第四个特征，免债行为不可逆转，不可撤销。如果王小二已经宣布并通知李小三免去其债务，回家被夫人刘三妹一顿臭骂，自己心里一想，这人情确实给得也太大了，但想反悔已经来不及了。即便哪一天，两人的友谊小船说翻就翻，王小二也不能撤销免除债务的行为。

正是因为上述四个特征，所以，无论是理论界还是实务界，都将王小二的免除行为定性为单方法律行为，一经做出并通知李小三就发生法律效力。李小三从此无债一身轻，可以重启人生。

但《民法典》在合同法第105条的后半部分增加个"但书"——如果李小三拒绝王小二的免除行为，那王小二的十万元钱的债权就并不消灭。

这个新增的"但书"构成了《民法典》的立法亮点。不仅从理论上将王小二的免除行为从单方法律行为转换成双方法律行为，还从合同自由层面赋予了李小三最终的选择权。

也就是说，《民法典》和合同法出现了最大的不同：按照合同法，王小二说，兄弟，十万元钱不用还了，这债务就终止了。但按照《民法典》，李小三可能就会说，别忙，这事不是你一个人说了算，还得看我同不同意、接不接受。

如果李小三拱手致谢，还是兄弟仗义，这是明示同意、接受免除；如果心花怒放，嘴里委婉地说，那多不好意思，这是默示同意。摆脱目前的经济困境对谁都是一种解脱。

有读者可能会质疑：免债都不接受，世界上还有这种人？要么是大傻缺，要么是太实诚。

实际上，特定的债务人完全可能拒绝免除债务。为什么呢？第一个原因，是担心王小二附条件免除。今天免了债，明天又得背上其他的负担。比如说，王小二免除刘三妹的债务，但条件是让其做他女朋友。这种约定条件虽然无效，也不影响债务免除的法律后果，但对刘三妹来说，再怎么说都是一种心理压力甚至行为胁迫，所以，《民法典》赋予了刘三妹拒绝权和自由选择权。桥归桥，路归路，王小二休想拿刘三妹的人身自由和未来幸福作为债务免除条件。

第二个原因，防范免除行为产生不当影响。如果李小三是一个自重自强的人，王小二作为朋友虽然有慷慨的美德，但无形间却可能影响到李小三的自信心、自尊心，甚至危及李小三的自我形象和社会评价，被别人骂为老赖。

换言之，朋友的慷慨大度可以换来真诚的感恩和朋友的财物自由，但也可能导致朋友声誉、名誉的受损。

所以，为了信义、为了名誉、为了自己良心的妥适，李小三拒绝朋友免除债务，也是情理中的事。

有债必偿，不欠人情，这既是一种经济互动，也是一种道德互动。这就是我国契约文化和道德文化结合的产物。也是我们要分享的主题：古人怎么治理"老赖"？

首先申明，"老赖"两个字要打上引号，这不是严格的法律用语，而是民间对欠债不还并被人民法院列入失信名单债务人的贬称，带有很重的歧视意味，按照现在司法实务界的称呼就叫"失信被执行人"。后面我们还是用民间的通俗称呼，但并不代表歧视。

第一个问题，"老赖"从何而来？

民间之所以用老赖称呼，有广义、狭义两种，广义的老赖是指欠债不还的人，狭义的老赖是有偿还能力但拒不履行人民法院生效判决还四处躲藏、只顾自己享受、不管债权人死活的债务人。

我们讲的老赖属于狭义的范围，这种人有经济偿还能力，但缺乏诚信精神，还有点要钱不要脸的缺德意味。

老赖都是从借贷而来。农耕社会，古人一般把偿还借款的期限约定在三个时点：端午节、中秋节、春节，这就是著名的三关。年关年关，也就是过年如过关，还不了债，这年肯定就过不好。所以，腊月二十三，过了小年，债主就纷纷上门，要么堵在门口，要么坐在堂屋正中，等着你还钱，或者达成新的还款协议。到了年三十（除夕），如果债主还坐家里，对哪一家都不是什么光彩的事。

所以，很多欠债的人都会溜出家门，到城隍庙躲债，最后形成一种习俗。为什么跑城隍庙去躲？因为城隍在传统文化中代表的是一种阴间地府的公平正义，债务人躲在那儿，不仅有吃有喝，还有唱戏的、杂耍的，还有富人来施舍的。但债权人就有忌讳，不敢追过去。否则逼出人命，不仅阳间蒙受耻辱，到城隍爷面前，有理还变成没理了。

躲债的人一般躲到年三十交夜的时候就该回家了，他必须回去，因为要祭祖。债权人也离开了，你不能讨债搞得别人无法祭祖，成了不肖子孙。最关键的是，债权人也得回家祭祖，不能因为讨债而忘了祭祖。

这就是民间挺有名的习俗：新正不讨债。后面还有一句话，债主是最怕的，一讨穷三年！

然后，债权人、债务人就会安安心心过个年。但过了正月十五，烟花的味道还在，债主又开始登门了。

这就叫躲得过初一，躲不过十五。

因为古代都是聚族而居，债主公开讨债，有目共睹，谁也不愿意让债主堵在家里，不仅自己窝心，全家受累，整个家族都脸面无光。所以，除非确实无钱可还，才会出此下策。

老赖是不是只在民间存在？不是。谁都有手里紧张、心里发慌的时候，免不了要开口求告。比如周天子，诸侯拱卫，天下宗主，但也可能被逼成老赖。周赧王为了联合六国教训、攻打秦国，向城里的富豪们借钱筹措军费，后来仗没打成，钱却花光了。债主们纷纷到周赧王的宫廷讨债，周赧王只好躲到一个高台上藏起来，眼不见心不烦，但从此落下了很不好的名声，成为有史以来社会地位最高的老赖。

这就是"债台高筑"的典故。①

诸侯也可能成为老赖。比如，西汉时期的陈涓，跟着刘邦建功立业，后来封河阳侯，国都就在今天河南的孟州市。到了汉文帝时期，他的子孙陈信继承了侯位。但这位河阳侯因为欠别人债务超过法定的六个月期限，这就是犯罪，被夺侯，陈信也成为屈指可数的诸侯级老赖。②

这两个历史故事告诉我们，无论你是天下宗主周天子，还是一方诸侯巨无霸，只要欠债不还，还东躲西藏，那就会成为老赖，与一般平民百姓老赖没什么两样。

正是这种平等的债权债务关系，从法律和道德两方面缔造了我国最早的诚信文化。

第二个问题，古人怎么治理老赖？

按照今天的制度设计和司法实践，对付老赖有三种方式：第一种，民事责任。《民法典》通过第 186 条、第 676 条全方位规定了老赖欠债不还的民事责任，不仅要承担违约责任，还可能承担赔偿责任，还要支付逾期的利息。

同时按照《民法典》第 187 条，民事主体因同一行为应当承担民事责任、行政责任和刑事责任的，承担行政责任或者刑事责任不影响承担民事责任；民事主体的财产不足以支付的，优先用于承担民事责任。也就是说，如果李小三欠钱不说，还偷税漏税，还面临罚款或财产被没收，但财产只有那么一点，补了税款、交了罚款，什么也不会剩下。这时候，债权人王小二的权利如何保障？该条规定了民事权利优先的原则，体现了《民法典》可贵的私法本位和人文关怀精神。如果钱不够，先别没收，罚款、税款也稍缓，先

①《汉书·诸侯王表序》："自幽、平之后，日以陵夷，至虖厄厄陒河洛之间，分为二周，有逃责之台，被窃铁之言。"颜师古注："周赧王负责，无以归之，主迫责急，乃逃于此台，后人因以名之。"皇甫谧：《帝王世纪》亦云："周赧王虽居天子之位，为诸侯所侵逼，与家人无异。贯于民，无以归之，乃上台以避之，故周人因名其台曰逃债台，故洛阳南宫簃台是也。"转引自古籍网，http://www.bookinlife.net/book-105056.html.2020 年 5 月 8 日。

②《史记·高祖功臣侯年表》：文帝四年，"侯信坐不偿人责，过六月，夺侯，国除"。

还掉王小二的钱再说其他。①

第二种，信用惩戒。这是近几年行之有效的治理策略。按照国家发展改革委、最高人民法院、最高人民检察院、人民银行、中央组织部等 44 家单位联合签署的《关于对失信被执行人实施联合惩戒的合作备忘录》以及各部门内部出现的实施方案，针对老赖的信用惩戒措施高达数十种。比如，老赖限制担任任何公司的法定代表人、董事、监事和高级管理人员，限制住星级酒店，限制到夜总会、高尔夫球场进行消费，限制买房，无法贷款，限制坐飞机，限制坐软卧，开个劳斯莱斯幻影上路，到收费站就会被拦下，车就拖回人民法院，甚至子女都不能就读高收费私立学校！

可以说，这是有史以来最强的惩戒行动，是对老赖的一种全面围剿。为什么会如此严厉？因为老赖太多了。根据最高人民法院中国执行信息公开网，仅 2019 年第一季度，上榜的老赖就高达 1379 万人次，可谓触目惊心，亘古少有！

可悲可叹的是，这些老赖昧心求财，要么移民国外，要么深居简出，让债权人无所适从。杭州一老赖欠债 1.8 亿元，"潜水"不出，后来人民法院悬赏征集信息，悬赏比例高达 5%。重赏之下，这老赖肯定会躲无可躲，藏无可藏，只能"还钱消灾"。

第三种，刑事处罚。刑法也直接介入了债权债务纠纷。根据《中华人民共和国刑法修正案（九）》第 39 条规定，如果李小三有能力履行，但拒不履行人民法院判决、裁定，就可能面临三年到七年的有期徒刑，还会面临拘役、罚金。

比较之下，现在的很多措施都是来自古人惩戒老赖的智慧。从周秦直到晚清，为治理老赖，除了一般的民事责任外，古人还采取了如下措施：

第一类，名誉刑或荣誉刑。比如，刚才讲到的河阳侯陈信，因为过期不

---

① 《中华人民共和国民法典》第 187 条："民事主体因同一行为应当承担民事责任、行政责任和刑事责任的，承担行政责任或者刑事责任不影响承担民事责任；民事主体的财产不足以支付的，优先用于承担民事责任。"

偿还债务，违背了法律，最终失国。不仅候位没了，封地也没了，面子里子全部没了。

第二类，人身惩罚，也就是肉刑。按照《唐律疏议》欠债一匹，超过履行期限二十天，就打二十荆条，再超过，就加倍；到了一百天，对不起，请你上路，徒刑一年。

第三类，自由限制。按照秦简《司空律》，不还钱，官府负责抓捕，集中强制劳动，自带伙食，每天工资八钱，官府供给伙食，工资就只有六钱。什么时候还完，什么时候回家。①

汉代废除了秦代很多酷刑，但在治理老赖方面，完整继承了秦代的刑法，相当于后来的债务人监狱制度。②

著名的"役身折酬"，有点卖身为奴的味道，就是在债权人控制、管理下从事体力劳动，按天计酬，偿还债务。虽然算不上是刑事处罚，但其手段、目的却殊途同归。

第四类，强制扣押，也就是所谓"牵掣"。如果债务人违法不偿还债务，债权人有权扣押债务人的财物、奴婢和牛羊，但必须经过官府批准，还不得超过债权本额。否则就比照偷盗处理。明清以来，法律禁止私夺强取，否则要挨八十棍子，但在民间，这类习俗从未断绝。

第五类，牵连责任。在古代，一人欠债，很多人都会受到牵连，比如，保人、中人、子女父母都可能被卷进债务泥潭。传统的所谓"子债父偿""父债子偿""夫债妻还"讲的是近亲属间的连带偿还责任。根据法律和习俗，一般的借款合同要么通过财产担保，要么得有保人。要是人设不佳、人品不好，找不到保人，谁也不敢把钱借给你。按照唐宋律法，你要跑路，没问题，"保人代偿"。和尚跑了庙还在，保人代偿后，就会找你的爸妈、老

---

① 《睡虎地秦墓竹简·秦律十八种·司空律》："有罪以赀赎及有责于公，以其令日问之；其弗能入及赏，以令日居之，日居八钱；公食者，日居六钱。"睡虎地秦墓竹简小组编：《睡虎地秦墓竹简》，文物出版社 2001 年版。

② 王充《论衡》卷十二《量知》："贫人负官重债，贫无以偿，则身为官作，债乃毕竟。"详见黄晖《论衡校释》，中华书局 2017 年版。

婆、儿女偿还。

第三个问题，古人治理老赖的经验和限制条件。

可以说，古人治理老赖既涉及债务人财产，还涉及人身自由、名誉、荣誉，还牵扯到亲属、保人，也算是一个全方位、深层次的系统化工程。

这一点西方逻辑和中国具有惊人的一致。比如，早期罗马法的耐克逊之债就是一种以人身为担保的债务。如果债务人到期不能偿还，就可能被债权人套上绳索、牵到市场游街示众，如果还不还，就可能被卖掉当奴隶。如果卖都卖不出去，债权人就可以杀死债务人，通过分割尸体的方式替代履行。再后来，就有了债务人监狱制度，再后来就是污点记载，最终推动了西方信用社会的全面进步。

比较之下，我国目前的信用建设尚未完成，老赖数量有增无减，适度借鉴古人的智慧和措施没问题，但在借鉴过程中，一定要注意以下几方面问题。

第一个方面，对象问题。相关惩戒措施只能用于具有履行能力而拒不履行的老赖，不得针对有心无力、确无清偿能力的债务人。对于这一类债务人，2020 年 8 月 26 日，深圳市人大常委会已经通过了《深圳经济特区个人破产条例》，只要符合"诚信""不幸"两个条件，就可以得到个人破产制度的保护，从债务危机中脱身而出，重启人生。这无疑是一种制度创新，不仅有利于及时了结债务纠纷，还为债务人打开了新生之门。

第二个方面，必须以合法债权为前提，不能存在债因瑕疵，非法取利。目前老赖人数攀升，固然和道德水准有关系，但不可否认有一部分老赖是被逼出来的。比如，高利贷、套路贷。高利、利上加利、回本作利成为压在债务人头上的三座大山。所以，《民法典》没有像合同法那样，只规定对高出法定利息的部分不予保护，而是通过第 680 条、第 670 条，禁止高利放贷，禁止回本作利，最大程度消灭借款合同的债因瑕疵，减轻债务人压力。

第三个方面，不得危及债务人基本权利。债权人债权的实现固然是一种自然法和成文法的公平正义，但维护债务人的基本生存权和人格权却是《民法典》所追求的私法正义。除了法律授权并经法定程序，任何债权人实现过程中不得侵害、限制、剥夺债务人的人格权。更不得击穿法律和道德的双重底线，搞什么裸贷，以隐私权、名誉权要挟、强制。

第四个方面，不得扩大连带责任范围。比如，"子债父偿""父债子偿""夫债妻偿"等传统连带债务，目前仅存在于继承法领域，债务人仅在所继承财产的额度范围内对被继承人的债务承担偿还责任，如果放弃继承权或超过额度范围的，近亲属都不再承担法定清偿义务。除非其自愿履行，债权人不得通过堵门、贴标语、公布私人信息等非法方式强行追讨。

简单总结一下，欠债还钱，天经地义。借钱是一种义行，还钱是一种信义，历史上从来都不乏毁家还债的感人事例。在单纯的经济交往背后，联结债权债务的不仅是经济利益，还有可贵的人际互动和人身信用。只有秉持诚信，我们才能迎来朋友和社会的真心帮扶，也才能换来长久的信任和友谊。

第二十四集　什么是"自助行为"

　　重庆是山城、雾都，出门就爬坡，巴山夜雨，雾气蒙蒙，见着太阳就像中彩票一样。最近几年，重庆也成了网红城市、旅游热点。王小二旅游到重庆，涮完火锅，到解放碑逛街打望美女。突然，李小三从后边抢了王小二的手包就开跑。手包里面装着身份证件、银行卡、手机。情况紧急，王小二根本来不及报警，怎么办？最好的办法就是追上去，拖住拽住李小三，索回手包，或者直接抢回来。要不然，李小三一旦消失在茫茫人海，王小二就只能自认倒霉。

　　追上小偷抢回包，这种行为在民法上怎么定性？属于什么权利？这就是《民法典》第 1177 条规定的自助行为。本条规定：合法权益受到侵害，情况紧迫且不能及时获得国家机关保护，不立即采取措施将使其合法权益受到难以弥补的损害的，受害人可以在保护自己合法权益的必要范围内采取扣留侵权人的财物等合理措施；但是，应当立即请求有关国家机关处理。

　　这个条款是《民法典》的新增条款，也是立法的显著亮点。为什么是亮点？因为这个条款填补了成文法漏洞，赋予权利人更大、更灵活、更合理的维权空间。

　　在民法通则时代，针对这类突发性侵权，我们主要还是强调公法的调控，一方面鼓励、认可任何公民都有权制止犯罪，还将扭送犯罪嫌疑人到公安机关界定为正当、合法行为，但另一方面对私权的自我救助认可度极低，民事立法上甚至没有任何规定。

　　换句话说，你朋友的包被抢被盗，你基于正义，勇于担当，抓获犯罪嫌疑人，这是见义勇为，也是合法行为。但要是你自己的包被抢被盗，反而没有法律上的明确授权自助自救，这在价值上、逻辑上都讲不通。

实际上，自助、自救是一个人的本能行为，也是一种回复权利的理性行为，不管成文法是否规定，这都属于自然法上的权利，成文法无从否认，也无力否认，否则就违背了中国人常说的天理人情。

但天理人情是一回事，是否具有法律明确认可的权利是另一回事。既然成文法无从否认、无力否认，以前的立法为什么又不予明确规定？笔者以为，主要是因为如下两个担心或困惑：

第一个担心，承认民事自助行为可能危及公权力的权威性。这个担心纯属多余。为什么？因为民法上的自助行为发生的前提就是公权力短暂缺位的情形下，才允许民事主体实施自我救济，以最大程度保护自我权益不受损害。一旦条件成熟，还是以公权力调控为最终手段。

基于治理成本，公权力不可能为每位公民提供 24 小时不间断、无缝隙的公共安全保障服务，当公权力不能提供及时、有效地救济时，民事主体的自我救济不仅无损于公权力的权威性，还有效节约了社会治理成本。

第二个担心，民事自助行为可能越界，甚至引发侵权、犯罪。比如，王小二为了抢回自己的包，必然抓住李小三不放，这是否涉嫌限制人身自由？李小三拼命逃窜，王小二一个扫堂腿过去，李小三一个狗啃泥摔倒了，磕掉两颗门牙，是否构成侵权？如果爬起来还跑，王小二一直追到长江边，李小三为了逃避，跳进长江，淹死了，是否涉嫌犯罪？

这种担心才是比较严重的。所以，《民法典》第一次草案，虽然民事自助行为入典呼声很高，但因为争议很大，后来没有写进草案。第一稿征求意见后，呼声越来越高，所以，第二次草案才出现了自助行为。

实际上，这种担心混淆了公法和私法的基本价值和逻辑。民事自助行为是为了捍卫自己的合法权益，不是故意侵权，更不是故意犯罪。王小二仅仅是要追回自己的包，不短暂控制人身自由那根本不可能，这是合理的适法行为，不构成限制人身自由；李小三要保持非法占有状态，一路飞奔，王小二阻止其逃跑，李小三磕掉门牙，那是自找的，不构成侵权；同时，更极端的情况是，王小二追的是自己的包，不是追李小三的命。李小三要钱不要命，自己跳江、跳崖、翻围墙、淹死了、腿摔断了，被护家狼狗咬伤患上狂犬病，这都是咎由自取，风险自担。

也就是说，无论从价值上还是逻辑上讲，民事自助行为既是公权力的有效补充，也是自我维权的有效手段。只要王小二没有抓住李小三撞墙撞掉门牙，不是将他踹进长江，就可以视为正当维权，不应当承担什么责任。

第 1177 条的出台，厘清了以前立法中的公私逻辑，确认了民事主体的权利边界。从这个角度讲，这是一大立法亮点，也是一种立法进步。

我们从如下三个方面具体解读民事自助行为。

第一个问题，什么是自助行为？

按照王泽鉴先生的定义，所谓自助行为就是为保护自己权利，对于他人的自由或财产进行拘束、押收或毁损的行为。

王泽鉴教授的定义深受《德国民法典》第 229 条的影响。按照该条规定，如果不能及时得到官方的援助，自己又不及时处理，自己的权利就无法行使，或者出现障碍时，权利人有权对意图逃亡的债务人进行扣留，对其财产有权利扣押，如果债务人反抗、挣脱、驾车逃跑，还可以设置路障、刺破车胎，这些都属于正当的自助行为。

《德国民法典》之外，其他大陆法系国家基本都认可了民事自助行为的正当性和必要性，我国《民法典》第 1177 条也是在借鉴这些发达国家的立法经验基础上拟定的。

从定义中可以看出，自助行为的立法目的有两个：一个是赋权，赋予合法权利人可以采取合理、必要的措施进行积极维权；一个是定性，也就是认定自助行为的正当性。《德国民法典》没有将这种行为定性为合法行为，而是用的另一类表达方式："其行为不为违法。"

这就是一种违法性阻却，债务人和法官不能因此主张债权人违法，这也是学理通常所谓的"适法行为"。

从定义中也可以看出，法定自助行为有以下几个特征：

第一个特征，目的正当。也就是行为人实施自助的基础，前提是基于法律所保护的正当、合法权利或权益。这又具体分为两种：一种就是《德国民法典》基于特定的合同债务。最典型的就是有人吃霸王餐，吃完了抹嘴走人，这时候，店小二就会拖住、拽住他，不能让他跑掉，否则，一旦脱离可控空间，你说他吃了你家的酸辣粉，他说他胃里面根本就没有酸辣粉，是你诬赖。你不可能剖开他肠胃证明他肚子里有未消化的酸辣粉，即便有，你也不能证明他就是在你家吃的还没给钱。

另一种是基于特定的侵权。比如，开篇讲到的包被抢，还有近年来常见于报端的高铁霸座。你花钱买了高铁票，座位、座号就是你的权利客体和权利证明。偏偏有人坐着不动，怎么办？一般来说无非就两种方式：一种是消极维权，请他让位，讲文明懂规矩，请自觉走开；但这种人一般不自觉，还会反问：有票了，这位置就是你的？高铁是你家开的？没办法，那就来第二种，请来乘务员、乘警，耐心劝说，认真解释。

要是这两种方法都不管用，怎么办？好办。没必要忍气吞声，直接驱离，拖起他，推开他，让他回自己位置坐好。

这就是自助行为。最直接、最有力、最有效。

第二个特征，手段强制。自助行为是一种积极主动的维权行为，所以《德国民法典》规定了扣押、扣留等强制方式，还规定为阻却抵抗行为所造成的损害、损失，权利人不承担责任。这就是我们刚才讲到的，追小偷是为了索回自己的包，不是追命、索命、夺命，但要是非法占有人自己选择了危险方式逃避，那就是祸由己招。

第三个特征，行为适法。刚才也说了，《德国民法典》对自助行为界定的不是合法，而是不违法。按照宪法、刑法和《民法典》本身的立法规定，个人的人身和自由不得受非法限制。这就有个问题：你要抓小偷，不短暂控制其人身、限制其自由那是不可能维权的。但是，一旦控制、限制其人身和自由，是否就涉嫌违法？按照第 1177 条的表述，权利人可以在必要范围内采取扣留侵权人的财物等合理措施进行自助，这里的扣留应当作广义解释，既可以是扣留财物，也可以是扣留人身。否则，很多侵权人、债务人就光棍一条，绝对不会带什么贵重东西在身上，除了一百多斤的肉身，吃了霸王餐就走人，你不控制人身自由，就无从维权，甚至无力举证。

这种情形下，就不能认定是限制人身自由，更不能认定为非法拘禁，而是一种正当且必须采取的控制措施，否则，自助行为的立法目的不仅落空，当事人权利也不可能实现。唯一的要求就是，只要控制了人身自由，如果债务人或侵权人不付款、不还包，你就得报警，通过公法路径维权。

第二个问题，民事自助应注意哪些规则？

民事自助行为是一种事实行为、适法行为。但在实施过程中必须遵循特定的规则，把握权利的边界，一旦越界违规，可能真的构成侵权甚至犯罪。

第一个规则，正当性。实施自助行为必须以合法权利或权益存在为前提，且仅能在紧急情形下才能实行自助。有个小帅哥在酒店门口拍照，顺手扶了一位老人，老人特感动，就在酒店请小帅哥吃大餐。中途，老人温文尔雅地请他小坐，说自己去买单。小帅哥也特感动。后来就特别激动。为什么？老人吃饱喝足，跑路了。小帅哥有冤无处申，钱又不够，酒店直接扣押了他的照相机。后来对簿公堂，法院认定，酒店的行为属于民事自助，无可归责。

第二个规则，必要性。所谓必要性是指两种：一是公权力无法及时提供救济；二是舍此别无他法。为什么我国传统都强调捉贼见赃。你不仅要抓住贼，还得留置赃物，两者一样不能少，否则就可能承担消极后果，被反咬一口。至于捉奸见双，是否能够留置人身，耳光拳头一起上，拍照、摄像，威逼写下悔过书、认罪书甚至写下精神补偿费？笔者以为，这涉及身份权、人格权，关键是还不能强制执行，不宜适用自助行为。否则很危险，极有可能滑向非法拘禁、敲诈勒索的泥潭。最佳方式就是保留证据后，通过协商或诉讼途径解决，没必要为了维权反倒侵权。

第三个规则，限定性。主要有三个方面：一是范围限定，只能限定在保全、维护自我权利范围内，一脚踢翻抢公交车方向盘的人，这是紧急避险，不是自助行为。同时，还必须注意，能够实施自助行为的范围一般仅限于可强制执行的债务，不能适用于婚约、同居等身份请求权。老婆跟别人跑路，路上逮住了，你不能强制拖拽其回家还锁上房门。二是对象限定，只能针对特定的侵权人和债务人实施，不能危及无辜，否则就是假想自助，搞错对象。《澳门民法典》第330条特别规定，要是假想自助，除非相对方原谅，否则就得赔偿损失。三是时间限定，自助行为一般发生在侵权行为之后，之前是假想自助，侵权期间阻止违法行为，那是正当防卫。同时，必须具有紧迫性，不立即实施自助，就可能导致权利无从行使甚至消灭。此外，一旦控制住局势后，就应当尽快、尽可能地寻求公权力介入。

第四个规则，适当性。按照《澳门民法典》第328条的规定，自助行为可以采取适当的武力，但不得超过所要保护的利益。即自助行为不能超过必要限度，或者尽可能将损害降低到最低程度。重庆长江边上追回被抢的包是你的权利，但要是王小二一边追，一边威胁，要打断腿，扒掉皮，甚至取回包后还一脚将李小三踢进长江，那就肯定超过了限度，是一种极端暴力。不仅侵权，而且还是犯罪。

第三个问题，自助行为有什么作用？

《民法典》起草阶段，有学者指出，《民法典》不能亦步亦趋学外国，不能说别人有的我们非得有。要那样，就是邯郸学步。

这观点很对。但法典是否确立一项制度，固然不能从人有我必有的心态出发，但也必须考虑清楚两个问题：其一，别人为什么有？我们为什么没有？其二，确认或规定一项制度是为了什么样的立法目的？是否合于时用？

实际上，正如前面所说，民事自助行为来源于自然法上的朴素正义观，无论法律是否规定或承认，它都永恒存在。立法者不能当鸵鸟，把头埋进沙里，听不见、看不到就认为不存在；而应当是海东青，以敏锐而高远的视觉能力感知、认定自然法规则的必要性。

简单而论，民事自助行为的设立至少有如下三个制度优势。

第一大优势，有效地保护合法权利。前几年，自助超市里面对涉嫌侵权的消费者进行人身留置并搜身，引来网络热议。很多网民认为，这是一种侵权行为，是超市太霸道。实际上，在现代化的自助超市，这是最直接、最有效的维权行为，可以解决突发性、紧急性的侵权纠纷。否则，你顺走一件衣服，他藏起一包鱼肝油，超市的风险和损失就大了。但必须明确的是，一旦超市采取了这种自助行为，就必须承担相应的后果，一旦留置人身还搜查，要是没有搜出东西或无证据证明别人偷东西，那就是假想性的自助行为，不仅要赔礼道歉、消除影响，如果得不到原谅，还要承担侵权责任。

但就目前的情形来看，超市没有确凿的证据，谁也不敢妄加猜疑甚至随意留置人身。但为了避免这种风险，最佳的方式还是在掌握证据、留置人身之后，寻求公权力介入，唯其如此，才能最大程度减轻自助风险。

第二大优势，减少、防范次生风险。虽然民事自助行为属于自然法上的权利，但如果成文法不予确证，维权的人就丧失了法定权利依据，也会承担失权的风险。如果私权后位，权利人难以及时、有效地维权，无形间就是对侵权人、债务人的放纵；如此，反倒会激活权利人另类的非理性维权。《民法典》之前法律不承认自助行为，控制债务人人身自由又涉嫌违法犯罪，怎么办？于是，讨债公司、私家侦探不断涌现，私人通缉令、暴力讨债、人肉搜索、贴身随行、电话跟踪、张贴"讨债书"等民间自助行为无疑是对法律的正当性、合理性的一种考问和反讽。

有了《民法典》第 1177 条的规定，一些非理性的维权方式自然就没有了市场和社会土壤。不仅能够有效地维权，还可以遏制挑战法律、道德双重底线的行为，避免互害模式的扩大、升级。

第三大优势，节约治理成本。从公法和私法的互动层面而论，民事自助行为不仅能够实现公私之间的有效对接，还能够最大程度地节约社会治理成本。公法强调的是秩序正义，而私法强调的利益维护，两者之间互动关联，可以互相推动。按照《德国民法典》第 230 条的制度设计，债权人一旦实施了限制人身的行为，必须立即申请假拘留，将债务人带往法院，一旦扣押了财产，就必须申请假扣押，进行财产保全。公权力机关经过审查，如果属实，就会进入司法程序，在保全债权人权利的前提下，节约有限的司法资源；如果证据不实或不足，就会驳回申请，债权人必须释放被扣留的债务人，返还被扣押的财产。以此平衡债权人、债务人之间的利益，矫正倾斜的天秤，防范未来不可知风险。

简单总结一下，自助行为是老百姓维护权利最直接、最有效的行为策略，不仅能有效地遏制侵权和犯罪，还可以节约社会治理成本，维护社会秩序，最终实现公法和私法共同追求的公平正义。

第二十五集　如何看待惩罚性赔偿

市场经济激活了市场和商机，但也同时激活了恶性与贪欲。如果法律缺位，假冒伪劣就会泛滥成灾，侵权事件频频发生，只管私利、不管公利更是成为一些企业牟取暴利的不二法门。

这是世界各个国家都曾遭遇的发展困境。假冒伪劣产品大家都熟悉；知识产权侵权方式也日新月异，防不胜防。王小二花几十亿元研制出一项新技术、新产品、新工艺，再耗掉十亿元拓展市场，不到半年，李小三、王小五的高仿产品就上市了，你叫"鸿蒙"，别人叫"鸿萌"；你叫"文君"，是篆体，别人叫"交君"，一样是篆体，让人很难分得清。

至于环境污染，现在好多了。要回放十年，用"惨不忍睹"四个字形容估计都不过分。有人甚至怀疑我们是否能给子孙留下一片干净的土地、一泓洁净的水源、一缕新鲜的空气。

针对上述三种情形，新出台的《民法典》都一一做出回应，并统归由一个制度进行约束，这就是惩罚性赔偿制度。具体来说，《民法典》通过三个条款进行统合，分别是：第1185条，故意侵害他人知识产权，情节严重的，被侵权人有权请求相应的惩罚性赔偿；第1207条，明知产品存在缺陷仍然生产、销售，或者没有依法采取有效补救措施，造成他人死亡或者健康严重损害的，被侵权人有权请求相应的惩罚性赔偿；第1232条，侵权人违反法律规定故意污染环境、破坏生态造成严重后果的，被侵权人有权请求相应的惩罚性赔偿。

可以说，上述三个规定共同构成了《民法典》惩罚性赔偿的法源地位和适用效力，形成了体系化的制度构造。

这是一大立法亮点。单纯从立法角度而论，惩罚性赔偿制度入典有如下三大贡献：

第一，实现了惩罚性赔偿的统一性、规范化立法。摆脱了原来单行法、特别法各自为政、法出多门、政出多门的立法格局，通过《民法典》确立了故意侵权的惩罚性赔偿原则和适用规则，实现了立法的统筹和统一，以高位阶的《民法典》惩戒、遏制、预防各类故意侵权行为。

第二，明确了惩罚性赔偿责任的范围和要件。《民法典》以故意侵权为要件，界定了知识产权侵权责任、产品质量侵权责任、环境污染侵权责任三大类型，实现了惩罚性赔偿的具体适用范围和前提。

第三，有效地推进了《民法典》与其他特别法的联动互补。根据《民法典》总则第 179 条，法律规定惩罚性赔偿的，依照其规定。这一规定不仅统合了《民法典》内部的惩罚性赔偿规范，也明确承认了消费者权益保护法、食品安全法等宏观调控法规范中关于惩罚性赔偿的法源地位和适用效力。

惩罚性赔偿入典虽然有如上三大贡献，但在立法过程中并非没有质疑和异议。最大的争议点有以下三方面：

第一，民法调整的是平等主体之间的人身、财产关系，一方是否有权惩罚另一方？如果承认，是否违反了平等性原则？

这个争议点好解决。因为惩罚性赔偿的一个重要来源就是契约约定，是双方当事人自愿达成的合意，不可能危及平等。比如，唐代很多契约文书，违约金额也多采用"一罚二制"，属于双方共同约定的罚则。王小二借钱十五文，到期不还，就需要偿还三十文。①

第二，民法是私法，公法的惩戒规则进入民事领域，是否会削弱民法的

---

①《唐西州高昌县武城乡张玉鎚雇人上烽契》，张氏以银钱八文雇人上烽，言明不许悔约，"有先悔者，一罚二入不悔人"。又如《唐总章三年（670 年）左憧熹夏菜园契》，左氏以夏价大麦十六斗，秋十六斗为本年租金，至次年交付租金银钱三十文，"若到时不得者，一罚二入左"。详见王永兴《敦煌吐鲁番出土唐代军事文书考释》，兰州大学出版社 2014 年版。

调控力？或者说，是否构成对私法自治、合同自由、契约正义的限制？

这是中西法律都面临的一个问题，但究其实质而论，公法的介入本质上有两大功能，一是惩戒违法；二是维护私权。比如，产品质量问题，绝不是单纯的合同就能解决的问题，所以，从周礼到唐律再到今天的宏观调控法，都有相当严格的产品质量标准，违反者不仅要承担公法的惩戒，还面临私法的赔偿。

南宋时期的杭州，商品经济发达，假冒伪劣产品充斥市场，有用纸做衣服的，光鲜亮丽无比，一场雨下来就是一堆烂泥；有用铜铅化作金银，瞬间获取暴利；香料造假手段更高明，用泥土、木粉充作高级香料，连专业人士都难以分辨。老百姓痛苦不堪，把这些人骂作"白日贼"，这些产品统称"何楼"，实际上就是唐代假冒伪劣产品"行滥"的转音。针对这种假冒伪劣产品，除了退货赔钱外，《宋刑统》还规定了严格的罚则：准盗论。赃款没收，最高刑还可能流放发配到三千里外。

第三，我国《民法典》继承的是大陆法系的价值立场和逻辑体系，而大陆法系在《民法典》中都不承认惩罚性赔偿；惩罚性赔偿主要流行于美国、英国等普通法系。如果在《民法典》中规定惩罚性赔偿，势必出现两个大的问题：一是破坏侵权责任体系的一致性；二是可能引发道德投机和不当得利，催生知假买假的专业户。

这才是实质性的两个问题。那么什么是惩罚性赔偿？民法中惩罚性赔偿的空间到底有多大？我国《民法典》为什么要单独规定惩罚性赔偿？针对这些问题，我们从法文化角度一一解读。

第一个问题，什么是惩罚性赔偿？

所谓惩罚性赔偿是指为惩戒故意侵权，判令恶意侵权人承担超过实际损害额度的赔偿责任。

为什么会出现惩罚性赔偿？笔者认为来自如下三方面的推力：

第一大推力，作恶必得恶报的道德正义观。从这个意义上讲，惩罚性赔偿又称为"报复性赔偿"。比如，《圣经》中就规定，你偷了别人的牛羊，卖掉了或者宰了吃肉，对不起，一头牛你要赔五头牛，一头羊你要赔四头羊。

要是还养活在圈里，也不是单纯的返还了事，你要返还两头牛羊。《汉谟拉比法典》惩罚的额度更高，你敢偷神庙里的驴，那就请按市场价赔偿。但不是等价赔偿，而是三十倍。你要偷别人家的猪，好，偷一头，赔十头！[①]交罚金一样的；交不出罚金，那就自己变牛变马当奴隶偿还。

第二大推力，损害必须填补的法律正义观。有权利必有救济，有损害必有赔偿，这是最基本的正义法则，也是人类需要法律的动力机制。比如，传统的赔命价，就是对死者近亲属损失的一种赔偿。凶手不想抵命，就要赔命，用若干头牛来偿命——这是赔偿死者的劳动力价值。除此之外，还得超额赔偿死者近亲属的精神损失。怎么赔？象征性的同态赔偿，如果伤了脑袋就赔一个葫芦，伤了眼睛就赔两颗宝石，伤了牙齿要赔一把斧头。

第三大推力，加重责任，强化法律的震慑、预防功能。从这个意义上讲，惩罚性赔偿又称为"示范性赔偿"，也就是杀一儆百的意思。美国一位老太太买了一杯 49 美分的麦当劳咖啡，不小心烫伤了，要求麦当劳赔偿 2 万美元，而麦当劳认为 800 美元足够搞定。协商不成，对簿公堂。陪审团认为，麦当劳为增加销售额度，提高咖啡香味，将咖啡温度设定在 80℃，远远超过了人体所能承受的 60℃，将利润追求置于消费者人身安全之上，存在轻率甚至恶意的主观过错，于是要求麦当劳支付 20 万美元的补偿性赔偿。别忙，这仅仅是补偿性赔偿。陪审团接下来为惩戒麦当劳无视消费者人身安全的恶劣行为，做出了天价的惩罚性赔偿：270 万美元！即便后来主审法官从 270 万元调低到 48 万美元，这也算天价。所以，媒体有了"一烫就富"的嘲谑，还有了想发财就喝麦当劳的网评。

但效果超级好。麦当劳直接下调了咖啡温度，还把原来的"温馨提醒"变成了"安全警示"，引发了全球咖啡业温度的统一下调。

从古代的报复性赔偿，到工业化时代的示范性赔偿，惩罚性赔偿的脉络

---

①《汉谟拉比法典》第 11 条："自由人窃取神庙或大户之牛羊或驴猪或船舶者，处三十倍罚金；为平民者，处十倍之罚金。"详见爱德华滋《汉谟拉比法典》，沈大銈译，曾尔恕勘校，中国政法大学出版社 2005 年版。

实际上很清晰：禁止偷盗财物的非法占有；禁止杀戮生命的快意恩仇；禁止只管自己赚钱，任由他人受损的资本逻辑。

第二个问题，惩罚性赔偿的适用空间有多大？

从历史角度考察，惩罚性赔偿的空间并不大。一般表现为如下三种形态：

第一种形态，刑事责任私法化。杀人偿命，天经地义。偿命的方式有两种：一种是国家作为正义的化身进行公法惩戒；另一种是私权主体的同态复仇。这两者之间本来就存在矛盾，所以，从汉代以来都禁止私人复仇，防范私相杀戮，冤冤相报，危及社会的稳定。所以，为平衡公私法律的共同诉求，也为了最大程度填补受害人损失，民间习惯就出现了大量的命价、血金之类的规则，将部分刑事责任转换为巨额的、惩罚性的经济赔偿，这种习惯后来在司法程序中得到了有限认可。

第二种形态，精神损害财产化。古代没有精神损害一说，而是将精神损害转换为一种物质性利益，这就是一种替代性、惩罚性赔偿，比如，前面提到的用葫芦替代脑袋、用珠宝替代眼睛之类的行为。

第三种形态，民事责任加重化。无论是侵权直接导致的损害，抑或是因违约而导致的侵权，世界各国都有相应的罚则。前面讲到的定金罚则和"以一罚二"都是一种加重责任，是以扣留或赔偿双倍约定价格惩罚违约者。今天很多商家"假一赔十"的承诺就是来自这种逻辑。

三种形态是人类文明递进演化的自然过程，是对故意侵权的严厉惩罚，也是民事权利救济途径的最有力措施，不仅可以最大程度填补损害，惩治恶意侵权，还能有效地震慑、预防同类行为的发生。

通过考察上述三种历史形态，不难看出，所谓惩罚性赔偿存在诸多限定条件，没有多大的适用空间。

第一是类型限定。仅限于故意侵权领域。英国法院依据普通法判例，认为惩罚性赔偿仅能适用于故意侵权，不适用于过失侵权。

《民法典》也坚持了同样的立场。第 1185 条以"故意侵害他人知识产权"为前提，第 1207 条以"明知产品存在缺陷"为前提，第 1232 条以"故意违反法律规定"为前提。

同时，消费者权益保护法第 55 条也是以存在故意隐瞒、故意告知虚假信息等"欺诈行为"为前提，新修订的食品安全法第 148 条也是以"生产不符合食品安全标准的食品或者经营明知是不符合食品安全标准的食品"为前提。

第二是适用条件限定。仅限于出现了严重侵权后果。根据《民法典》第 1207 条和消费者权益保护法第 55 条第 2 款，承担惩罚性赔偿的前提是造成消费者或其他受害人死亡或者健康严重损害。

第三是赔偿额度限定。与普通法动辄天价的惩罚性赔偿金不同，我国历史上的习惯法和现行法都规定了赔偿额度的上限。比如，食品安全法第 148 条，王小二是个吃货，网购面筋花了 8 元钱，面筋不符合食品安全标准，吃了拉肚子拉到虚脱，住院吊水，一共花了 500 元。厂家和商家除了赔偿实际损失外，还可以请求十倍价款或者损失三倍的赔偿金。要是都不足 1000 元怎么办？按照 1000 元标准赔偿。按照消费者权益保护法第 55 条，李小三相信商家欺骗性广告，买回了价值 3000 元的高仿假货，那商家最多支付多少惩罚性赔偿金？价款的三倍，9000 元。

第四是范围限定。《民法典》目前只承认了侵害知识产权、产品质量责任、环境污染侵权三个方面的惩罚性赔偿。由此而论，如果不属于《民法典》规定的上述范围，当事人不得诉请惩罚性赔偿。

第三个问题，怎么定位惩罚性赔偿的制度功能？

正是因为惩罚性赔偿范围过窄，适用空间太小，一般民法典国家在法典中不予规定。比较之下，我国《民法典》为什么又将其纳入并进行统一规范？因为惩罚性赔偿有着其他制度所不能替代的特别功能。

第一大功能，自由博弈，助推诚信。如前所论，惩罚性赔偿实际有三个来源，第一个来自法律的强制性规定；第二个是来自双方当事人的自主约定；第三个是来自故意侵权人的单方承诺。

第一个没问题。第二个、第三个是否有问题？换句话说，双方如果约定或商家单方承诺"假一赔十"是否具有法律效力？

笔者认为，应当具有法律效力。在双方约定情形下，只要属于双方当事人自主约定且没有违背法律强制性规定，无论是按照合同自由理论，还是按照消费者权益保护法第 16 条第 2 款"经营者和消费者有约定的，应当按照约定履行义务"的规定，都应当认定其法律效力。同时，在单方承诺情形下，"假一赔十"的承诺也不是一种花哨的营销手段，而是增强消费者缔约信心、促成是否购买和消费的核心要素，更是对产品质量的自我保证。无论是根据大陆法系的诚实信用原则，抑或是普通法系的禁反言，都应当认定其为自认罚则。唯其如此，才能有效地推动双方自由博弈，防范欺诈与投机。

第二大功能，公开罚则，预防侵权。按照《民法典》制度设计的逻辑思路和价值定位，法定惩罚性赔偿条款不单纯是为了惩罚故意侵权，还通过公开的罚则警示、预防、震慑故意侵权。

第三大功能，偏倚救济，加重责任。作为一种加重责任，惩罚性赔偿显然是对受害人的一种偏倚性保护，这是否必然引发不当得利与投机行为？比如产生一批打假专业户或职业打假人，名为打假，实为假打，就是为了钻法律空子，牟取暴利。

这种担心没必要。首先，法律不可能宽纵知假买假。《德国民法典》第442 条第 1 款规定，明明知道是假冒伪劣产品而为购买，甚至只挑假冒伪劣产品下手购买，买受人因产品瑕疵产生的权利消灭。[①] 换句话说，知假买假在德国行不通。

我国《民法典》虽然没有类似条款，但在司法实践中，对于这些职业打假人的权利并不认同，更不保护。根据 2012 年《最高人民法院关于审理买卖合同纠纷案件适用法律问题的解释》第 33 条，知假买假后要求出卖人承

①《德国民法典》第 442 条第 1 款："买受人在订立买卖合同时知道瑕疵的，因瑕疵而发生的买受人的权利消灭。买受人因重大过失而不知道瑕疵的，仅在出卖人恶意不告知瑕疵，或已为物的性质承担担保时，才能主张因瑕疵而发生的权利。"

担瑕疵担保责任的，人民法院不予支持。

其次，即便法律对所谓打假英雄进行偏倚性保护，出卖人也是有错在先，钓海龟钓起来鲨鱼，那是祸由己招，这也是惩罚性赔偿为什么又称为报复性赔偿的关键所在！所以，在食品、药品等关系到消费者人身安全的案件中，最高人民法院没有采用一般买卖合同对知假买假不予保护的原则，反而例外性地承认了知假买假者的权利。根据《最高人民法院关于审理食品药品纠纷案件适用法律若干问题的规定》第3条，你明知对方的食品、药品有质量问题，还买回一大堆，然后一样一样地算账。这时候，出卖人跳出来说，有充分证据证明你是讹诈，是知假买假，是黑吃黑，拒绝承担惩罚性赔偿责任。对于这种抗辩，人民法院不予支持。也就是说，明知你知假买假，出卖人还是得赔。

有朋友可能会对最高人民法院不同的立场有疑问：第一个疑问，知假买假不保护，那商家厂家岂不逃脱了惩罚性赔偿？实际上，这种情形下，厂家商家除了赔偿实际损失外，还得面临市场管理机构的严厉处罚。也就是说，民法层面不放纵知假买假，是为了维护诚实信用的民法精神，但并不意味着公法就不干预。

第二个疑问，明知知假买假还保护，是否割裂了惩罚性赔偿的统一标准？还放纵职业打假人的非道德投机？实际上，只要看看司法解释的题目就知道，第一个司法解释是针对一般买卖合同；第二个司法解释仅限于食品、药品领域，是事关消费者的生命权、健康权，所以才会进行偏倚性保护。也就是说，最高人民法院司法解释对食品、药品的严格保护，对知假买假者的保护是果，不是因，其本意不是为了保护知假买假者的权利，而是为了保护消费者的生命健康和人身安全！

最后我们还要说，惩罚性赔偿无论是出于侵权人单方承诺的假一赔十，还是法律规定的假一赔三，都是对故意侵权人的一种加重责任，是对被害人权利的一种特别保护。唯其如此，才能有效平衡利益，惩戒奸恶，保护每一个公民的生命、财产安全。

第二十六集　什么叫"自冒风险"

2017 年，在一场民间公开比武大赛上，一位自称太极大师的江湖人士，不到十秒钟就被格斗狂人打倒在地，鼻腔流血，受伤不轻。这位大师含泪诉说，鞋子没穿好，地板太滑了，姿势都没摆拍完，对方就冲上来猛敲乱打。收完泪，又说，自己功夫肯定是有的，只是术高没用，又不敢用内功，否则瞬间就要出人命。

不管是运气不好，还是出于良知没有发功，但自己受伤是现实的。这位参赛的江湖人士是否可以寻求法律保护，要求格斗狂人承担侵权责任？

显然不行。因为这是一场公开赛，虽然不像古代生死状那样写"拳脚无眼、生死由命"，但参赛须知与承诺书上都有一些约定，纯属自愿，如有损害，自负其责。

这是风险社会回避风险的有力措施。21 世纪，我们所处的社会就是一个风险社会，风险、危机无处不在，无时不在。但我们也处在一个价值多元的时代，很多人为了寻求刺激，甘愿自冒风险。不仅挑战职业高手，还出钱玩命。比如，与鲨鱼来场亲密接触，与棕熊来个拥抱，到了印度、泰国，还要与眼镜蛇玩亲吻，有些"90 后"还养毒蜘蛛做宠物。更多的工薪阶层上班太累，加班更累，为放松身心，一有机会就来一场说走就走的旅行，去追寻诗和远方，滑雪、蹦极、潜水，各种竞技、娱乐项目层出不穷，玩的就是心跳。

但这些活动都具有一定的甚至高度的危险性，所以，在玩之前，大家都会签署一个承诺书，承诺风险自担，组织者会在门票和游戏规则上明确排除自己的责任。

《民法典》起草过程中，侵权编多出了一个条款，且前后表述差异比较大，这就是《民法典》的第 1176 条，学界一般称为自冒风险条款。

按照草案第二稿的条文设计，除非他人对损害的发生有故意或者重大过失，凡是自愿参加危险性活动而受到损害的，受害人不得请求他人承担侵权责任。

这显然是一种责任排除或免除规则。但是，在征求意见过程中，引发了热议和持续的争论。很多人认为，"危险性活动"的范围太宽泛，如果一概免责，不利于保护民事主体的人身安全。所以，到了第三稿，就做了修改，具体表述为：自愿参加具有一定风险的文体活动，因其他参加者的行为受到损害的，受害人不得请求其他参加者承担侵权责任；但是，其他参加者对损害的发生有故意或者重大过失的除外。与第二稿相比，后来的条文设计有三个具体变化。第一个变化，活动范围限定，将自冒风险的责任排除限缩在文体活动范畴，不再是不太容易界定的"危险性活动"。第二个变化，行为主体范围限定，将行为主体明确界定在共同参与人之间。第三个变化，对活动组织者和特定管理人的责任进行了具体化列举并对其安全保障义务进行了专项法条设计和责任对应。比如，民间比武大赛中场地太滑，选手竞技过程中不慎滑倒摔伤，组织者、经营者至少也得按照《民法典》第 1198 条承担补充责任。更重要的是，按照《民法典》第 1201 条的规定，学校举行运动会等文体活动，幼儿园、学校或者其他教育机构如果没有切实地履行安全保障义务，引发第三人侵权，也可能承担补充责任。

那么，什么是自冒风险？构成要件有哪些？《民法典》为什么会专条规定自冒风险？自冒风险条款又能实现什么样的价值目标？我们从以下几方面进行解读。

第一个问题，什么是自冒风险？

自冒风险是指行为人明知有风险但自主自愿实施或参与冒险活动且自己承担损害后果的行为。

　　据目前可考的史料，自冒风险来自公元前 287 年古罗马《阿奎利亚法》的一项裁判规则，后来形成了著名法谚："对自愿者不构成伤害（Volentinon fit injuria）。"也就是说如果一个人自愿从事或参与一项危险工作或活动，比如，与情敌决斗，甚至与野牛角斗，那么他就要自己承担该种危险所带来的损害，不得主张情敌或野牛的管理人、所有人赔偿。

　　延续到后来，特别是到了工业革命时期，英国、美国纷纷在判例和统一立法中认可了自冒风险原则，作为娱乐、竞技、狩猎等领域侵权责任的免责事由。

　　至于自冒风险的构成要件，综合起来，一般有如下四个方面：

　　第一大要件，活动或行为客观上存在固定风险且相对人不可控制或消除。

　　按照《怀俄明州娱乐安全法》，固有风险是自冒风险成立的首要条件。换言之，风险是活动的组成部分，不可分离，一旦消除风险，运动就失去了根本意义。

　　固有风险有两种。一种是危险本身就存在，比如，狩猎很刺激，可能会遭遇野杀人蜂、大蟒蛇、美洲豹、凯门鳄等，野猪都不算什么事。现在一些旅游区，在获得行政许可后，将人工养殖的野猪打上麻药，瘫倒在地，狩猎的人直接可以近距离搏击或射杀，收费极高，但刺激性不强，让参与者大失所望，认为是旅游欺诈。另一种是人为设计，比如，拳击、足球、棒球等对抗性竞技比赛，都有一定的危险度。今天还流行于广东、香港特区的"飘色"，河南等地叫"抬阁""彩擎""高抬""彩架""扎故事"，就是一项高难度、高危型的竞技活动，唐宋时期演化为"戴竿"或"撞竿"。唐玄宗时期的民间艺人王大娘就是戴竿高手，在百尺竿上装点蓬莱仙山，有小孩手持绛节，出入山间，而王大娘还能和着节拍翩翩起舞，让唐玄宗拍案叫绝，赞叹不已。但更绝的是，唐敬宗时期的幽州女艺人石火胡。百尺竿头张开五张弓弦，每根弦上站一位身穿白衣的小女孩，执戟持戈，俯仰来去，看得人胆战心惊，冷汗直流。

今天的"百尺竿头"，就是来自戴竿竞技。这样的竞技，没有风险，就不刺激，没人看。所以，各行家都纷纷加大难度和危险度，要博取头筹，这就是所谓"百尺竿头，更进一步"。到了宋仁宗在位时，表演者攀爬撞竿，突然失手坠地，脑骨断裂而死。宋仁宗以金帛厚赐其家，还发布诏书，令天下撞竿行业从此减短三分之一高度。

同时，自冒风险中的风险，并不是相对人所能控制和消除的。比如，后面要讲到的野外骑马。一旦骑手上马，脱离马主人的控制，那就是自己驾驭，自己控制，与马主人没关系。

第二大要件，本人知情且自主、自愿实施冒险行为。自冒风险的法理基础就是中国的两句话：一句话是"明知山有虎，偏向虎山行"，是当事人明知危险存在后的自愿选择、自主决策、自动参与；另一句话是"自作自受"，自己选择了冒险，那就只能风险自担。

正是基于这种法理逻辑，德国民法将自冒风险作为一种完全的抗辩，绝对排除被告的责任。其依据就是《德国民法典》第 242 条的诚信原则，原告自冒风险后不能反悔，更不能自相矛盾；同时，结合第 254 条，法典认定了行为人自冒风险才促成了过失侵权损害发生，所以，据此减轻甚至免除被告的责任。

第三大要件，冒险不能以限制、剥夺人格权为对价或约因。比如美国犹他州的俄罗斯轮盘赌，赌的就是命。左轮手枪里面装一发子弹，大家开始下注。赌命汉打死自己，命没了，钱自然也赚不上；枪没响，赌命汉可获得一万美元。剩下的归谁？归赌场。

今天还有网上约架、下挑战书之类的做法，生死关键看本事，打伤打残一切后果自负；如不愿意接受挑战，就下跪叩头求饶并在网上发布自辱性公告之类的东西。

这类约架不能视为自冒风险，这属于挑衅，赌的是生命健康和人格尊严，即便签下承诺书、弃权书，也属于无效约定。因为这直接危及当事人的生命、荣誉、名誉等人格权，是故意侵权，不仅违反了法律的禁止性规定，

民法典文化解读 II

也违反了公序良俗原则，属于绝对无效行为。一经发生损害，不仅会承担侵权责任，还可能涉嫌犯罪。

对于上述两类行为，在美国一般视为违反公共政策，是非法合同，非法约因。其依据就是德国哲学家穆勒提出的禁止"卖身为奴"规则，法律应当严厉禁止某些人为获取巨额赏金或非道德利益，自愿成为富人的猎物或奴隶。因为任何人的人格都是平等的，没有自甘失去自由的自由。

第四大要件，相对人无故意或重大过失。虽然活动存在风险，参与活动也出于行为人自愿，但要构成真正的自冒风险，免除或减轻相对人责任，还必须要求相对人没有隐瞒、欺骗、胁迫等故意违法行为，没有诱惑或强制行为人参与活动；否则就可能构成故意侵权，不属于自冒风险。

第二个问题，为什么要规定自冒风险条款？

自冒风险条款是《民法典》的一大立法亮点，不仅尊重了人性的基本需求，也有力地回应了现实中的纠纷矛盾，有利于对侵权责任进行公平合理的分配。

《民法典》为什么要规定自冒风险条款？其立法价值和制度创新有哪些？我们从三个层面进行分析。

第一个层面，回应正当的人性需求。冒险是人的一种本能，也是一种心理需求。1943 年美国社会心理学家马斯洛提出了人类需要层次理论，当某一层次需求满足后，就会上升到更高层次。比如，第一层次就是生理需求，吃喝拉撒睡找老婆；第二层次就是安全需求，君子不立危墙之下，千金之子，坐不垂堂；再往上就是有朋友圈有闺密有事业有单位，最高的层次就是自我实现，以最有效和最完整的方式呈现自己的潜力、能力、魅力，获得人生的高峰体验。所以，不少亿万富翁功成名就后，都想登上珠峰，来个山高人为峰的造型，留下人生的高光时刻。因为冒险展现的是一种无畏的勇气和坚韧的意志，所以德国心理学家安德烈斯也将冒险精神视为人的第六大性格因素。

第二个层面，回应现实需求。改革开放以来，价值观日趋多元，国民生活的打开方式多种多样，选择空间也越来越大，自助性、商业性的探险、娱乐、竞技方式给人们带来了全新的感受和乐趣，也带来了经济的繁荣。但不可否认，乐趣和商机背后隐含了极大的法权风险，《民法典》设计自冒风险条款，正是回应了现实生活的理性需求。

第三个层面，为什么说自冒风险是一大立法亮点？除了上述两个原因外，该条款的出现，不仅弥补了成文法的漏洞，还有利于法官寻法、适法，有利于确定侵权责任的有无轻重、大小比例，有效地平衡利益，化解纠纷。

此前，侵权责任法第三章专设"不承担责任和减轻责任的情形"，但只规定了过失、受害人故意、第三人原因、不可抗力、正当防卫、紧急避险等为抗辩事由，单单就少了自冒风险。

成文法没有规定，法官们遇到这类案子，要么刻板地适用成文法，要么借鉴学理和国外判例，大胆创新。前者审判风险小，但对当事人之间的责任分配很难说合情合理。比如，西安导游收驴友每人130元钱骑游，后来驴友因车祸伤残，人民法院以导游收取了费用为由，强行将两者之间的法律关系定性为旅游合同关系，导游虽然尽到了一切义务，但还是面临一个字：赔！

有的判决合情合理，但最大的风险就是于法无据。北京某大学学生与同学踢足球，自己当守门员，在挡球的时候造成外伤性视网膜脱落。然后就将踢球的同学和学校同时告上法庭，要求赔偿。石景山区人民法院的判决很超前、很合理。判决虽然没有出现自冒风险的表述，但所有的理论依据和逻辑路径都是遵循自冒风险的价值和逻辑。人民法院认为，足球运动具有群体性、对抗性和人身危险性，参与者无一例外地都处于潜在的危险之中。所以，正当危险后果是被允许的，参与者有可能成为危险后果的实际承担者，而正当危险的制造者不违反运动规则，不存在过失，不属侵权行为。

有了第1176条的自冒风险条款，既防范了法官自由裁量权的恶性膨胀，也使人民法院判决不仅于法有据，还合情合理。

第三个问题，自冒风险条款有什么作用？

从宏观层面而论，自冒风险条款有着不可替代的三大价值。

第一大价值，公平。2016 年，北京市第二中级人民法院有个终审案子很有代表性。一位很有经验的骑手应邀到朋友的俱乐部骑游，不是骑车，而是骑马。自己挑了一匹马，试骑后也没什么问题，朋友也劝他只能在马场兜圈，不要野骑。但这位骑手纵马奔驰，跑向野外，后来马匹受惊，骑手摔伤了，于是要求朋友赔偿医疗费、住院伙食补助费、营养费、护理费、误工费、交通费、残疾赔偿金，还外带加上了精神损害抚慰金。一审人民法院适用《侵权责任法》第 78 条动物致人损害条款，判令赔偿。被告上诉后，北京市第二中级人民法院认为，该案的基础法律关系不是动物致损的侵权关系，而是身体权纠纷。该骑手作为注册会员，是有经验、有特殊装备的专业人士，理应知道骑马虽有成就感、刺激感，但也带有一定的风险和危险。同时，作为驾驭人，骑手自己控制掌握马匹，已经脱离马匹管理人的实际控制范围，无力阻止也无法消除可能的风险；此外，被告也善意提醒、警告不要野骑，但该骑手自行作主放马驰骋，奔向野外，所以，属于自冒风险。最后终审判决，撤销一审判决，驳回该骑手起诉，所有损失，自己承担。

这案子很公平，有力地阻却"得了便宜还卖乖"、有了损失就要赖的无理逻辑。这一判决后来成为全国的年度优秀案例。

第二大价值，自由。冒险是突破自我、实现自我的心理需求，也是挑战自我极限、拓展生命维度的无畏行为，对提高生活品质和个人幸福有着积极影响。但冒险不是任性，不是玩命，不是扮酷。法律只能假设每一个理性的人都是在对自身身体状况、心理素质、专业技能、风险程度等有着充分了解与评估基础上，才自主决策，自愿参与，所以自冒风险、自担责任就是自由的代价。

当然，还得注意另一种情形，如果违背了自由原则，自冒风险就失去了适用空间。英国、美国在 19 世纪初中期都确立了自冒风险规则，到了 19 世纪晚期和 20 世纪中期，在工伤事故判例中都取消了自冒风险规则。为什么？因为很多从事危险工种的雇工并不是心甘情愿地自冒风险，而是因为贫穷，是迫不得已，别无选择。如果再遵循"你情愿、你活该"的逻辑，自冒风险就会成为"无法容忍的残酷规则"。

所以，英国 1880 年的《雇主责任法》就开始限缩自冒风险规则，1948 年通过的《法律改革（人身伤害）法》废止了自冒风险，而采用严格责任及替代责任。美国 1908 年《联邦雇主责任法》也冲击了自冒风险规则。到 1939 年立法修改，要求法官裁定危险工种纠纷，不得适用自冒风险。

第三大价值，效益。自冒风险条款的立法效益体现在责任的确定性，可以增强行为预期，客观上可以产生社会效益，规范当事人行为，最终节约有限的司法资源。最典型的现象就是，随着自冒风险纠纷增多，现在的导游、群主或倡议者、管理者都能和参与人达成共识，通过风险说明、签订承诺书、推行 AA 制，形成自主、自愿、自助、自担的良性循环。即便出现了争议和纠纷，自冒风险条款也能够倒逼当事人放弃诉权，不再缠诉滥诉，而是通过和解、调解方式自主协商，内部处理。

简单总结一下，冒险是人类的本能需求，也是实现自我价值的生活体验，《民法典》设定自冒风险条款，不仅尊重了人性的积极需求，也合理分配了责任和风险，可谓"一石二鸟"，两得其便，属于可贵的立法亮点。

第二十七集　为什么要保护技术秘密

《民法典》合同法编第 12 章专门规定了技术合同，其中，最核心的制度设计和保护重点都涉及技术秘密。

这种立法现象在我们的日常生活中也可以得到印证。从小到大，直到读上博士，家长、老师、导师们都会碎碎念，要孩子、学生掌握一门看家本领，以后走遍天下，吃穿不愁，不会到了乱世就穷愁潦倒、衣食不保。那时候，再高的文凭都没用。要是吃了上顿愁下顿，父母冻得直哆嗦，孩子饿得嗷嗷叫，这既是人生的失败，也是人伦的惨剧。所以，清代幕僚汪辉祖一再劝诫自己家族的子弟，读有用书，做有用人。即便学富五车、才高八斗，要是上不能养父母，下不能保儿女，那也就是个"两脚书橱"，中看不中用。

按今天的教育科学标准衡量，汪辉祖的观点太功利，太实在，但这种观念客观上推动了学以致用的社会风气。所以，今天网络上还有人发言，就算北大清华毕业，要是没真本事，找不了工作，或者眼高手低，瞧不起一般活计，那还不如上个蓝翔技校，一技随身，永远饿不死。

教育观的问题我们不讨论，我们要关注的是，什么是看家本领？ 根据我国古代的知识传承体系，看家本领实际上就是特定的知识体系和技能技术。

知识技能的生产和再生产既是推动文明进步的力量，更是一个家族保有社会地位和经济利益的最直接手段。山东琅琊王家是历史上著名的世家大族。这个家族起家的秘密和技能就是一样学问：典章制度。从先祖王彪之开始，王家就将这种知识的传播和技能的传授严格控制在家族内部。王彪之还把相关文献和自己的著作统统锁在一口青色的箱子里，这就是著名的"王氏青箱学"，成为家族发达和学术传承的最重要通道和平台。①

王彪之以后两百多年，历经战乱，沧海桑田，很多家族已经人丁稀少，沉落社会最底层，但王家世世代代为官为学，名德双集。所以，梁朝的王筠特别自信地教育子弟说："安平的崔家了不起，汝南的应家也很有名，但他们的家业传上两三代就没了；看看我们王家，七代人都辉煌荣耀，天下有哪家可比？"

王筠并没有吹牛说大话。当时的沈约，官居尚书令，文名满天下，他经常激励自己的子孙说："我从小就博览群书，也担任了四代史的史官。据我考察，从天地开辟，爵位相继，文才世传的，没有任何一家能超越琅琊王家。你们看到了王家的家学渊源，就知道该怎么学习一门看家本领了。"②

到了近代，商品经济发达，国际贸易兴起，很多家族特别敏锐地抓住了机会，培育孩子的看家本领。比如，洞庭席家，从19世纪70年代至20世纪30年代，几乎垄断了英国、俄国、日本等国家在华投资银行的主要买办职位。凭什么？因为席家在其他家族还在逼孩子摇头晃脑地背"四书五经"的时候，他们就开始在家族内部要求孩子学习英语、俄语、日语！无锡的荣家也是如此，据1928年的一份统计表，荣氏19个企业中，共有总经理、经理、协理职位54个，其中，荣氏血亲占31个，姻亲占14个，共计45个职位，总数达到83.5%。③

举这些例子是想说明，传统的看家本领、家学渊源、书香门第都意味着对特定知识、技能的独占垄断，最后延伸为对社会职位、市场利益的独占垄断。

这既是一个家族兴盛发达的隐形密码，也是时代进步、民族振兴的潜在

①《宋书·王淮之传》：王彪之"博闻多识，练悉朝仪，自是家世相传，并谙江左旧事，缄之青箱，世人谓之'王氏青箱学'"。

②《梁书·王筠传》："吾少好百家之言，身为四代之史。自开辟以来，未有爵位蝉联、文才相继，如王氏之盛也。汝等仰观堂构，思各努力。"

③ 杜恂诚：《中国传统伦理与近代资本主义》，上海社会科学院出版社1993年版，第129页。

动力。

这就是我们要分享的主题：《民法典》为什么要保护技术秘密？我们从法文化角度解读以下三个问题。

第一个问题，什么是技术秘密？

按今天比较正规的解释，所谓技术秘密，就是具有私密性、实用性和特定经济价值的专有技术。实际上，在传统社会中，并没有像《民法典》那样明确区分商业秘密、技术秘密，而是浑涵一体，密不可分，技术秘密实际上就包含了商业秘密。

但在今天的法权背景下，技术秘密渐渐地又被商业秘密涵盖了。按照《中华人民共和国反不正当竞争法》第 9 条的规定，所谓商业秘密是指不为公众所知悉、能为权利人带来经济利益、具有实用性并经权利人采取保密措施的技术信息和经营信息。

这显然是将技术秘密涵摄在商业秘密之下。

再看《民法典》的规定，虽然《民法典》用单章规范技术转让合同，并且一再强调技术秘密的保密义务，但根据《民法典》的总体思路，还是将技术秘密隐含于商业秘密项下。所以第 123 条将商业秘密界定为一种独立的知识产权类型，但并没有独立规定技术秘密。

不管立法怎么表述，但特有的知识技能受《民法典》特别保护是不争的事实。所以，为了讲解方便，我们还是沿用传统广义的技术秘密的说法。

从古到今，从中到外，技术秘密都是决定权利人市场站位、市场份额的核心要素，关系到企业的生死存亡，是企业的看家本领，也是独门绝技。否则，严酷的市场竞争后浪推前浪，很快就会被替代、被淘汰。

说起来，古代家族秘不外传的看家本领和小作坊的工艺配方在今天的5G、大数据、信息化、智能化时代已经相当陈旧甚至老土，但不可否认，这些技术秘密的价值定位、社会功能丝毫不会受什么影响。美国人马斯克开启了"星链计划"，人类追求的也不再是地球上的诗和远方，而是到火星上看星辰，筑梦想。但只要你还是人类，是中国人，是四川人，你可能都得带上两样东西——康师傅泡面外加老干妈。星链计划是高大上的未来科技，但康师傅、老干妈却是传统技术，一个解决梦想，一个解决口味，两者都不可少。

穿过深沉的历史帷幕，我们可以看到，技术秘密经历了如下三种显著的时代性变迁。

第一种变化，从低级到高级。这里的低级、高级不是技术分类，而是社会等级分类。古希腊社会，一方面离不开手工艺人，要依靠他们打造工具、提供生活日用所需；另一方面，又认为他们成天围着炉台、锅台转圈，与转圈推磨的驴、马没什么区别，是卑贱低微的存在。为什么呢？因为柏拉图、亚里士多德两师徒就曾经共同讨论过一个话题：

"闲暇比勤劳更高尚"[①]——真正高尚的人是成天吃饱喝足后仰望星空，思考人类生存价值的人，而不是奔走劳碌养家糊口的粗俗的手艺人。

对人的歧视最后转换为对职业的歧视，手工业被视为一种"贱业"，是只知道受人雇佣，赚点铜板银锭维持生计的行业。这些卑陋的行当，不仅辛苦操劳，还容易患上职业病，更容易导致心智局限，心里眼里除了回锅肉、老婆和金钱外，根本就不知道人生还有其他什么意义。

不管大哲学家们怎么看，怎么说，这些社会地位卑贱如奴隶的手工业者却实实在在地知道自己技艺的重要性，不仅一代一代地传递给子孙、徒弟，还游走于世界各地，传播着技艺和文明，最终迎来了科技时代的曙光，成为以家族和行业为基本单位的金字招牌和热门抢手行业。

被这些家族、行业垄断的各种技术、技能、信息，最后成为一种高大上的知识产权，成为一种无形资产，不仅推动了资本主义的兴起和发展，还成为21世纪最具经济价值的战略资源。

第二种趋势，从自然竞争到有机团结。与古希腊社会发展轨迹一样，从商周到东汉，工匠都不属于良民，就是任由国家、公侯征召服役的奴隶，到

---

① 亚里士多德：《政治学》，吴寿彭译，商务印书馆1983年版，第410页。

了明初、清初，还有很长一段时期的身份禁锢，身份世袭。按照洪武帝朱元璋的顶层设计，王小二爷爷做染料，那一直到王小二的孙子、重孙、玄孙都得干这个，不能改行。

但从中古时期开始，我国的手工业实际上已经出现了两大变化，一是身份禁锢不断松弛，手工业者的地位也渐渐地提升到和农民大致相当的程度。逐步从无序的自然竞争走向一种契约联合，与西方一样形成了以家族和行业为单位的社会化组织体，保护、传承着各种手工技艺。二是国家征召，也开始计日计酬或计工给酬，这就是著名的番役制和雇佣制。

第三种趋势，从内部垄断到有限交易。虽然隋唐以来手工业执业者的社会地位、经济待遇都有所提升，也可以通过合同进行有效的社会联合，但私下传授给儿孙的才是真正的看家本领。比如，传说中有人能够造出巧夺天工的木鸢，相当于今天的无人机，还真的能飞上天，续航能力达到三天三夜。但一到公共领域，造出的就不是木鸢，而是呆雁笨鹅，工艺粗糙，没有一丝灵气，更不能飞天翱翔。这就是行业内部大家都熟悉、都认可的伎俩：闷技！不能将这些看家本领所涉及的技术秘密泄露于外，否则就是砸自己的饭碗，断子孙的生路。

为保证这些技术秘密的内部垄断，古代一般通过三种方式进行有限的传承和交易。

第一种是传子不传女。比如，重庆火锅配方，各家各户都有自己独特的味道，只能由亲爸传给亲儿子，不能传授给女儿。因为女儿迟早要出嫁，成为别人家的人，要是泄露了偏方、秘方，那女婿就成了小舅子最大的竞争者。

第二种是缔结婚姻关系，两家共同保守秘密。比如，王小二家针绣一流，刘三妹家上色一流，为实现强强联合，最佳的方式就是男女结合，于是王小二就娶了刘三妹，针绣、上色就成了两家的不传之秘。

第三种是收徒并在行内有限公开。根据行规招收徒弟，再看徒弟的资质和人品自主决定是否传授真传秘诀。很多师傅为了防止徒弟做大，甚至反噬，都会留下后手，不会倾囊相授。这就是民间有名也有趣的猫虎传说：据说，猫是老虎的师傅，后来老虎以为大功告成，要一口吃掉师傅，就能独霸天下，哪知道关键时刻，猫师傅纵身一跃上了树，虎徒弟一下蒙圈了，这招怎么没学过？猫师傅心里暗笑：我不留一手，你早就翻天了！

第二个问题，技术秘密有哪些特征？

技术秘密伴随人类始终，其基本特征古今中外都具有一致性。第一个特征，私密性。马克思曾经高度赞扬印度人具有像蜘蛛一样的技艺，从何而来？就是从父祖辈一代一代地私相传授而来，是看家本领，是保家绝活。11世纪的宋代被李约瑟称之为世界上最伟大的时代，不仅有辉煌璀璨的文化，还有高度发达的技术。为什么宋代会成为技术之王？因为宋代的工匠属于自由职业，除了短期为官方提供有偿服务外，一般都是自主经营。所以，各行各业都有自己秘不示人的绝技绝活，轻易不会抖搂显摆，这就是岳珂记载的闷技。① 即便是行业内的技术大赛，最后看到的都是成品，一般人都不会知道制作工艺和核心技术，今天很多词汇，比如，关键、枢纽、机构等，都来自古代的木工技术。

第二个特征，垄断性。美国学者佩卓斯基写了一本书——《器具的进化》，专门写刀叉、盘子、碟子之类的最初来源和制作工艺。佩卓斯基发现，直到中世纪，西欧的手工业仍然将工具视为秘密。比如，绞刑架是怎么造出来的，运用了什么原理，有哪些技巧，谁也不能问，问了也白问。这是垄断技术和商业秘密、排除行业竞争的必然选择，也是一种行规，更是一种行业道德。

"物带人号"是中国尊重知识产权创始人的通行做法，比如，东坡肉、太师椅、宫保鸡丁等。在宋代，很多行业还以字号、招牌来进行垄断性经

---

① 岳珂：《愧郯录》卷十三《京师木工》："凡木工率计在市之朴斫规矩者，虽店楔之技不能逃。平日皆籍其姓名，鳞差以俟命，谓之当行。兼有幸而脱，则其侪相与讼挽之不置，盖不出不止也，谓之纠差。其入役也，苟简钝拙，务闷其技巧，使人之不己知，而亟其斥且毕也。"转引自国学大师，http://www.guoxuedashi.com/a/19912pqxk/264574m.html.2020 年 5 月 8 日。

营，其他人不得影射、混淆，更不能恶意抢注，否则行内瞧不起不说，还得进衙门挨板子、交罚单。以茶馆为例，南宋出现了很多有名的主题茶馆，比今天喝茶神聊打麻将的茶馆文化品位高多了。杭州的清乐茶坊一看就是流行音乐欣赏，黄尖嘴蹴球茶坊相当于今天的足球比赛专场，王大妈开了"一窟鬼茶坊"，不远处还有"朱骷髅茶坊"，肯定就是听恐怖故事、看玄幻大戏的所在。①

这些字号、招牌一经立案报备，就具有了显示度和垄断性。其他从业者不能傍名人、蹭热度，不能影射、冒牌，不能来个什么僵尸茶楼或者东山一窟鬼之类的。

第三个特征，自助性。技术秘密具有私密性、垄断性，同时就具有了排他性，只能依靠自己保密，一旦泄露，或者被别人搞个反向工程，那就不是什么秘密了。

所以，为了确保技术秘密，古人和今天一样，都会经历一场又一场没有硝烟的战争，甚至出现非人道竞争。清代无锡王家治锅的秘密泄露，两家谁也不愿让步，又不愿打官司。怎么办？烧开一锅油，把秤砣放进去，哪家捞出来，就独占独享。王家学徒舍命捞出来，才保住了垄断地位。再如，清代北京同时出现两家经营山里红，就是今天的山楂红，争相压价，各不相让。后来没办法，乾隆时期，两家约定：把煎饼的大平锅烧热，谁坐上去不喊痛，就赢得垄断经营权。一家主人为了子孙家业，解衣盘坐。还没来得及喊痛，就倒地身亡，以生命的代价获得了独占权。

第四个特征，财产性。为什么技术秘密具有私密性、垄断性？权利人还不惜生命代价加以保护？因为具有很高的经济价值。所以，唐代荆州治绫户的技术不传外姓，要是没男孩，或者男孩不愿学，就只能传给女儿。

---

① 吴自牧：《梦粱录》卷十六。详见国学大师所传四库全书版，http://skqs.guoxuedashi.com/wen_845i/20490.html.2020 年 5 月 8 日。

但这女儿终生不得出嫁。[①] 宋代亳州所产轻纱薄如蝉翼，穿上身来，如烟如雾，像飞天女神。但只有两家人能做，为避免恶性的向下竞争，两家人没有捞秤砣，没有坐煎锅，而是选择了联姻，确保了经济利益的最大化、最优化。[②]

第三个问题，为什么要保护技术秘密？

从古希腊城邦社会到 21 世纪美国人马斯克探索星际文明时代，从商周时期到华为开发 5G 时代，为什么法律都会保护技术秘密？ 笔者认为，有如下三方面原因：

第一，权力垄断，催生特定的社会组织体。知识和技术的垄断实际上是就是权力的垄断，是赢得独占话语权和经济利益的手段。所以，无论是夏商时期对巫文化、青铜器的垄断，还是埃及神庙对工艺技术的垄断，都是经济活动国家化、垄断化的结果。由此产生国家、家族、行业的三大垄断体系，不仅占有原料，而且占有技术和专业团队，最终实现对社会和经济的全面控制。经过博弈抗争，权力发生分化，家族和行会具有了更大的控制权力并通过市场化方式获取利润，近代的知识产权才破茧蝶变，成为推动社会进步的核心动力。

第二，利益独占，推动社会分工的精细化。就其本质而言，技术秘密是一种信息，是一种知识体系，也是一种技术工具，是人类在认知世界过程中消除不确定性的一种手段和结果。正是因为能够实现利益独占，满足了创造者的本能性需求，技术秘密才具有了更高的社会属性，实现了产品与服务的多元性、个性化，以满足各类不同的需求，促进了社会分工的精细化。

第三，偏倚性制度供给，保护创新。技术秘密具有内敛、私密、保守的特征，如果法律不赋予权利人以垄断性权利，无疑会遏阻权利人发明或生产

---

① 元稹：《元氏长庆集》卷二三《治妇词》："东家头白双儿女，为解挑纹嫁不得。"转引自国学大师四库全书本，http://www.guoxuedashi.com/guji/zx_5649752guqm/.2020 年 5 月 8 日。

② 陆游：《老学庵笔记》卷六：亳州轻纱"举之若无，裁以为衣，真如烟雾，一州唯两家能治，相与世世为婚姻，惧他人家得其法也"。上海古籍出版社编：《宋元笔记小说大观》第四册，上海古籍出版社 2007 年版，第 3508 页。

更多信息、技能的心理动因。如果技术秘密随时可以被刺探、偷窃、泄露，甚至被国有化、公共化，估计美国人马斯克也就不会去探索什么星链计划。

最后需要说明的是，技术秘密保护是一把双刃剑，既可以推动人类文明的转型，也可能限制竞争，妨碍科学技术进步。所以《民法典》第 864 条特别规定，技术转让、技术许可合同可以约定保密条款，但不得限制技术竞争和技术发展。

跋

2019 年 12 月初，中央广播电视总台社会与法频道领导和《法律讲堂》栏目"文史版"主创人员一行莅临广州大学，共同商讨、策划大型系列专题节目《民法典文化解读》。经过几天的讨论和打磨，基本上敲定了选题思路和大致方向。

2020 年 1 月，我开始着手准备材料，撰写了几期样本。原计划边写边录，至 8 月彻底完工。1 月 23 日，我自老家绵阳返回广州，因新冠肺炎疫情凶猛，我只能宅在办公室里，一待就是四个月。早出晚归，无应酬、无闲聊，一心一意、码字搬砖，50 集稿件于 5 月初提前完成，随后是 3 次大的修改和完善。

2020 年 5 月 28 日，《民法典》高票通过。结合通过的立法文本，再一次开始紧张修改。

2020 年 7 月中旬，《法律讲堂》栏目"文史版"积极运作保生产，移师河南安阳电视台进行录制。

半年来，从初春到盛夏，经学校、学院批准，"文清楼"整栋楼基本上只有我一个人整天打卡坐班。写累了，围着教学楼转上十圈，再度满血复活。每天晚上驱车回家，大学城外环西路，无人无车、一路高歌，也算是孤寂中的自得其乐。

感谢权勇、段晓超、苏大为、陈德鸿诸位领导，正是他们的前瞻视野和积极支持助推了《民法典文化解读》系列节目的诞生。

感谢张振华主编。从最初的动议到最后一稿的字斟句酌，振华都付出了极为辛勤的劳动，提出了饶有创意的建议。

感谢广州大学屈哨兵书记、魏明海校长、孙延明副校长、张其学副校长。2018 年负笈携家南来，广州大学为本人提供了温馨、宽松的学术和生活环境，让我能够独守书斋，静心阅读和写作。

感谢广州大学宣传部何晓晴部长、罗迪副部长，法学院刘文波书记和民商法教研室各位同人，从外部联络到内部教学的任务承担，大家都为本系列专题的写作、录制提供了可靠的通道平台和充裕的时间保障。

感谢中国民主法制出版社刘海涛社长、石松副总编辑和张佳彬、刘险涛等编辑的辛勤付出。

感谢内子李星蕾女士和犬子刘李汉唐几个月的温馨陪伴和真心关切。

是为跋。

刘云生

2020-08-31

广州大学文清楼排云轩